직관혁명

Kim Chestney 저
김영래 역

RADICAL INTUITION
A Revolutionary Guide to Using Your Inner Power

학지사

자신의 길을 걸어온 모든 이에게—
바람을 타고 여행하는 자유 영혼에게,
자신의 뮤즈에 충실한 예술가에게,
새로운 길을 개척하는 선구자에게,
자기 자신을 자랑스럽게 여기는 진실된 생활인에게,
자신을 다르게 만드는 무엇인가를 지닌 괴짜에게,
자신의 비전을 믿는 천재에게,
세상을 더 나은 곳으로 만들기 위해 일하는 혁신가에게,
모든 사람을 단결시키는 평화 조성자에게,
그 모든 것을 초월한 현대의 신비가에게,
자신의 직관에 따라 다른 사람을 이끌어 나가는 리더에게,
세상이 불가능하다고 말하는 것을 어떻게든 해낸 사람에게,
자신을 포기한 적이 없는 사람에게—
이 책을 당신들께 바칩니다.

세상을 개선하는 것은 직관이며,
그것은 단순히 생각의 길을 따라감에 의해서가 아니다⋯
직관은 새로운 지식의 아버지인 반면,
경험주의는 낡은 지식의 축적에 불과하다.
지성이 아니라 직관이 당신의 '열려라 참깨'이다. [1]
—알베르트 아인슈타인(Albert Einstein)

1) "세상을 개선하는 것은 직관이기 때문에": William Hermanns, Einstein and the Poet: In Search of the Cosmic Man (Wellesley, MA: Branden Books, 1983), p. 16.

역자 서문

이 책의 제목과 내용에 대하여

이 책의 원제는 'Radical Intuition'이고, 부제는 'A Revolutionary Guide to Using Your Inner Power'로 직역하면 『급진적 직관: 내면적 힘의 이용을 위한 혁명적인 안내』정도가 되겠으나, '급진적'이라는 말이 한국어권에서는 너무 강하게 들린다는 주위의 의견을 참작하여 주제와 부제의 의미를 압축하는 방식으로 『직관혁명』이라고 이름을 붙여 보았습니다. 실제로 독자들이 이 책을 읽어 보면 이 제목이 자연스럽게 들릴 것으로 생각합니다.

'직관'이라는 주제가 아직 생소한 독자들이 있을 것입니다. 하지만 그동안 국내에도 직관에 대한 연구서들이 여러 권 번역·출간되어 적지 않은 독자층을 형성하고 있음을 볼 수 있습니다. 기거렌처(G. Gigerrenzer)의 저서 『생각이 직관에 묻다(Gut feelings)』(2008)는 저자가 독일의 '막스 플랑크 연구소'에서 직관에 대한 장기간의 연구를 통해 직관의 실재성과 효용성, 개발 가능성을 학술적으로 밝혀낸 중요한 책입니다. 이 책의 영향을 받아 쓰여진 글래드웰(M. Gladwell)의 『첫 2초의 힘: 블링크(Blink: the power of thinking without thinking)』(2005), 더건(W. Duggan)의 『제7의 감각: 전략적 직관(Strategic intuition: the creative spark in human achievement)』(2008)은 영미권에서 베스트셀러의 반열에 올랐고, 국내에서도 많은 독자를 확보했습니다.

기거렌처의 책은 직관 현상에 대한 과학적 분석을 하고 있어서 직관을 합리적으로 이해하는 데 도움이 됩니다. 글래드웰과 더건의 책에서는 실제 삶, 특히 성공적인 직업 생활을 위해 직관을 효과적으로 이용하는 방법을 배울 수 있습니다. 그런데 직관의 실용적 측면은 물론이고 직관이 우리의 삶 전체와 어떤 관련이 있으며, 직관의 단계적 개발을 통하여 우리의 삶이 (개인적으로나 인류 전체적으로) 얼마나 향상될 수 있는지를 알고 싶으면 체스트니(Chestney)의 『직관혁명』을 읽으라고 권합니다.

이 책에서 '직관(intuition)'이라는 용어는 최소한 네 가지 의미—우리가 일상 중에 마주치는 사람이나 사물에 대해 불현듯 느끼는 직감(直感), 감각과 사고를 통하지 않고도 어떤 것을 즉시 알아채는 능력, 인류 문명에 혁신을 가져올 수 있는 새로운 발명이나 비전을 산출하는 능력 그리고 인간과 세계의 근원적 실상(實相)을 깨닫는 능력—를 포함하고 있습니다. 저자인 체스트니는 이 네 가지가 직관 능력에 포함된다고 말합니다.

이처럼 이 책은 직관이 우리의 삶 전반을 관통하는 원리임을 우리에게 이해시키며, 직관의 개발을 통하여 건강과 웰빙의 증진에서 시작하여 직업능력 향상, 창의력 개발 그리고 더 나아가 우리의 본래적 존재의 회복(자아실현)에 이르는, 삶의 차원을 단계적으로 상승시키는 구체적인 방법을 안내해 줍니다.

킴 체스트니(Kim Chestney)는 직관을 인간 존재의 근원적이며 최고의 정신활동으로 보기 때문에 이를 인간과 세계의 본질로부터 해석하기 위해 약간의 형이상학적 · 종교적 용어나 첨단 과학의 용어를 사용합니다. 이러한 용어들이 이 책의 이해에 줄 수 있는 부담을 최소화하기 위해 [역주]를 붙여 보았으니 도움이 되길 바랍니다. 이 책을 읽어 보면 알게 되겠지만 킴 체스트니는 이러한 용어들을 단지 직관의 체험을 잘 표현하기 위해 사용하고 있습니다. 체험 자체는 특정 종교나 형이상학과 관계없이 공유될 수 있다는 열린 마음으로 접근하기 바랍니다.

저자의 원주(原註)에 인용된 자료는 대부분 국내에 번역되지 않은 것이므로 영어 그대로 표기했으며, 국내에 번역된 자료 한 건은 번역본으로 서지사항을 표기하였습니다.

직관적 사고는 사실 동양의 정신세계에서 훨씬 풍부하게 발달해 왔습니다. 그러나 우리나라의 경우, 이른바 근대화라고 불리는 서구화의 과정에서 논리적-분석적 사고가 크게 발달하여 우리의 사고 문화를 지배하면서 직관적 사고를 약화시킨 측면이 있다고 봅니다. 그럼에도 불구하고 한국인에게는 직관적 사고 역량이 서구인들보다 많이 남아 있으며, 이것이 분석적 사고 역량과 결합하여 시너지 효과를 일으켜서 세계인들이 주목하고 있는 한국인의 저력으로 나타나고 있는 것이 아닐까 생각해 봅니다.

킴 체스트니가 이 책에서 의도하는 바도 이와 다르지 않습니다. 직관만을 개발하자는 것이 아니라 직관적 사고와 분석적 사고의 균형적 발전과 결합이 추구될 때 개인의 삶의 발전은 물론이고, 인류 문명의 최선의 진화도 기대할 수 있다는 것입니다. 역자는 이 책이 이러한 문명사적 의미까지도 지니고 있다고 보기 때문에 번역을 결심하게 되었습니다. 이 책을 통하여 독자들이 직관에 대한 이해를 넓히고, 또한 실제적 활용을 통해 직업 활동을 포함한 삶의 모든 분야에서 의미 있는 발전을 이룰 수 있다면 이것은 이 책의 저자뿐 아니라 역자에게도 더없는 보람이 될 것입니다. 또한 연구 분야로서도 직관은 이제 막 탐구가 시작된 미개척지라고 할 수 있습니다. 이 번역서가 국내의 직관 연구를 위한 마중물이 되기를 기대해 봅니다.

2022년 4월

역자 김영래

추천사

저는 700시간 짜리 프리미엄 콘텐츠(5억 달러가 투입되는)의 제작자이자 감독으로서 할리우드의 수상자 선발 과정이나 어떤 TV쇼가 프로덕션에 청신호를 켜줄 것인지를 선택하는 과정에서 발생하는 난관과 혼란을 가장 앞줄에 앉아 겪고 있습니다. 어떤 쇼가 열성적인 시청자들을 이끌어 낼지를 완벽하게 예측할 수 있다고 누군가가 장담한다면 제정신이 아니겠지요.

한번은 우리 팀이 새 시리즈의 배우 캐스팅 오디션을 하고 있을 때, 스튜디오 측에서 제게 방송이 보류된 쇼 하나를 인수할 의향이 있는지 물어왔습니다. 방송국에서는 〈그레이의 해부학(Grey's Anatomy)〉 시리즈가 청중을 끌어들일 것이라고 믿지 않았던 거죠. 많은 수상 경력에 빛나는 숀다 라임스의 이 의학 시리즈는 17시즌과 364회가 지난 지금까지도 ABC 방송의 열정적인 시청자들이 선택한 1위 프로그램으로 군림하고 있습니다.

할리우드에서는 새로운 것, 특히 이전에 시도해 보지 않은 것에 대해서는 별로 관심이 없습니다. 옵틴 스튜디오(www.optinstudios.com)의 제 파트너인 모제스(J. Moses)와 저는 지난 6개월 동안 스튜디오와 플랫폼의 경영진, 에이전트, 매니저 및 잠재적인 전략적 파트너와 만나 우리의 일상을 반영하는 방식의 새로운 기술들을 엔터테인먼트 콘텐츠에 결합하기 위해 많은 노력을 했습니다. 그런데 이 과정에서 많은 이의 저항을 받았습니다. 왜 그랬을까요? 두려움 때문이죠. 공백, 참신한 아이디어, 새로운 접근법—이것은 의사 결정권자들에게는 두려운 일입니다. 1등이 되고 싶지 않은 의사 결정자는 드물거든요.

이것은 할리우드뿐만 아니라 대부분의 사업체에서도 마찬가지이죠. 안 그렇습니까? 제가 창의적인 접근 방식으로 새로운 시리즈를 준비하고 있든, 아니면 여러분이 상사에게 혁신적인 비즈니스 개념을 제시하려고 하든 간에 두려움은 가장 큰 장애물입니다. 두려움은 꿈과 혁신을 죽입니다. 자, 두려움과 함께 가는 두 가지 방법이 있습니다. 모든 것을 잊고 뛰거나, 모든 것을 마주하면서 일어서는 것이죠. 당신이 어떻게 할지는 잘 모르겠지만, 저는 저의 능력을 믿고 다시 일어서는 쪽을 선택합니다. 저는 직관과 엄밀한 사실 확인에 의지하면서 의도적으로 그렇게 행동하지요. 이러한 방식은 두려움을 극복하고 창의성을 극대화하며, 비즈니스, 가족 및 제 자신을 위한 최선의 결정을 내리는 데 도움이 됩니다.

저는 여러분 대다수가 사실 확인에는 숙달되어 있을 것이라고 봅니다. 하지만 당신은 직관과 어떻게 접촉하고 있나요? 당신이 직관을 사용하지 않는 한 그 힘을 이해하지 못할 수도 있습니다. 우리가 최선의 결정을 내리기 위해서는 본능과 추론 사이의 간극을 합리적 사고로 메울 필요가 있습니다. 그리고 이것이 바로 직관이 핵심적인 역할을 하는 부분이지요.

『직관혁명』을 통해 킴 체스트니는 직관을 개발하여 제 삶과 일에 통합시키는 놀라운 여정을 아주 근사하게 안내해 주었습니다. 저는 어떻게 직관이 과거, 현재, 미래를 탐색하고, 우리의 육감과 느낌의 비선형적(非線形的) 연결을 가능케 하는지를 발견하는 일에 매료되었습니다. 이것은 사고하는 마음의 한계를 넘어서서 우리 내면의 음성을 명료화시키는 일입니다. 『직관혁명』과정은 저의 일상생활에 참된 본능적 인식을 가져다주었으며, 그 덕분에 저는 매사에 자신 있게 활동할 수 있게 되었습니다. 어떤 프로젝트가 히트 쇼로 발전할지는 예측할 수 없지만, 저는 창조적인 과정을 훼방하는 두려움이라는 거대한 장애물을 제거했습니다. 그래서 저는 성공으로 이어지는 과감한 선택을 자유롭게 할 수 있게 되었지요.

피츠버그에서 드라마 시리즈를 제작하는 동안에 저는 킴 체스트니와 함께 일하는 큰 기쁨을 누렸습니다. 그녀는 직관연구소의 설립자이며 기술 분야의 혁신적인 리더로서 획기적인 작업을 하고 있습니다. 동시에 킴 체스트니는 사고 리더(thought leader)로서 세계를 누비며 자신과 비슷한 수준의 사람들 그리고 이를 초월하여 활동하고 있는 사람들과 정보를 교환하며 발견의 길을 걷고 있습니다.

당신이 사업상의 결정이나 개인적인 결정에 직면하여 두려움을 느끼고 있을 때, 당신에게 직관을 활용할 수 있는 방법을 킴 체스트니보다 더 잘 보여 줄 수 있는 사람은 없습니다. 당신은 모든 것을 잊고 달리거나 모든 것에 맞서서 일어서기 위해 근본적 직관을 사용할 수 있습니다. 그러면 어떻게 될까요?

옵틴 스튜디오 총괄 프로듀서, 감독 겸 공동 창업자

킴 모제스(Kim Moses)

저자 서문: 직관혁명

혁명이 진행되고 있습니다. 여러분이 아직 알아차리지 못하고 있을 수도 있는 이 혁명은 무기도 필요 없고 전투 전략을 배울 필요도 없습니다. 단지 여러분이 오래전에 잃어버린 능력을 되찾는 것 외에는 아무것도 할 필요가 없습니다.

진정한 변화는 세상에 대한 여러분의 생각이 사실과 다르다는 것을 알아차릴 때 비로소 시작됩니다. 세상이 당신에게 반쪽의 진실만을 보여 주었고, 단지 당신이 반쪽의 사람이 되는 법만을 가르쳐 주었다는 것을 깨달았을 때 당신은 참된 진실을 알 준비가 되어 있는 것입니다. 진실은 다음과 같습니다. 세상은 여러분에게 직관이 존재하지 않는다는 것을 믿게 하려고 노력했지만 여러분은 여전히 직관 능력을 소유하고 있으며, 단지 개발의 기회를 얻지 못하여 제대로 활용되지 못하고 있을 뿐이라는 것입니다.

여러분과 필자는 수 세기 동안의 심리학적 조건화(psychological conditioning)[1]의 끝자락에서 살고 있습니다. 심리학자들은 우리에게 지능과 이성이 현실을 헤쳐 나갈 수 있는 유일한 방법이라고 가르쳤습니다. 하지만 오늘날, 우리는 세상

---

1) [역주] 심리학적 조건화란 '이전에는 없던 심리적 반응을 인위적으로 만들어 내는 것'을 의미한다. 조건화에 대한 전형적 사례는 파블로프의 조건반사 실험에서 볼 수 있다. 파블로프는 개에게 음식을 보여 주자 침을 흘리는 것을 관찰하고는 음식을 줄 때마다 종소리를 들려주는 행동을 여러 번 반복한 후에 음식 없이 종소리만 들려주어도 침을 흘리는 것을 관찰하였다. 이를 통하여 개는 종소리만 듣고도 침을 흘리도록 '조건화'가 된 것이다. 이 책에서 말하는 '심리적 조건화'란 문명 사회가 만들어 낸 편향되고 허구적인 관념들이 개인의 의식을 지배하고 있는 상태를 의미하는 것으로 이해된다.

을 이해하는 새롭고 직관적인 방법을 사용할 수 있는 시점에 서 있습니다. 이러한 상황을 이해하기 위해서는 과학 기술의 혁신과 함께 등장하고 있는 근본적 직관에 대한 철학이 매우 중요합니다. 우리 '내면의 천재성'(= 직관)으로 눈을 돌려서 우리의 (지능과 이성으로) 사고하는 정신을 넘어섬으로써 우리는 우리의 의식을 확장하고, 그 어느 때보다도 세계를 하나로 묶을 수 있는 기회를 얻게 될 것입니다.

이것은 이 세상에 무엇을 의미할까요? 나는 그것을 알아내기 위해서─영성, 창의성, 혁신의 교차점을 탐구하는 데 인생의 20년이 넘는 시간을 바치면서─나 자신의 직관을 따라왔습니다. 유화(油畵) 학위로 직업 경력을 시작한 예술가인 내가 세계 최고의 기술 혁신가들과 함께 일하게 될 것이라고는 전혀 예상하지 못했습니다. 또한 나는 직관과 같은 단어를 대기업이나 최첨단에 서 있는 과학자들이 탐내는 상황을 결코 예상하지 못했습니다. 하지만 좌뇌파와 우뇌파로 분열된 진영을 통합하는 이 작업이 바로 오늘날 일어나고 있습니다.

주위를 돌아보면 매우 명민한 사람들이 직관에 대해 말하고 있다는 것을 알게 됩니다. 이것은 많은 사람이 알아내려고 하는 성배(聖杯)입니다. 직관이란 정확히 무엇인가? 어떻게 하면 그 힘을 더 잘 활용할 수 있을까? 비범한 남녀들이 수 세기 동안 이런 질문을 해 왔습니다. 아인슈타인, 스티브 잡스, 마리 퀴리, 조너스 솔크, 테슬라, 파라마한사 요가난다, 무지(Mooji), 피카소 그리고 오프라와 같은─직관에 대한 열렬한 옹호자들인─위대한 리더들은 우리가 예술가이든, 교사이든, 과학자이든, CEO이든, 아니면 그 중간의 어떤 사람이든 간에 우리에게 직관의 힘이 널리 퍼져 있다는 사실에 대한 증인들입니다. 역사는 우리에게 진정한 위대함은 우리가 얼마나 똑똑한가에 의해서가 아니라 얼마나 직관적인가에 의해서 정의된다는 것을 보여 주었습니다.

근본적 직관의 아이디어를 개발하기 시작했을 때, 나는 다음과 같은 중요한 질문에 답하고 싶었습니다. 직관은 인류의 확장된 잠재력에서 어떤 역할을 하는가? 우리는 어떻게 직관을 키워서 우리의 삶과 세상을 더 좋게 만들 수 있을까? 나는 직관이 지성과 같이 훈련과 연습을 통해 실제로 양성될 수 있는 것인지 알고 싶었습니다. 이것이 바로 내가 직관 실험실을 연 이유입니다. 직관 자체를 양성하기 위해서죠. 나는 직관을 해킹하고 싶었습니다. 나는 직관에 대한 모든 것과 어떻게 그것을 우리의 삶에서 사용할 수 있는지를 알고 싶었습니다. 무엇보다도 사람들이 이해하고 신뢰할 수 있는 실질적인 틀을 만들고 싶었지요. 많은 사람이 아직 직관을 얻지 못했으며 여전히 직관을 이해하지 못하고 있습니다. 하지만 일단 그들이 스스로 그 힘을 경험하게 되면 모든 것이 변하게 됩니다. 삶이 달라지며, 더 의미 있고 새로운 경이로움으로 가득 차게 되죠.

내가 이 책에서 제공하는 아이디어와 실천은 진정한 의미에서 우리가 알고 있는 의식의 근본적인 본질에 도전하는 작업입니다. 이 작업은 여러분에게 자신의 마음을 열도록 안내합니다. 신비에 발을 들여놓고 혁명적이고 새로운 현실을 발견하도록 말이지요. 무엇보다도 이 책은 그런 것들을 실행하는 **방법**을 보여 줍니다. 그것은 당신에게 그 신비로운 '무엇인가'가 어떤 것인지 그리고 어떻게 그것을 직접 접할 수 있는지를 보여 줍니다. 그러면 당신은 자신의 마음을 단번에 그리고 영원히 자유롭게 할 수 있으며, 당신 안에서 당신을 기다리고 있는 힘을 되찾을 수 있습니다.

근본적 직관을 시작하기

이 책은 직관 발견의 여정을 지원하는 틀을 제공합니다. 근본적으로 직관적이 될 준비를 하면서 다음과 같은 사실을 알아 둘 필요가 있습니다. 즉, 이 책은 체험적 저술이라는 것입니다. 당신은 (이 책이 안내하는 것을 실천함으로) 자신의 직관을 스스로 경험할 수 있는 기회를 갖게 될 것이며, 삶을 변화시키는 지혜와 힘에 몰입할 수 있을 것입니다.

세상의 모든 종교, 철학, 세계관에 직관이 내포되어 있기 때문에 이 저술에 입문하기 위해서 특별한 지식 체계를 습득할 필요는 없습니다. 이 책은 직관을 옹호하는 책이 아닙니다. 내가 직관을 지지하는 과학적 이론에 대해 이야기하고 있지만, 나의 목표는 직관이 존재한다는 것을 증명하려는 것이 아닙니다. 만약 당신이 직관을 경험했다면, 당신은 이미 그것을 알고 있는 것입니다. 이 작업의 유일한 목표는 당신과 (당신이 아직 잘 모르는) 당신 내면의 진실 사이에 강력하고 개인적인 관계를 발전시키도록 돕는 것입니다.

사람마다 인생 여정이 모두 독특하듯이, 직관 여정 또한 모두 독특합니다. 더 높은 인식을 발견할 수 있는 정해진 경로는 없으며, 당신이 있는 곳에서 시작해서 한 걸음 한 걸음 앞으로 나아가면 됩니다. 당신의 직관은 이러한 과정에서 얻은 가르침을 의미 있는 방법으로 자신의 삶에 통합하도록 당신을 인도할 것입니다.

이 책의 목표는 단순히 당신이 직관을 알고 믿을 수 있도록 돕는 것입니다. 이를 통해 당신이―본래 당신에게 합당한―특별한 삶을 살 수 있도록요. 이 책은,

- 당신이 다음과 같은 근본적인 질문에 답변할 수 있도록 도와줄 것입니다. 나는 누구인가? 나의 삶의 목적은 무엇인가?
- 이 책은 또한 직관적인 인식을 일깨우고 향상시킬 수 있는 간단한 방법을 제공합니다.
- 더 높은 의식이 자리 잡고 있는 당신 내면의 차원을 활짝 열게 합니다.
- 당신이 가장 높고, 가장 행복하며, 진정한 존재의 상태로 가는 길을 보여 줄 것입니다.

이 책의 사용 방법

이 책을 최대한 활용하려면 처음부터 끝까지 순차적으로 읽어 보시기를 권합

니다. 각 장에는 단계적 과정을 통하여 직관을 개발할 수 있는 통찰(insight)[2])과
실습이 제공되어 있습니다. 당신은 각 단원 사이에서 휴식을 취할 수도 있고, 혹
은 책 전체를 읽고 나서 당신에게 특히 공감을 일으키는 부분으로 다시 돌아가
서 그 분야를 보다 깊이 탐구할 수도 있겠지요. 어느 쪽이든 간에 실생활에서 직
접 실천을 해 보는 것이 당신의 학습을 보완한다는 것을 유념하시기 바랍니다.

직관의 비밀은 체험을 통해서만 드러납니다. 당신은 직관에 대해 읽는 것만으
로는 직관적이 될 수 없습니다. 그것을 연습하고 체험적으로 체득해야 합니다.
그것을 삶의 방식으로 만들 필요가 있는 거죠. 당신이 직관에 더 많은 관심을 기
울일수록, 더 많이 존중하고 따를수록 직관은 당신 내면에서 보다 더 활력을 얻
게 될 것입니다.

이 책의 내용

이 책은 당신의 직관을 살아나게 할 지식, 실습, 연습, 도구 그리고 영감을 제
공합니다.

직관 개발을 위한 실습 이 책은 직관 이론에 대한 기본적인 학습과 배운 것의 실행
을 돕기 위한 상호작용으로 안내할 것입니다. 다양한 워크숍(연수)을 통해 당신
은 통찰력 있는 명상, 만트라(진언), 의도(발원), 일상적 수련과 함께 완전히 새로
운 직관 개발 기술을 제공받게 될 것입니다.

---

2) [역주] 이 책에서 저자 체스트니는 직관(intuition)과 통찰(insight)을 거의 동의어처럼 사용하고 있으나 약
간의 구별이 필요하다. '직관'은 "판단이나 추론 등의 의식적인 작용에 의존하지 않고 대상을 직접 파악하는
것"[Müller-Kainz & Sönnig 저, 강희진 옮김(2014), 『직관력은 어떻게 발휘되는가』. 서울: 타커스, p. 27]을
의미하는 반면, '통찰(insight)'은 in(내부를) + sight(보는 것)이므로 감각 현상을 넘어서서 현상의 근거를 보는
것(알아차림)을 의미한다. 그런데 킴 체스트니는 모든 통찰은 직관에서 온다고 보았다. 우리에게 직관의 능
력이 있기 때문에 통찰도 할 수 있다고 본 것이다. 그래서 체스트니는 '직관적 통찰'이라는 용어도 사용하고
있다.

직관 친화성 평가 및 자기 발견 실습 당신 자신의 직관을 아는 열쇠는 직관이 당신 안에서 어떻게 독특하게 작용하는지를 이해하는 것입니다. 다양한 자기 발견 연습을 통해 당신은 자신의 직관을 탐구할 기회를 갖게 될 것입니다. 즉, 당신이 이미 직관을 당신의 인생에서 어떻게 사용해 왔는지 그리고 그것을 더 강력하게 깨우기 위해 취할 수 있는 가능한 다음 단계들은 무엇인지에 대해 탐구할 수 있습니다. 여기에는 직관 친화력 퀴즈가 포함되어 있는데, 이것은 당신이 어떤 직관 유형을 갖고 있는지를 보여 주는 자기 평가입니다.

근본적 직관을 위한 조언 책 전반에 걸쳐 '근본적 직관을 위한 조언'은 당신의 직관적인 성장을 도울 특별한 안내를 제공합니다.

근본적 통찰 '근본적 통찰'은 각 장의 핵심 사항을 강조합니다. 당신이 이 중 하나를 볼 때 나는 당신에게 잠시 멈추어 그 지혜에 대하여 생각해 보도록 권합니다.

비범한 사람들의 탁월한 통찰력 직관에 대한 새로운 이해를 구성하는 여러 관점을 돋보이도록 하기 위해서 나는 특별한 새로운 사고의 리더들(thought leaders), 또는 통찰 리더들(insight leaders)을 소개하여 그들의 경험과 직관에 대한 이해를 공유하고자 합니다. 그들 한 사람 한 사람은 저마다 통찰력 있는 삶에 대한 본보기를 보여 줍니다. 예술가부터 의사, 할리우드 제작자, 비디오 게임 디자이너, 음악가, 작가 그리고 영적 스승에 이르기까지 세계적으로 유명한 직관 능력자들은 직관이 어떻게 오늘의 그들을 있게 했는지 우리에게 엿볼 수 있게 해 줍니다.

직관 작업을 위한 준비

시작 단계에서 당신의 새로운 직관 연습을 지원하기 위해 다음의 몇 가지를 모으거나 만들어 보세요.

통찰을 기록하기 위한 저널(일지) 당신의 일지를 직관을 담는 그릇으로 생각하세요. 당신의 모든 실습, 영감, 검열되지 않은 생각들이 이곳으로 흘러 들어갈 수 있겠지요. 직관 저널은 소중한 도구입니다. 회상을 통하여 강력한 검증이 되는 통찰을 기록하는 경우가 많기 때문입니다.

직관 개발을 위한 도구 당신은 www.kimchestney.com/toolbox에서 다양한 근본적 직관의 도구(통찰카드, DIY 직관쪽지 견본 등)를 이용할 수 있습니다. www.kimchestney.com/insight-cards에서 무료로 쌍방향 통찰카드 한 벌을 이용할 수도 있습니다.

신성한 작업 공간 직관을 가지고 작업할 때 기분을 좋게 하는 장소에 있는 것이 중요합니다. 자연 속에, 혹은 평화롭고 밝은 방이 가까이에 있다면 이상적입니다. 기분이 좋아지고 마음이 편안해지는 곳에 직관과 명상을 위한 전용 공간을 마련하면 연습량을 높일 수 있습니다. 주변 조명, 아로마 요법, 수공예품, 베개, 담요, 종, 촛불, 구슬 또는 당신의 마음을 끄는 모든 것을 자유롭게 조합해 보세요.

앞으로의 일: 직관의 각성과 조율

당신이 내면의 여정(旅程)에서 어디에 있든 이 책은 당신을 다음 단계로 이끌기 위해 설계되었습니다. 만약 당신이 자신의 직관을 탐구하기 시작한다면, 바로 지금 첫걸음을 내디딜 수 있습니다. 당신이 이미 매우 직관적이라면, 이 책은 당신에게 당신의 선물(= 직관)을 세밀하게 조정하는 새로운 방법을 보여 줄 것입니다. 이 책의 작업은 두 가지입니다.

1. 당신의 직관적인 인식을 일깨우는 데 필요한 이해와 지혜를 나누어 줍니다.
2. 이러한 인식의 전개와 확장을 가능하게 하는 실천 방법을 제공합니다.

직관을 깨우면 자기 발견의 가장 큰 과정이 시작됩니다. 세계를 경험하는 새로운 진리와 방법을 알게 되면서 당신의 삶에 대한 지각이 자연스럽게 확장되고 당신의 의식과 함께 진화하게 됩니다.

개인의 성장을 위한 직관 연수(워크숍)

4개의 장은 당신의 직관을 직접 조화시켜 명확성과 확신을 가지고 통찰력을 얻을 수 있도록 돕기 위해 고안된 워크숍입니다. 각 워크숍은 네 가지 특정 유형의 직관에 초점을 맞추고 있으며, 세 가지 부분으로 구성됩니다.

> **1부—직관의 조율** 각 워크숍은 특정의 직관적 경로를 열기 위한 삶의 방식에 대한 조언과 실습으로 시작합니다. 이러한 실습을 따르면 더 높은 수준의 직관을 향한 통찰의 흐름에 당신 자신을 역동적으로 일치시키는 데 도움이 됩니다.
>
> **2부—직관 명상** 각 워크숍에는 해당 직관의 유형에 힘을 실어 주기 위한 특정의 명상이 포함되어 있습니다.
>
> **3부—직관 연습** 가장 중요한 것은 각 워크숍에 당신이 원하는 만큼 스스로 수행할 수 있는 연습이 포함되어 있어서 당신 안에 있는 각 유형의 직관 방식을 더 잘 인식하고 이해할 수 있도록 도와준다는 것입니다.

궁극적으로, 근본적 직관은 당신의 내면의 지혜가 당신의 매 순간, 모든 것을 이끌어 주는 '통찰성'의 생활방식을 창조하도록 도와줄 것입니다. 이 책이 끝날 때쯤이면 당신은 당신 안에 특별한 힘을 소유하기 위해 필요한 모든 것을 갖추게 될 것입니다. 통찰력에 대한 실습을 계속 심화시키기 위해서 당신은 근본적 직관 커뮤니티 www.intuition-lab.com에 가입하여 실시간 워크숍, 온라인 코스 및 강좌를 수강할 수 있습니다.

근본적 직관 여정을 시작하기

이제 진정으로 당신은 실존의 가장 강력한 미스터리 중 하나인 진짜 당신으로 돌아가는 여행을 시작하려고 합니다. 그곳에 가는 것은 쉽지만은 않습니다. 당신은 이 여행을 진심으로 원해야만 하며, 인내심도 필요합니다. 하루, 일주일, 또는 1년이 걸릴 수 있지만, 당신이 참된 자기 발견의 열정에 고무될 때 삶은 한계가 없습니다.

당신은 이제 통찰적 과업의 진정한 임무에 참여할 기회를 갖게 됩니다. 그 임무란 이 세상을 넘어선 지혜의 인도를 받으며 이 세상을 사는 것을 말합니다.

자신에게 진실하기 ─ 이것은 가장 혁명적인 행동입니다. 당신의 심리적 조건화, 과잉 사고 그리고 타인들이 당신에게 행하도록 말해 준 것을 모두 내던지는 것 ─ 당신의 내면의 목소리에 충성을 맹세하는 것 ─ 이것은 강력한 반란입니다. 이것은 위대한 삶을 만들고, 새로운 길을 개척하며, 궁극적으로는 우리의 마음을 해방시키는 선택입니다.

차 례

CHAPTER 1

세상에서 가장 잘 지켜진 비밀

> "
>
> 이것(= 직관)은 우리의 생득권이다. 우리가 가지고 태어난 지혜요, 시원적(始原的) 풍요가 거대하게 전개된 모습이며, 시원적 개방성, 시원적 지혜 그 자체이다.[1]
>
> – 페마 초드론(Pema Chödrön)
>
> "

나는 아직 당신을 잘 모르지만 당신에 대해 한 가지는 알고 있습니다. 당신이 특별한 존재라는 것을요. 당신은 내면 깊은 곳에 눈부신 힘을 지니고 있습니다. 이 힘은 존재의 가장 깊은 신비를 드러내는 힘, 즉 직관입니다. 이 힘은 당신이 추구하는 모든 진리를 발견하는 비밀이며, 세상을 이해하는 아주 새로운 방법의 열쇠입니다. 직관의 능력은 당신에게 선천적으로 갖추어져 있습니다. 직관은 당신을 진실로 데려가고 당신을 모든 법 위에 있는 법으로 데려가며, 삶의 진정한 의미를 깨닫게 합니다.

당신은 자신이 진짜 누구인지 알고 있나요?
당신은 당신이 정말 무엇을 위해 만들어졌는지 아시나요?
당신의 직관이 알고 있습니다.

---

1) "지혜—이것은 우리의 생득권이다": Pema Chödrön, The Pocket Pema Chödrön (Boulder, CO: Shambala Publications, 2008), p. 14.

이 질문들에 스스로 답하기 위해서 당신이 해야 할 일은 직관을 따르는 것입니다. 당신 삶의 대부분은 잠들어 있었습니다. 당신의 몸은 깨어 있고, 마음도 깨어 있으며, 바라건대 당신의 심정도 깨어 있겠지요. 하지만 당신의 직관은 어떤가요? 사회적 역할, 칭호, 오랜 세월에 걸친 조건화 뒤에 있는 진짜 당신은 어떤 존재인가요? 당신이 어렸을 때, 마음이 아직 자유로웠을 때, 창의적 상상력이 시작되었을 때에는 직관을 알았을지도 모릅니다. 당신은 자신의 기쁨, 창조성, 또는 새로운 출발의 열정 속에서 때때로, 혹은 일생 동안 직관을 느꼈을지도 모르겠습니다.

하지만 그 과정에서 '현실'이 시작되었죠. 이성적이고 사고력이 풍부한 마음이 앞서 나가면서 직관의 미묘하고 상상력이 풍부한 세계는 실재가 아니거나 믿을 수 없다고 우리에게 말했습니다. 한때는 우리 마음속에서 주도적으로 활발히 활동했던 직관적 감수성이 '구체적인' 사고보다 희미해지기 시작했습니다. 억압되거나, 거부되거나, 그늘로 밀려나면 우리의 직관은 서서히 위축됩니다. 우리가 그것을 가지고 있다는 것을 기억한다고 해도, 우리는 그것을 사용하는 방법을 잊어버렸습니다. 사고하는 마음은 매일 우리 문화에서 그 위치를 강화하고 있으며, 우리에게 다음과 같이 말합니다.

"직관은 진짜가 아니다."
"직관은 미친 짓이다."
"직관은 위험하다."

우리는 이러한 견해들이 진실이기 때문이 아니라 두려움 때문에 받아들이게 됩니다. 직관의 혁명적인 힘은 제한된 사고력에 대한 위협이며, 우리 생활에 확립된 모든 통제 시스템에 대한 위협입니다. 우리의 자유롭고, 직관적인 본성은 기성 사회의 사회 질서 및 지식 체계와 정면으로 대립하는 경우가 많습니다. 왜냐하면 직관의 작업은 거짓된 것, 즉 우리를 우리의 더 높은 능력으로부터 분리시키는 그 어떤 것도 뚫고 나가며, 이를 통해 우리를 진리와 함께 자유롭게 하는 일이기 때문입니다.

직관은 잊혀진 초월적인 존재의 차원으로 가는 관문입니다. 만약 당신이 그것을 따를 만큼 용감하다면 당신은 그곳에서 당신을 기다리고 있는 특별한 힘을 발견할 것입니다. 만약 당신이 자신의 현재 의식 구조의 한계를 넘어 직관을 따를 준비가 되어 있다면 당신은 깨어날 것입니다. 이것이 실제로 직관의 사업입니다. 이 사업은 당신을 상상할 수 없는 삶의 잠재력 그 자체 속으로 끌어들이기 위한 것입니다. 길들여지지 않은 천연 상태 속에 있는 직관을 발견하는 것은 매우 특별한 일입니다. 바로 진짜 당신을 발견하는 일이지요.

당신은 무엇인가 더 좋은 것을 위해 만들어졌다

당신은 당신 안에서 고요하고 작은 속삭임을 알아차린 적이 있나요? 그것은 오직 당신에게만 속삭이며 당신 자신보다 당신을 더 잘 아는 목소리입니다. 그것은 당신을 인도하고, 보호하며, 영감을 줍니다. 그리고 당신의 삶을 바꾸는 열린 문으로 당신을 인도합니다.

그것은 다음과 같이 속삭입니다. 자신을 믿어라. 무엇인가 더 좋은 것이 기다리고 있다.

이 내면의 안내 체계(inner guidance system)는 당신이 태어난 날부터 당신 삶의 배후에 있으면서 묵묵히 운영되고 있습니다. 때때로 그것은 당신의 의식적 지각의 영역에 순간적으로 나타나서 삶에 더 큰 무언가가 작용하고 있다는 것을 상기시켜 주기도 합니다.

어떤 직감(gut feeling)이 들거나 또는 당신이 어떤 사실도 파악하고 있지 못했음에도 무엇인가를 알아차리는 때가 바로 직관이 당신을 부르는 첫 번째 패(牌,

card)입니다. 당신이 직관을 (자신의 삶에) 더 많이 불러들일수록, 더 많이 알고 그것을 존중하게 될수록 직관의 미묘한 속삭임은 더 명확해지고 더 강력하게 소통하게 될 것입니다. 직관은 속삭임으로 시작하지만, 연륜이 쌓이고 연습이 끝난 후에는 당신의 인생에서 가장 좋은 것을 인식하고 선택하라는 확신에 찬 부름에까지 이르게 됩니다.

오늘날 우리 중 많은 사람이 느끼는 실존적 불안은 부분적으로는 우리의 습관화된, 벗어날 수 없을 것처럼 보이는 사고하는 마음(thinking mind)에 대한 과도한 의존 때문입니다. 우리는 처리해야 할 정보가 너무 많고, 해결해야 할 것도 많습니다. 우리는 매일 전자 기기들에 끝없이 입력되는 정보의 폭격을 받고 있습니다. 직관으로의 복귀는 이 소란스러움에서 벗어나는 길입니다. 그것은 우리를 강박관념의 광적인 혼란에서 벗어나게 하고 삶의 풍요로움 그 자체, 인간 경험 속에 있는 현존의 생생함으로 다시 불러옵니다.

우리 모두는 직관을 갈망합니다. 스트레스, 내면을 물어뜯는 공허감, 뭔가 잘못되었다는 느낌, 하지만 우리는 그게 뭔지를 알지 못합니다. 이것들은 우리가 우리 자신의 직관적이고 내면적인 존재로부터 멀어지고 있음을 알리는 증상들입니다. 우리가 우리 내면의 안내(inner guidance)를 인식하고 따르는 것을 배울 때, 그것은 우리를 존재의 충만함과 다시 연결시킵니다. 이런 식으로, 직관은 더 높은 인식으로 가는 길일 뿐만 아니라 우리의 고통—균형을 상실한 몸, 불안한 마음, 상처 받은 심정 그리고 좌절한 영혼—에 대한 치료제이기도 합니다.

근본적 통찰
우리 모두는 내면 어딘가에 있는 직관과의 연결을 갈망한다.
우리 중 일부는 그것이 우리 삶에서 사라진 부분이라는 것을 안다.

우리는 종종 우리가 불완전하다는 느낌을 가지고 살아갑니다. 비록 우리가 이 느낌을 제쳐놓거나 이를 활동, 야망 그리고 물질적 추구로 덮을 수 있을지라도, 우리는 우리 자신의 더 깊은 곳에 우리가 실감하는 것보다 더 많은 잠재력을 가지고 있다는 것을 압니다. 우리가 직관으로 눈을 돌릴 때 우리는 그 힘과 그것의 잠재력에 발을 들여놓게 되며, 이를 통해 우리는 두려움, 실망 그리고 인간적 경험의 혼란을 극복하게 됩니다.

당신은 다른 삶을 위해 만들어졌습니다. 당신은 완전하며, 즐겁고, 영감을 받으며, 충족되도록 만들어졌으며, 이러한 꿈의 삶을 창조하기 위해 특별한 내면의 힘을 사용하도록 만들어졌습니다. 이런 삶을 살도록 당신의 직관이 바로 지금 당신에게 요청하고 있습니다.

당신은 이 요청에 어떻게 응답할 수 있을까요? 당신은 어떻게 매우 다른 두 세계 사이의 의사소통 창구를 열 수 있습니까? 말로 표현할 수 없는 이 실재(reality)의 차원에 어떻게 접근할 수 있을까요? 어떤 교사도, 어떤 구루도, 어떤 탐구나 마약도 당신을 그곳에 데려갈 수 없습니다. 당신은 오직 직관에 따라서만 그곳에 도달할 수 있습니다. 그 '부름'의 맞은편에 있는 것은 생명 자체[2]입니다―궁극, 최고, 절대, 모든 것을 알고, 모든 곳에 있는 존재이지요. 우리는 그것을 신, 영(靈), 또는 우리의 근원이라고 부를 수 있습니다. 우리가 그것을 무엇이라고 부르든 우리 모두는 그것의 일부입니다. 우리는 본질적으로 그 안에 내재되어 있고, 그것은 우리 안에 있습니다. 직관에 의해 합일이 되는 것이지요.

'새로운 학파'의 직관

직관에 대해 세상이 말해 준 모든 것을 잊어버리세요. 수정 구슬과 점괘의 옛

---

2) [역주] 여기서 저자 체스트니가 말하는 생명이란 단지 '개체적·유기체적 생명'을 말하는 것이 아니다. 우주 안의 모든 생명은 물리적, 심적(心的), 영적(靈的)으로 서로 연결되어 영향을 주고 받는 거대한 생명 연결망을 이루고 있다는 것, 그래서 전체적으로 보면 단일 생명이라고 볼 수도 있다는 것이 체스트니의 입장이다. 이 책의 75~76쪽의 내용 참조.

시절은 지나갔습니다. 오늘날 우리는 다른 종류의 세계에 살고 있습니다. 그리고 우리는 직관을 급진적이고 새로운 방식으로 보기 시작했습니다. 이 새로운 비전을 수용할 때, 우리는 더 이상 직관을 인간 구성의 필수적이고 자연적인 부분이 아니라고 생각할 수 없습니다. 직관은 우리가 우리 삶에서 아직 완전히 이해하지 못하는 부분입니다.

우리는 이전에는 상상할 수도 없었던 새로운 다차원적인 양자적 실재[3]의 경이로움에 의해 인과적 우주에 대한 전통적인 시각이 극복되기 시작하는 새로운 시대의 여명기에 살고 있습니다. 마법적 직관의 '구식' 개념은 오늘날 우리가 사는 세계에는 적합하지 않습니다. 우리는 예전에는 결코 생각지 못했던 새로운 방식으로 세상을 이해하고 있습니다. 그리고 그 새로운 비전의 일부는 인간으로서 우리의 미개발된 직관적 잠재력을 받아들이는 것을 포함합니다. 이제 우리에게 필요한 것은 직관에 관해 이야기하고 우리 삶에서 이를 증진하기 위한 새로운 언어입니다.

당신이 직관에 접근하는 것은 새로운 차원의 자각, 즉 당신이 시간적 공간(시간의 영향을 받는 4차원 공간)과 시간 속에 있는, 이 순간을 넘어서 존재하는 정보와 연결할 수 있는 일종의 양자적 사고에 접근하는 것을 의미합니다. 전통적인 사고에 따르면 우리는 오직 우리의 직접적인 신체적, 정서적 그리고 정신적인 경험에서 나온 정보만을 처리할 수 있습니다. 우리는 우주 안의 작은 장소와 시간 속에서 주관적으로 사고를 해나가고 있을 뿐이지요.

그런데 우리 마음의 더 높은 부분은 직관적인 사고를 통해 우리가 세상 안에서 언제 어디에 존재하고 있는지에 관계없이 모든 정보를 인식하고 있습니다. 우리 마음의 상층 부분은 모든 사물과 연결되어 있어서 전체 범위에 걸쳐서 직관합니다. 이 과정은 인간 의식의 자연스럽고 일상적인 기능입니다. 우리의 일, 놀이,

---

3) [역주] 이 책의 77쪽 이하를 참조.

예술, 과학 그리고 우리가 하는 모든 것에 이 기능이 사용되고 있습니다. 그것은 위대한 천재성의 표식입니다.

근본적 통찰

어제의 물리학에는 지성이, 내일의 물리학에는 직관이 있다.

이런 식으로, 우리는 한때 우리가 알 수 없다고 생각했던 것들을 알 수 있습니다. 또한 세상이 우리에게 사실이 아니라고 말했던 현실을 이제는 볼 수 있습니다. 이 혁신적인 양자적 사고 모델은 제약된 사고의 경계를 뚫고 나가며, 사고하는 마음으로는 도달할 수 없는 정보에 대한 즉각적인 인식을 우리에게 제공합니다. 우리는 직관을 사용하여 우리가 추구하는 진실을 어려운 과정을 통하지 않고 즉시 직관적으로 접근할 수 있습니다.

당신의 직관은 우주에 끊임없이 존재하는 데이터, 즉 범용 저장소인 '클라우드'처럼 존재하는 데이터에 직접 연결됩니다. 우리의 개인적인 경험 너머에 있는 우주는 시간도 없고, 변화도 없다는 것을 우리는 알고 있습니다. 존재 세계[4]의 모든 데이터는 우리가 직관적으로 이용할 수 있는 곳에 있습니다. 직관적인 정신에는 신체적인 경계가 없으므로 삶의 모든 정보는 어디에서든 이용할 수 있으며, 직관에 조율된 마음에 통찰의 형태로 다운로드될 준비가 되어 있습니다.

당신의 지성이 선형적(線型的)이고 3차원적인 세계에서 번창하는 동안, 당신의 직관은 현실의 더 높은 차원, 비선형적(非線型的)이고[5] 상대성 이론적인 차원에

---

4) [역주] chestney는 이 책에서 우리가 감각하고 경험하며, 인식하는 세계(현상 세계)와 있는 그대로의 세계, 칸트식으로 표현하면 '물자체(thing itself)'의 세계를 구별하고 있으며, 이를 '현상 세계'와 구별하여 '존재 세계'라고 표현하고 있다.

5) [역주] 이 책에서 사용되는 '선형적(線型的)' '비선형적(非線型的)'이란 용어는 자연현상을 원인과 결과의 연쇄로 설명하는 전통과학의 선형적 인과론과 이에 반대하는 복잡계 과학의 비선형적 인과론의 맥락으로 사용되고 있다. 먼저, '선형적'이란 '어떤 사태가 일직선을 따라가듯이 일 방향으로 진행되는' 정도의 의미로서, 전통과학은 대체로 자연현상을 원인과 결과의 순차적인 진행의 과정으로 보는 '선형적 인과론'의 입장을 가졌다고

서 번창합니다. 새로운 과학적 발견을 할 때마다 우리는 마음의 힘에 새로운 차원을 제공하는—차원을 가로지르는 생리적-에너지적 연결고리로서—직관에 대한 이해에 더 가까이 접근하고 있습니다. 우리는 그것을 두려워할 필요가 없으며, 억누를 필요도 없습니다. 그와는 반대로, 우리의 직관적인 능력을 수용해야만 우리는 내면의 잠재력을 충분히 활용할 수 있습니다.

직관을 사용하는 것은 일종의 진화입니다. 그것은 우리를 더 높은 무엇과 연결해 줍니다. 직관은 우리를 더 높이고, 저 너머로 데려갑니다. 그것은 우리의 의식을 확장하고 우리를 시간을 초월한 존재의 광대한 공간으로 초대합니다. 그곳은 지금까지 일어났거나 앞으로 일어날 모든 일이 이미 일어난 곳입니다. 이것이 바로 새로운 시대를 규정할 삶의 도약입니다.

당신은 직관 능력이 있습니까

직관의 힘을 더 많이 느낄수록 당신은 직관이 얼마나 경외심을 불러일으키는지 깨닫게 될 것입니다. 당신은 어떻게 '정상적인' 인간이 실제로 그러한 놀라운 과정에 참여할 수 있는지 궁금해 할지도 모릅니다. 또한 어떻게 당신 자신이 이런 특별한 일을 할 수 있는 능력을 갖추고 있는지 궁금해 하시겠지요.

당신은 이렇게 생각할지도 모릅니다. 나에게 직관 능력이 없으면 어쩌지? 이에 대한 특별한 재능은 없는 것 같네. 당신이 직관을 가졌는지 어떻게 압니까? 표식이 있나요? 만약 당신이 어떤 '초능력'을 가지고 태어나지 않은 그냥 평범한 사람이라면요? 직관적인 재능이 있는지 알아보려면 다음의 간단한 테스트를 수행하십시오.

볼 수 있다. 이에 반하여 현대의 복잡계 과학에서는 결과가 다시 자신의 원인에게 영향을 주어 그 원인을 재구조화한다고 주장한다. 선행하는 원인이 일방향적으로 결과에 영향을 미치는 것이 아니라 결과도 원인에 영향을 미칠 수 있다는 것이다. 이처럼 현대의 복잡계 과학은 양방향적, '비선형적 인과론'의 입장을 취한다[김종욱(2016). 비선형 인과의 불교철학적 이해. 불교학보, 77, p. 287ff].

1단계: 맥박을 확인합니다.

2단계: 맥박이 있습니까?

당신의 답이 '예'인 경우: 당신은 직관 능력이 있어요!

이것은 확실한 사실입니다. 모든 사람은 특별한 직관의 재능을 타고났지만, 대부분의 사람은 아직 그것을 깨닫지 못하고 있습니다. 직관의 재능을 지녔다고 하는 것은 단지 당신의 타고난, 자연스러운 직관의 길이 열려 있고 자유롭게 흐른다는 것을 의미할 뿐입니다. 그것은 직관이 연결되어 활동하고 있다는 것을 의미합니다. 기쁜 소식은 비록 당신의 직관이 일시적으로 끊겼더라도 주의(注意)와 연습을 통해 되살릴 수 있다는 것입니다. 직관은 우리의 모든 재능과 마찬가지로 강화되고 발전할 수 있습니다. 뛰어난 예술가들은 걸작을 창조하는 방법을 알고 태어나지 않습니다. 그들은 연습과 헌신을 통해 재능을 키웁니다. 그것은 직관에서도 마찬가지입니다. 당신이 직관하는 방법을 더 많이 배우고 그 사용법을 연습 할수록 그것은 더 강해집니다.

직관인 것과 직관이 아닌 것

사람들에게 직관이 무엇이라고 생각하느냐고 물으면 직감으로 아는 것에서 부터 창조적인 영감에 이르기까지 다양한 답변을 얻을 수 있습니다. 이것은 결과적으로 대부분의 사람들이 직관이 무엇인지 확실히 알지 못한다는 사실을 나타냅니다.

그 이유는 우리가 매우 다양한 방법으로 직관을 경험하기 때문입니다. 그것은 직감(gut feeling)이면서도 사실은 직감 그 이상입니다. 직관은 지식과 창조적인 영감을 전달하지만, 이것은 직관이 가져다주는 많은 선물 중 일부일 뿐입니다. 직관을 진정으로 이해하기 위해서 우리는 그것을 명명된 무엇으로 보기보다는 하나의 목적, 즉 통찰의 전달을 위한 다면적인 과정으로 볼 필요가 있습니다.

우리가 직관이라고 부르는 다양한 경험들은 직관에 대한 우리의 대응 방식이 다양하다는 것을 보여줍니다. 우리는 통찰이 우리에게 어떤 일이 잘못되었다는 사실을 경고할 때 직감을 가질 수 있습니다. 우리에게 어떤 직관적인 정보가 주어졌을 때 우리는 이로 인한 앎(knowing)을 가질 수 있습니다. 그리고 직관이 우리를 새로운 것으로 이끌 때 우리는 영감을 받고 창조적으로 느낄 수 있습니다. 그 모든 것의 밑바탕에서 직관은—여러 가지 방법으로 우리에게 접속할 힘을 가진—조용하고 작은 통찰의 목소리로 지속적으로 머물러 있습니다.

> 직관은 당신이 단지 수용하기만 하는 느낌, 앎, 창의적 아이디어 또는
> 경험의 형태로 도달하는 빛나는 통찰입니다.

직관을 사용하기는 쉽습니다. 왜냐하면 당신이 그것을 알아낼 필요가 없기 때문입니다. 그것은 당신에게 쉽게 다가와 당신을 통해 흘러나갑니다. 또한 그것은 종종 갑자기 도달하는 것처럼 보입니다. 직관은 설명할 수 없는 직감, 당신의 마음을 밝히는 현현(顯現, epiphany)[6], 당신의 창조적인 행동을 위해 쏟아지는 영감, 당신의 삶에 중요한 누군가와의 즉각적인 연결 등으로 나타나며, 다른 더 많은 것들로도 나타납니다.

당신의 직관은 당신에게 이성적인 사고 과정 너머에 존재하는 진리를 직접적

---

6) [역주] 현현(顯現), 즉 에피파니(epiphany)란 평범하고 일상적인 대상 속에서 갑자기 경험하는 영원한 것, 또는 초월적인 것에 대한 감각 혹은 통찰을 뜻하는 말이다. 원래 'epiphany'는 그리스어로 '귀한 것이 나타난다'는 뜻이며, 기독교에서는 신의 존재가 현세에 드러난다는 의미로 사용되어 왔다. 세계적인 문호 제임스 조이스는 "평범하거나 사소한 것에서 뜻하지 않게 비전을 포착하는 순간"을 에피파니라고 불렀다[박윤기(2017). 제임스 조이스의 작품에 나타난 에피파니의 양상. 현대영어영문학, 61(4), p. 98]. 기독교에서 에피파니는 동방박사가 구유에 누워 있는 아기 예수를 친견한 날인 1월 6일, 즉 주현절(主顯節)을 의미하기도 한다. 요컨대 기독교적 의미에서 에피파니는 예수의 탄생을 통해 신이 세상에 드러남(현현)을 의미한다[김정(2014). 주현절의 기원과 다양한 신학적 함축들. 신학논단, 75, p. 61].

으로 지각할 수 있는 능력을 줍니다. 이것은 마술처럼 보이기도 하지만 직관은 결코 마법이 아닙니다. 그것은 매우 현실적이고 학습 가능한, 진화된 정보 공유 방식입니다. 이제 직관이 무엇인지에 대해 더 잘 알기 위해 무엇이 직관인지, 무엇이 직관이 아닌지에 대해 이야기해 보기로 하지요.

직관인 것

다음의 언급들을 마음에 비추어 보면서 당신은 직관이 실제로 존재함을 인지하기 시작할 수 있습니다. 직관은 우리가 모르는 것에 의해 정의되는 것이 아닙니다. 우리는 직관을 그 자체로 경험할 수 있습니다. 그것은 우리 모두에게 참으로 존재하는 구원의 은총입니다.

직관은 인간 구성에 있어서 불가결한 부분이다 직관은 우리의 '내부 기술'의 일부입니다. 그것은 우리의 내장된 가이드, 즉 더 높은 시야를 가지고 우리를 이끄는 GPS 시스템입니다.

직관은 가장 발달된 인간의 인식 능력이다 우리가 직관을 통해 (사고하는) 마음의 한계를 넘어설 때 우리는 생각하는 방법을 완전히 바꾸는 방식으로 우리의 의식을 확장해 나가게 됩니다.

직관은 양성될 수 있다 직관은 우리 중 많은 사람에 있어서는 잠자고 있을지 모르지만, 주의(注意), 전념 그리고 실천에 의해 그 힘이 증폭될 수 있습니다.

직관은 우리의 미래 삶에 있어서 매우 중요하다 고도화된 정보의 시대, 데이터 포화 세계에서 충만한 '통찰력'은 새로운 시대에서 다음 단계로 나아가는 데 필요한 인간의 잠재 능력입니다.

직관은 피안에 존재하는 모든 것에 대한 접속이다 직관은 삶의 가장 큰 미스터리와 연결됩니다. 그것은 우리에게 우리의 존재 목적과 우주에서 우리의 위치를 발견할 수 있는 길을 제공합니다. 파라마한사 요가난다가 말했듯이요. "직관은 신을 아는 영혼의 힘이다."[7]

직관이 아닌 것

직관이 무엇인지에 대한 더 명확한 그림을 얻기 위해 우리는 직관이 아닌 몇몇의 사례를 들어 볼 수 있습니다. 여기에 직관의 본질에 대한 몇 가지 통속적인 신화와 오해를 언급해 보겠습니다.

직관은 여성만의 것이 아니다 그렇지요, 여성들은 종종 자연스럽게 직관적이기는 하지만, 남성들도 그것을 가지고 있습니다! 사실 직관의 대가들 중 일부는 실제로 남성들이었지요. 실제로 직관은 이원성을 넘어섭니다. 그것은 감정적이거나 이성적이지 않으며, 여성적이거나 남성적이지도 않습니다. 그것은 완전히 다른 과정이고, 느낌과 사고보다 더 강력합니다. 왜냐하면 그것은 이 두 가지를 모두 넘어선 것이기 때문입니다. 직관은 모든 면에서 사람들의 정신과 마음을 이끌기 때문에 비이원적(非二元的)이라고 할 수 있습니다.

직관은 '마음을 따르는 것'이 아니다 사람들이 '당신의 마음을 따르라'고 말할 때, 그것은 실제로는 보통 '감정에 따르라'는 것을 의미합니다. 그런데 직관은 정서적이기는 하지만, 감정은 아닙니다. 감정적인 마음은 우리를 속일 수 있지만, 직관은 진실 그 자체입니다. 마음은 종종 개인적인 필요나 결핍의 장소에서 움직이지만, 직관은 완전한 선(good)의 장소에서 움직입니다. 당신을 잘못 이끌 수 있는 마음을 따르지 말고 당신의 직관이 가리키는 진정한 길을 따라가세요.

---

7) "직관은 신을 아는 영혼의 힘이다": Swami Kriyananda, The Essence of Self-Realization: The Wisdom of Paramahansa Yogananda (Nevada City, CA: Crystal Clarity Publishers, 1990), p. 43.

직관은 양심이 아니다 양심은 직관이 아니라 **죄책감**을 느끼는 능력입니다. 직관은 우리의 행동, 심지어 실패까지도 성장의 경험으로 받아들이기 때문에 죄책감을 발생시키지 않습니다. 양심은 직관과 마찬가지로 우리를 안내하는 기능이지만, 직관과 달리 양심은 우리가 살고 있는 사회와 세계에 의해—우리가 행하도록 요구 받은 것과 실제로 행한 것 사이의 불일치에 관련하여—조건화됩니다. 양심은 세계와의 관계 안에서 인지된 행동 과정에 근거한 정신적 '판단'이지요. 반면에 직관은 우리를 인도하지만, 죄책감이나 판단으로 이끌지는 않습니다. 그 대신에 직관은 우리가 실수를 해도 우리를 변함없이 지지합니다. 우리의 고생과 실수가 모두 개인적인 진화의 기회라고 보기 때문이지요.

직관은 본능과 같지 않다 실제로 직관과 본능 사이에는 미묘한 차이가 있습니다. 그들 사이의 주요 차이점은 출처를 조사함으로써 찾을 수 있지요. 우리가 본능적으로 행동할 때 우리는 종종 무의식적인 감정에 반응하는데, 이것은 보통 과거의 경험에서 비롯됩니다. 예를 들어, 만약 우리가 어떤 감정적인 경험을 본능적으로 거부한다면 이것은 과거의 상처에 근거한 자기 보호적 반사일 가능성이 있습니다. 반면에 우리가 직관에 따라 행동할 때 그 근원은 개인적·자기중심적 경험이 아닙니다. 조건화된 환경적 반응도 아니고요. 본능은 생존에 관련된 것이겠지만, 직관은 변화—성장, 진화 그리고 해방과 관련된 것입니다.

직관은 무섭지 않다 직관에 대한 가장 큰 오해는 직관이 두려워해야 하는 것이라는 생각입니다. 정반대이지요! 이 세상에 당신의 직관보다 안전한 것은 없습니다. 당신의 직관보다 더 좋은 친구도 없지요. 직관의 모든 작용은 당신을 돌보고 당신이 두려움을 극복하도록 돕기 위한 것입니다. 직관과 공포는 공존할 수 없습니다. 한쪽의 존재가 다른 쪽을 부정합니다. 두려움을 극복하는 방법은 자신의 직관을 믿는 것입니다.

Aún

CHAPTER 2

통찰력 있는 삶

> 진정한 지성은 모든 지성의 근원인 사고(thinking)에서 벗어나는 것이다.[1]
>
> —에크하르트 톨레(Eckhart Tolle)

직관적으로 산다는 것은 다른 무엇보다도 우리 내면의 목소리를 존중한다는 것을 의미합니다. 우리는 저마다 다른 삶을 살아가며, 다른 선택을 합니다. 또한 서로 다른 것을 열망합니다. 우리는 서로를 다르게 이해하고, 완전히 새로운 방식으로 세상을 경험합니다. 우리가 직관을 따를 때, 우리는 우리가 알지 못하는 우리 존재의 심층에 관여하는 것입니다.

우리가 직관을 삶의 일상적인 부분으로 만들고, 그것에 의지하여 살아가면 그것이 우리의 제2의 천성이 되며, 이를 통해 우리는 특별해집니다. 더 높은 통찰력에 의해 인도되는 모든 단계와 함께 우리는 성공, 행복 그리고 개인적인 성장으로 나아갑니다. 전 세계의 더 많은 사람이 이렇게 된다면 우리는 직관의 일상화를 시작할 수 있으며 삶의 모든 측면을 개선하기 위해 직관을 사용할 수 있게 될 것입니다.

직관을 사용하는 법을 배우는 것은 지성을 사용하는 법을 배우는 것과 다르지

---

1) "진정한 지성은 사고력을 넘어선다": Eckhart Tolle, Present Moment Reminders (Eckhart Teachings), email.

않습니다. 지성과 직관은 동전의 양면과 같습니다. 양쪽 측면이 함께 일할 때 그들은 특별한 마음을 창조합니다. 우리는 더 똑똑해지기 위해 학교에 가는데, 더 직관적이 되기 위해 학교에 가는 것은 어떨까요? 이제 우리는 직관이 작동하는 방식에 대해 더 많이 배우고 있기 때문에 인지적 본성의 두 보완적인 측면을 재조정할 수 있는 새로운 기회를 받아들일 수 있습니다.

한때는 정반대로 보였던 이 양면의 혁명적인 결합, 즉 사고하는 마음과 직관적인 마음을 하나로 합치는 것은 융복합이 화두로 떠오르고 있는 미래시대에 부응하는 일이기도 합니다. 이러한 결합을 통해 우리는 모두와 더불어 더 현명해지고 통찰력 있는 사람이 될 것입니다.

직관이 함께함으로써 우리는 삶의 경험과 우리 모두를 하나로 묶는 연결된 인식으로 더 깊이 들어갑니다. 직관의 문화를 창조하면 우리는 통합과 포괄성의 문화, 상호 연결된 인간문화를 창조할 수 있습니다.

알아차림을 넘어 통찰력으로

최근 몇 년간, 알아차림(mindfulness), 현존(presence)[2] 그리고 명상의 실천은 우리 문화와 개인적인 발전의 초석이 되었습니다. 침묵의 힘은 오늘날 우리가 살고 있는 바쁜 세계와 대조를 이루는 중요한 대척점이 되었습니다. 고요함 속에

---

2) [역주] 알아차림(mindfulness)이란 불교의 '사띠(sati)'의 번역어인데, 사띠의 본래 의미는 '유념(留念)' 또는 '주시(注視)'이다. 즉, '어떤 대상에 머물러 순수하게 주시하며 알아차린다'는 의미이다. 영어권에서 초기불교 명상의 대중화에 기여한 냐나포니카(Nyanaponika)에 따르면, mindfulness의 핵심적 의미는 'bare attention', 즉 '순수한 집중'이다(황금중, 2019, p. 227). 냐나포니카의 뒤를 이어서 초기불교 명상을 기반으로 MBSR(Mindfulness Based Stress Reduction)을 창시하여 널리 보급한 카밧진(John Kabat-Zinn)에 따르면, mindfulness의 의미는 '지금 여기에서 일어나고 있는 경험에 대해 깨어 있는 마음으로 바라본다'는 의미이다(장현갑, 2011, p. 71f.) 이를 종합해 보면, mindfulness는 '지금 여기에 있는 대상(또는 경험)에 선입견 없이 순수하게 집중하여 주시하면서 알아차리는 상태'를 의미한다고 볼 수 있다. 따라서 이 책에서는 mindfulness에 대하여 기존의 학계에서 사용하고 있는 '마음 챙김' 보다 '알아차림'이 더 적절한 번역어라고 판단하여 이를 사용한다. 명상 용어로서의 '현존(presence)'이란 '알아차림' 수련의 결과 마음속의 모든 생각을 내려놓게 되어 과거에 대한 회상이나 미래에 대한 염려없이 '의식이 순수하게 지금 여기에 머물고 있음'을 말한다.

서 우리는 평화와 힘을 얻을 수 있습니다.

알아차리는 것은 자각하는 것입니다. 그것은 우리의 무의식적인 습관, 생각, 행동에서 깨어나는 삶의 알아차림입니다. 의식적으로 생활하면서 우리는 우리가 하는 모든 일에서 새로운 현존의 감각을 구현합니다. 즉, 매 순간을 완전히 포용할 수 있는 능력이지요. 오늘날 우리는 마음의 함정에서 벗어날 수 있게 되었습니다. 습관적인 판단, 배려 없는 사고방식, 공포심으로부터 말입니다. 우리는 끊임없는 생각의 흐름에서 벗어나 그 생각들 사이의 조용한 공간, 즉 고요함(stillness)으로 나아갑니다. 그 고요함은 공허하지 않습니다. 거기엔 특별한 것들이 기다리고 있지요.

고요한 마음의 침묵, 생각 사이의 빈 공간에 직관의 목소리가 들려옵니다. 고요함이 말을 하는 것이지요. 사고 활동이 없는 곳에서만 직관을 들을 수 있습니다. 사고하는 마음은 (직관에 대한) 훼방꾼입니다. 마음이 안정되어야만 당신 내면의 지혜가 당신에게 부드럽게 접속할 수 있지요. 명상 중이든, 샤워 중이든, 숲속을 산책하는 동안이든 비판적인 마음에서 멀리 떨어져 있을 때 통찰이 가까이 다가옵니다.

근본적 통찰

통찰력(insightfulness)은 알아차림(mindfulness)을 넘어서는 그다음 단계이다.

통찰은 존재의 선물이다.

여기 이 평화의 장소에서 당신은 더 높은 수준의 앎을 담고 있는 특별한 통찰을 얻을 수 있습니다. 먼저 우리는 알아차려야 하며, 그다음에 통찰력이 생기게 됩니다. (알아차림을 통해 구현되는) 현존(presence)은 통찰의 관문인 것입니다. 통찰력은 우리를 진실로 인도합니다. 모든 지혜와 창조성은 생각 사이의 고요한 틈새에서 나옵니다.

여기에 고요함, 명상의 침묵이 우리의 마지막 목적지가 아닌 이유가 있습니다. 우리에게는 아직 할 일이 있지요. 우리에게는 변화시켜야 할 세계가 있습니다. 우리에게는 살아가야 할 삶과 진화해야 할 정신(spirit)이 있습니다. 우리는 존재할 수 있지만, 여전히 해야 할 일도 있습니다.

이것은 양자택일의 상황이 아닙니다. 음과 양처럼 우리의 자아실현은 상호 보완적인 힘들의 결합을 통해 이루어집니다. 즉, 존재와 경험, 앎과 (앎의) 현실화의 균형과 함께 이루어지지요. 인간 조건의 완성을 위해서 우리는 알아차리고 통찰하는 것 모두를 필요로 하며, 이를 통해 모든 것을 참으로 알고, 더 많이 알아야 합니다. 통찰력은 더 높은 수준의 앎을 당신에게 선물로 가져다줍니다.

고요함의 피난처에서는 직관이 당신의 길잡이가 됩니다. 명상과 이를 통해 고양된 의식에 따른 삶의 실천은 당신이 존재의 고요한 중심부로 나아갈 수 있게 합니다. 그다음은요? 당신 내면의 목소리는 당신이 고요한 평온에서 벗어나 다음 단계로 나아가도록 당신을 부릅니다. 당신의 삶을 이해하는 방법을 바꾸고 개선할 그다음 생각, 당신의 의식을 더 고양시키기 위해 취해야 하는 그다음 행동으로 말입니다. 진정한 빛은 관조적인 고요함과 영감을 받은 행동, 즉 깨달음을 위한 두 가지의 보완적인 경로에서 나옵니다.

직관이 있는 삶 vs. 직관이 없는 삶

통찰력 있게 살기 위해서 우리는 어떻게 직관을 일상생활에 통합해 나갈 수 있을까요? 그런데 왜 우리는 직관처럼 거창한 것을 우리의 평범한 일상적 삶에 통합하려고 노력해야 하나요? 우리 모두가 세상을 바꾸는 천재나 신비가가 되기를 원하지는 않지만, 우리 모두는 삶의 충족감을 원합니다. 우리 개개인 사이의 공통점은 진정한 행복에 대한 갈망, 개인적인 성장과 자기실현에 대한 갈망을 느낀다는 점일 것입니다.

이것은 직관이 해야 할 일입니다. 당신을 더 높은 곳으로 안내하는 일 말입니다. 통찰력 있는 삶은 작은 시작에서부터 출발하여 우리를 위대한 결과로 이끌어 갑니다. 당신의 삶의 목적과 성장 방향의 모든 단계는 당신의 직관에 의해 인도됩니다. 이 단계들의 유일한 임무는 당신이 삶의 한계로부터 해방되도록 하는 것입니다. 이 단계들이 제공하는 모든 통찰력은 당신의 개인적 진화가 보다 높은 앎의 경지에 이르도록 도와줍니다.

그 길의 각각의 단계에서 당신의 직관은 지금 당신이 있는 바로 그 자리에서 당신을 만납니다. 만약 당신이 자신을 발견하고 싶다면 당신의 직관은 당신이 누구인지 보여 줄 것입니다. 만약 당신이 다른 사람들과 관계를 맺는 방법을 배울 필요가 있다면, 당신의 직관은 당신을 올바른 사람들에게 인도할 것입니다. 만약 당신이 새로운 기회를 맞이할 준비가 되어 있다면, 당신의 직관은 당신을 그 기회와 연결시킬 것입니다. 직관은 사안(事案)의 크고 작음을 가리지 않습니다.

하지만 일단 당신이 내면의 안내를 따르기로 마음먹는다면, 당신은 당신의 삶에 상당한 변화를 확인하게 될 것입니다. 모든 일이 더 부드럽게 진행되며, 성공은 더 쉽게 다가옵니다. 편안함, 행복 그리고 목적이 당신의 삶을 통해 발산됩니다. 다음에서 직관이 삶의 가장 일상적인 상황에서도 변화를 일으키는 몇 가지 방법을 살펴보세요.

항목	직관이 있는 삶	직관이 없는 삶
관계	두 사람이 직관적으로 연결되어 있고, 서로의 성장과 행복을 힘차게 응원한다.	두 사람은—그들의 진정한 길과 일치하지 않는—사회적 규범이나 기대에 근거하여 함께 있기를 선택한다.
사업	애플은 처음 보는 직관적인 신제품들을 만들어 내면서 글로벌 혁신 리더가 되었다.	성공률이 낮은 기업은 기존의 트렌드를 따라 함으로써—이를 자주적으로 설정하고 창조하는 대신에—'적당히' 유지하려고 한다.

건강	자기 몸의 말을 듣고 내면의 안내 체계에 따라 깨끗하고 건강한 식단의 음식물을 섭취한다.	어떤 사람은 유행하는 다이어트와 그의 몸에 특별히 효과가 없는 건강 시스템의 사이클에 갇혀 버린다.
창의력	세잔, 피카소, 워홀 같은 위대한 예술가들은 세계 문화에 혁명을 일으키기 위해 직관을 사용했다.	어떤 예술가들은 그들 자신의 특별한 비전 대신에 다른 사람들의 공식에 따라 성공하려고 고군분투한다.
육아	어머니는 자라나는 아이를 공감적으로 지지하고 이해하며, 아이가 필요로 하는 것의 범위를 직관적으로 알고 이를 지킨다.	어머니는 자신과 자녀에게서 정말 필요한 것이 무엇인지 듣는 대신에 최신 육아 트렌드를 고집한다.
영성	성자, 구루, 사부들은 직관적으로 삶과 연결함으로써 의식의 최고 수준을 성취한다.	어떤 사람은 규칙적으로 명상으로 도피하지만 여전히 진정한 깨달음의 삶으로 가는 길을 찾지 못하고 있다.
리더십	위대한 리더들은 공감과 통찰력을 사용하여 다른 사람들을 일으켜 세우고 길을 인도함으로써 다른 사람들을 특별하게 가르치고, 도와주며, 이끌어 준다.	그다지 훌륭하지 않은 지도자들은 그들이 이끄는 사람들과 접점을 갖지 못하며, 변화와 성장을 진정으로 고무시킬 능력이 없다.
문제 해결	아인슈타인과 같은 비전 있는 과학자들은 갑자기 떠오르는 통찰 속에서 역사의 가장 중요한 몇몇 문제에 대한 해결책을 찾아낸다.	공식만을 따르는 사람들은 공식의 수렁에 빠져서 다가오는 직관의 순간들을 놓쳐 버린다.
상담	상담가는 고객이 각각의 도전에 숨겨진 의미를 직관적으로 파악하여 큰 발전을 이룰 수 있도록 지원한다.	상담가는 외적 사실들을 내적 의도에 연결하지 않고 관찰함으로써 치유의 기회를 놓쳐 버린다.

이것은 우리의 내적 안내를 따르는 것으로부터 얻어지는 '외부적' 결과의 많은 예 중 일부일 뿐입니다. 때때로 우리는 직관이 어떻게 우리가 더 나은 친구, 부모, 선생님, 리더 그리고 창조자가 될 수 있도록 하는지를 볼 수 있습니다. 직관은 당신을 최고의 삶, 궁극적으로는 그것이 가져다주는 행복으로 이끕니다. 인생의 불안을 가라앉히는 데에는 직관보다 더 좋은 약은 없습니다. 행복하다는 것은 직관적으로 사는 것의 부산물입니다.

왜 직관이 행복과 그렇게 강력하게 연결되어 있을까요? 왜냐하면 당신이 직관적으로 삶과 일치하게 되면 당신은 진정성(authenticity)을 가지고 살아갈 수 있기 때문입니다. 당신의 참된 삶의 여정 및 목적과의 조화를 이루면서 말이죠. 당신은 자연스럽게 당신 삶에서 더 차원 높은 사람들과의 경험들을 끌어들이고 출현시킵니다. 그래서 당신은 완전한 당신 자신이 될 수 있는 것입니다. 당신 자신의 최고 버전이 되는 거죠.

자신의 직관을 사용하면 당신은…	직관을 사용하지 않는다면 당신은…
진정성 있고	혼란스럽고
자긍심을 가지며	두려우며
태평하고	불안하고
평온하며	스트레스를 느끼고
인격적으로 성장하고	정체되고
자신의 목적에 대해 확신을 갖게 된다.	우유부단하고 어찌할 바를 모른다.

직관의 삶이 가져다주는 가장 큰 선물 중 하나는 삶이 당신을 100% 지켜주고 있다는 것을 느끼고 아는 능력입니다. 직관과 함께할 때 당신은 더 이상 불확실한 공포의 세계에서 살지 않게 됩니다. 그 대신에 당신은—당신 자신을 포함하여—모든 작은 사물까지 의미 충만한 경이로운 세계에 자신이 살고 있다는 것을 알게 됩니다. 모든 기쁨과 도전에는 목적이 있습니다. 그 목적은 당신의 완성입니다.

근본적 통찰

통찰력은 평범한 삶과 뛰어난 삶 사이의 차이를 나타낸다.

통찰력 있는 삶은 당신에게 세상이 가져다주는 모든 것을 다룰 수 있는 침착함과 자신감을 갖게 합니다. 직관적인 마음의 상태는 많은 놀라운 능력을 가져다 줍니다. 그것은 통찰력, 독창성, 창의력, 천재성, 공감, 선견지명, 지혜, 진실, 기쁨, 행복, 사랑입니다. 이제 우리가 이렇게 될 차례입니다. 각각의 직관에 따라오는 통찰들과 함께 당신은 보다 온전하게 삶의 완성을 구현하게 됩니다.

직관적인 자기 발견

이제 당신의 삶에서 직관이 어떻게 작용하는지 살펴봅시다. 당신은 직관을—당신이 그것을 알아차리든 아니든 간에—계속 사용해 왔습니다. 그런데 직관으로 훌륭해지는 비결은 그것을 알아차리는 것입니다. 일단 당신이 그것을 알게 되면 사용 방법을 숙달할 수 있으니까요.

우리 대부분은 직관을 사용하면서 전 생애를 보냅니다. 직관적으로요. 우리는 그것을 여기저기서 경험하지만, 그 힘을 의식적으로 통제하지는 못합니다. 직관을 자신 있게 사용할 수 있으려면 직관을 식별하고 직관적이지 않은 다른 생각, 느낌 및 경험과 구별할 수 있어야 합니다. 그래서 먼저 어떤 것이 당신의 직관인지 그리고 그것이 당신과 어떻게 작용해 왔는지 살펴보는 것으로 시작하겠습니다.

직관적인 인상은 어떤 느낌인가

눈을 감고 마음을 차분하게 가라앉히세요. 깊은 숨을 들이쉬어 어떤 생각도 놓아 버리고 고요한 평화 속으로 편안히 들어가세요. 당신이 생각 사이의 공간으로 이동할 때, 당신의 마음속에 가장 먼저 떠오르는 것을 보세요. 마치 갑자기 떠오른 것처럼 보이죠.

근본적 직관을 위한 조언 마음에 아무것도 떠오르지 않거나 스스로 만들어 낸 생각들에 의해 공격을 받는다고 느끼더라도 걱정하지 마세요. 만약에 어떤 이유로든지 당신이 불안하거나 두려움을 느낀다면 그냥 지나치세요. 그것은 당신의 직관이 아닙니다. 단지 당신의 사고하는 마음이 주도적인 힘을 되찾기 위해 속임수를 쓰는 것입니다. 사고하는 마음은 통제력을 잃지 않으려고 합니다. 긴장을 풀고 고요한 곳으로 다시 들어가세요. 단순하고 평화롭게 무언가가 당신의 머릿속에 떠오를 때까지요.

당신에게 가장 먼저 떠오르는 차분하고 고요한 인상은 무엇입니까? 이것이 직관적인 첫인상입니다. 그것은 아이디어, 이미지, 단어나 문구, 색깔, 몸 안의 느낌, 문제에 대한 해결책일 수도 있으며, 갑자기 당신의 의식 속으로 들어오는 모든 종류의 정보일 수도 있습니다.

근본적 통찰

직관적인 통찰이 나타내는 특성 중 하나는 그것이 어디에서 오는지도
모르게 느닷없이 도착한다는 것이다.

이것이 직관을 인식하는 첫 번째 열쇠입니다. 그것은 갑자기 당신에게 다가오는 감각, 생각, 또는 느낌이며, 어떤 사고 과정이나 추론의 결과가 아닙니다. 만약 당신이 어떤 느낌이나 생각이 어디에서 왔는지 전혀 모른다면 그것은 당신의 직관에서 나왔을 것입니다. 대부분의 경우에 우리의 머릿속에서 무엇인가가 오고 갈 때, 우리는 그 근원에 대해 생각하지 않습니다. 우리는 단지 그것을 받아들이거나 안 받아들이거나 할 뿐이며, 그냥 우리의 길을 갑니다.

이 사실을 알게 되면 당신은 이러한 내면의 '통찰' 과정을 더 잘 알 수 있습니다. 당신이 마음속에 떠오르는, 겉보기에는 우연적인 것으로 보이는 인상들에 더 많은 관심을 기울일수록—그것들을 무의미하게 지나가는 생각들보다 가능성 면에서 더 나은 것으로 대할 때, 당신의 직관적인 인식은 더 커집니다. 그런 다음, 그러한 인식의 증가로 당신은 규칙적인 생각이나 상상력과 같은 다른 것

들과 직관적인 인상을 구별하는 과정을 시작할 수 있습니다.

이것이 인지(awareness) 및 의도(intention)와 더불어 당신의 직관을 의식적으로 사용하는 방법입니다. 당신은 지금 이 순간 또는 하루 종일 그렇게 함으로써 그것이 당신에게 오는 방법에 익숙해질 수 있습니다. 일단 당신이 자신의 직관을 알게 되면 더 깊이 직관 속으로 자유롭게 들어갈 수 있습니다. 그것의 공명을 느끼고, 그것의 의미를 인지하면서 말입니다.

직관은 당신에게 뭐라고 말하는가

모든 사람의 직관은 그들에게 모두 다르게 말합니다. 당신의 독특한 인생 경로와 역사는 당신만의 특별한 직관 유형, 즉 당신 내면의 안내(guidance)가 당신과 정보를 공유하는 구체적인 방식을 당신에게 연결해 줍니다. 직관적인 언어로 작업을 시작하는 가장 좋은 방법은 당신의 직관이 이미 당신의 삶에서 어떻게 작용해 왔는지를 알아채는 것입니다.

직관이 당신에게 어떻게 말을 걸어왔는지 알아보려면 다음과 같은 발견 연습을 해 보세요. 다음과 같은 직관적인 상황을 경험한 예를 모두 적어 보시기 바랍니다.

 1. 당신은 합리적으로 설명할 수 없는 어떤 것을 느끼거나 감지했다 당신은 즉각적인 이해의 수준을 넘어선 정보나 상황에 대해 직관적인 신체적 반응을 느낀 경험이 있나요? 직관은 종종 우리의 몸, 직감, 감각을 통해 우리와 의사소통을 합니다. 아마도 한 번쯤은 무언가가 잘못되었을 때, 당신이 의식적으로 그것을 알기도 전에 당신의 등골이 서늘해짐을 느낀 적이 있을 것입니다. 혹은 당신이 당신과 맞지 않는다고 느끼는 특정인이나 특정 장소에 있을 때, 두통, 메스꺼움, 불편함 같은 신체적 경험을 할 수도 있습니다.

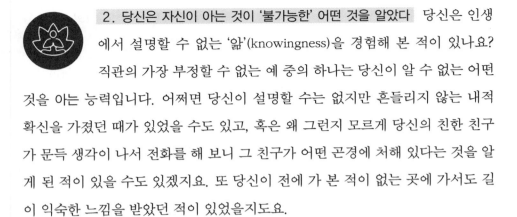

2. 당신은 자신이 아는 것이 '불가능한' 어떤 것을 알았다　당신은 인생에서 설명할 수 없는 '앎'(knowingness)을 경험해 본 적이 있나요? 직관의 가장 부정할 수 없는 예 중의 하나는 당신이 알 수 없는 어떤 것을 아는 능력입니다. 어쩌면 당신이 설명할 수는 없지만 흔들리지 않는 내적 확신을 가졌던 때가 있었을 수도 있고, 혹은 왜 그런지 모르게 당신의 친한 친구가 문득 생각이 나서 전화를 해 보니 그 친구가 어떤 곤경에 처해 있다는 것을 알게 된 적이 있을 수도 있겠지요. 또 당신이 전에 가 본 적이 없는 곳에 가서도 길이 익숙한 느낌을 받았던 적이 있었을지도요.

3. 당신은 열정적 소명을 느꼈다　당신은 자신이 무언가를 하는 데 '딱 맞는' 사람이라는 느낌을 받은 적이 있나요? 아마도 당신은 어떤 직업을 갖도록, 또는 어떤 특정 장소로 여행하도록, 혹은 당신 자신의 방식으로 다른 사람들을 돕도록 부름을 받았다고 느낀 적이 있을 것입니다. 당신은 왜 당신이 특정의 사물이나 상황에 끌리는지 설명할 수 없을지도 모르지만, 어쨌든 당신의 한 부분은 특정한 방향으로 자석처럼 이끌립니다. 이러한 부름(calling)은 당신의 직관이 당신을 끌어당겨서 당신의 운명으로 인도하는 많은 방법 중 하나입니다. 빛나는 아이디어, 영감 그리고 지속적인 갈망 등은 직관의 작업입니다. 그것들은 삶이 우리를 성장의 기회 쪽으로 움직이기 위해 사용하는 것입니다.

4. 당신은 과학적으로 설명되지 않은 '신비한' 경험을 했다　형이상학적인(= 감각 경험을 넘어선) 경험을 해 보신 적이 있나요? 만약 그렇다면, 그것들은 당신의 인생에서 의미 있는 성장기와 관련이 있나요? 당신은 우리가 알고 있는 현실 너머에서 온 것 같은 일을 알고, 느끼고, 보고, 듣고, 접촉한 적이 있나요? 아마도 당신은 어떤 비전이나 비범한 백일몽을 경험했

을지도 모릅니다. 명상하는 동안에 더 높은 의식에 접촉했을 수도 있고요. 초월적 실재에 대한 인식의 증대는 당신의 진화 여정의 일부입니다.

우리의 삶에서 우리의 직관이 드러날 수 있는 방법은 여러 가지가 있습니다. 그래서 통찰이 당신에게 다가오는 몇 가지 방법을 알고 있을 필요가 있습니다. 아마도 당신은 하나의 직관 경로를 다른 직관 경로들에 비해서 더 자주 경험했을 것입니다. 예를 들어, 당신은 자주 (직관을 통한) 앎(knowingness)을 갖지만, 직감(gut feeling)을 갖는 경우는 거의 없을 수도 있고, 혹은 그 반대일 수도 있습니다. 이것은 당신이 이미 어떤 직관적인 경로에 대해 자연스럽게 친화력을 가지고 있다는 것을 보여 줍니다.

앞에 나열되어 있는 경험들 중 어떤 것들이 당신에게 해당되든지 간에 이 책에 있는 작업들을 통해 당신은 더 많은 것을 얻을 수 있을 것입니다. 앞에서 설명한 네 가지의 상황 각각은 감각, 생각, 느낌, 또는 영적 경험을 통해 당신의 직관이 이미 당신에게 말했던 여러 가지 방식을 표현한 것입니다. 당신이 당신만의 독특한 직관적인 언어가 펼쳐지는 것을 보게 되는 것은 이 네 가지 경로를 통해서입니다.

그러나 직관적인 작업의 가장 중요한 부분은 직관이 왔을 때 그것을 인식하는 것이 아니라 그것이 무엇을 의미하는지 아는 것입니다. 당신의 직관이 당신에게 말하려는 것은 무엇입니까? 과거의 직관적인 경험에 대해 생각할 때 자신에게 다음과 같이 물어보십시오. 그것이 내 인생에 어떤 영향을 미쳤을까? 어떻게 그것이 나를 성장하게 도와주었을까? 내가 직관에 귀를 기울였을까, 아니면 그것을 부정했을까? 이와 같은 질문을 하는 것은 당신과 당신이 지니고 있는 지혜 사이의 새롭고 의식적인 관계를 시작하는 것입니다.

CHAPTER 3

네 가지 직관

"

진리는 오직 하나이지만, 현명한 사람들은 그것을 많은 이름으로 부른다.

— RIG VEDA 1.164.46, 힌두교 만트라(진언)

"

우리는 직관을 여러가지 방식으로 알고 있지만, 어떤 방식이든 간에 직관은 존재하는 모든 것을 관통하는 유일한 진리에 연결되는 것입니다. 직관은 직감(gut feeling)일까? 아니면 앎(knowingness)인가? 혹은 창의적인 아이디어일까? 신의 계시인가? 이 모든 물음에 대한 답은 '네'입니다.

우리는 인간 존재의 네 가지 차원에 기초한 네 가지의 기본 용어로 그것을 이해할 때 직관이 표현되는 다면적인 특성에 대해 더 깊이 이해할 수 있습니다. 우리가 우리의 몸(body)과 마음(mind), 심정(heart) 그리고 정신(spirit)[1]을 통해 직관적인 지혜를 얻는 방식을 알게 되면 우리는 우리 안에서 얼마나 특이하고 놀

---

1) [역주] 이 책의 내용을 이해하기 위해 mind, heart 그리고 spirit의 개념을 구별하는 것도 중요하다. mind는 주관적·분별적인 마음이며, heart는 느끼고 의욕을 일으키는 마음이다. 이 두 가지는 개인의 내면에 머무르는 마음이다. 그에 반해 spirit는 고대 그리스어 프네우마(pneuma), 라틴어 스피리투스(spiritus)에서 유래한 프랑스어의 에스프리(esprit), 독일어의 가이스트(Geist)에 해당하는 용어로, 자기중심적 의식을 벗어나 있는 고차적 사유, 또는 개인적인 마음이나 신체를 초월해 있으면서 이를 지배하는 '영'(靈)을 의미한다. 따라서 종교적으로는 인간을 초월한 신적인 영(靈)과 연결된 부분으로 상정되기도 한다(네이버 지식백과 종교학대사전 https://terms.naver.com/entry.naver?docId=630893&cid=50766&categoryId=50794). 이 책에서 저자 체스트니는 mind를 '사고하는 마음'으로 그리고 heart는 '느끼는 마음'으로 그리고 spirit는 '직관하는 정신(영)'의 의미로 사용했다. 이에 따라서 이 책에서는 mind는 '마음', heart는 '심정', spirit는 '정신'으로 번역한다.

라운 과정이 작용하는지 알 수 있습니다.

네 가지 직관은 우리의 육체적 감각, 정신적인 생각, 정서적 느낌 그리고 영적인 경험을 통해 우리 안에서 드러납니다. 무지개의 여러 색깔들이 하얀빛의 단일한 광휘를 표현하는 것처럼, 각각의 네 가지 직관은 특별한 방식으로 그 유일한 진리를 표현합니다. 어떤 직관적인 순간은 우리를 감동시킵니다. 또 어떤 순간은 우리를 깨우쳐 주거나, 움직이거나, 혹은 우리를 고양시킵니다. 이 모든 유형의 직관은 같은 목적을 가지고 있는데, 그것은 우리가 삶에 대한 경험을 고양시키는 데 필요한 지혜를 전달하는 것입니다.

당신의 직관이 나타내는 여러 가지 방법을 수용함으로써 당신은 자신만의 독특한 직관적 친화력을 발견하고 그것들을 당신의 삶에서 작동시키는 첫 번째 단계를 밟게 됩니다. 이 과정에 대해 자세히 알아보면 다음과 같은 중요한 질문에 대답할 수 있습니다.

- 어떤 종류의 직관이 자연스럽게 떠오르는가?
- 직관이 내게 말을 걸 때 어떻게 알 수 있는가?
- 직관과 나의 일상적인 생각 또는 상상력 사이의 차이점은 무엇인가?
- 가장 중요한 것은 내가 나의 직관을 정확히 이해한다는 것을 어떻게 알 수 있는가?

이러한 질문에 답하는 첫 번째 단계는 각 직관적인 경로가 어떻게 당신에게 영향을 미치는지 알아내는 것입니다. 당신은 자연 치유자(Natural Healer)인가요? 현자(Sage)인가요? 비전가(Visionary)인가요? 아니면 신비가(Mystic)인가요? 각 형태의 직관은 그것의 원형(原型, archetype)의 에너지를 지니고 있습니다. 우리가 그 에너지에 적응할 때, 우리는 차례로 그 원형을 우리만의 아름답고 신성한 방식으로 구현하여 우리의 발자취를 세상에 남깁니다.

눈송이의 모양이 다 다른 것처럼, 동일한 사람은 하나도 없으며 직관적 감수성도 모두 다릅니다. 우리 각자는 네 가지 직관을 우리만의 방식으로 사용합니다. 우리 자신의 경험과 삶의 목적에 의해 조율된 통찰력의 특별한 혼합인 것이지요. 당신의 직관이 강화되어 제2의 천성이 되면 당신은 진리를 아는 많은 방법을 동반하는 능력을 얻는 것입니다.

치유자
신체적 직관
감지하는 몸

현자
알아차림 직관
사고하는 마음

네 가지 직관 원형
(archetype)

비전가
창조적 직관
표현하는 심정

신비가
초월적 직관
존재하는
정신(spirit)

통찰력의 경로: 몸, 마음, 심정 그리고 정신

통찰의 힘에 눈을 뜨게 되면 우리는 더 이상 스스로에게 '내가 직관을 가지고 있는가?'라고 묻지 않고 대신에 '직관을 어떻게 강화해야 하는가?'라고 묻습니다. 사고의 정상적인 기능이 외부로부터 내부로 정보를 전달하는 것인 반면, 직관의 역할은 내면으로부터 우리에게 정보를 전달하는 것입니다. 이러한 방식을 이해하기 위하여 우리가 어떻게 정보를 처리하도록 설계되어 있는지를 숙고해 보기로 하겠습니다.

당신의 (사고하는) 마음은 외부 세계의 정보를 처리하기 위해 고안된 일련의 입력 시스템입니다. 당신은 사물을 감지하고, 사물을 알고, 사물을 느끼며, 사물을 경험합니다. 직관도 이와 다르지 않습니다. 당신의 직관은 당신의 내면에서 발생하는 직관적인 입력을 전달하기 위해 동일한 경로—몸, 마음, 심정, 정신—를 사용합니다. 유일한 차이점은 외부 세계에서 오는 것이 아니라 내부 세계에서 온다는 것입니다.

당신 자신의 신체적 · 정신적 · 정서적 · 영적 감수성은 당신의 삶에서 어떤 직관적인 경로가 가장 잘 흐를것인지를 결정합니다. 자신의 직관적 친화성을 알면 통찰을 더 잘 처리하고 직관의 표현을 위한 새로운 채널을 열 수 있습니다.

모든 인간에게는 네 가지의 근원적인 입력 시스템 또는 인지 기능에 해당하는 네 가지 기본적인 직관 경로가 구축되어 있습니다.

감지

(직관적 경로 1: 신체적 직관)

사유

(직관적 경로 2: 알아차림 직관)

느낌
(직관적 경로 3: 창조적 직관)

존재
(직관적 경로 4: 초월적 직관)

매일 당신은 현실을 감지하고, 생각하고, 느끼며 살아갑니다. 당신의 직관은 일상적 현실 너머로부터 정보를 얻기 위해 이 같은 시스템을 사용합니다. 그것은 당신을 존재의 진리로 인도하기 위해 당신의 신체, 의식적인 마음 그리고 당신의 열정적인 심정을 통해 흐릅니다. 당신의 직관은 이용 가능한 모든 개방된 입력 경로를 통해 당신에게 연결될 것입니다. 이러한 경로가 더 많이 열리고 차단되지 않을수록 당신의 직관은 더 강하게 흐를 것입니다.

고대부터 현대까지 인간의 인식에 대한 이 4요소적 접근은 의식의 본질을 이해하는 매우 효과적인 방법입니다. 2,600여 년 전, 부처의 가르침은 네 가지 알아차림의 토대에 이 4대 기본 틀을 짜 넣었습니다.

몸의 알아차림
마음의 알아차림
느낌의 알아차림
진리의 알아차림

20세기 초, 칼 융(Carl Jung)은 서구 문화에서 직관의 주도적 역할을 옹호하는 최초의 사람 중 하나였으며, 그의 네 가지 인지적 기능 모델에 근본적인 역할을 부여했습니다.

감각

사고

감정

직관

융은 이 네 가지 기능을 인간의 의식에서 기본적인 인식 방법으로 이해했는데, 그는 직관의 초감각적 지각의 역할을 인지했습니다. 직관은 그 본성상 통상적인 감각, 지식, 느낌의 범위를 벗어난 '특별한' '비범한' 정보에 접근할 수 있다는 것을 인정한 것입니다.

당신의 인식 능력은 이 세상의 인상(impression)을 처리하는 수단일 뿐만 아니라 '다른 세상'의 인상을 처리하기도 하는 수단입니다. 당신의 직관은 우주적인 지혜를 개인적인 통찰로 바꾸어 주는 번역가입니다. 네 가지 직관의 경로를 사용하여 당신의 직관은 초월적인, 사고하는 마음 너머에 존재하는 데이터를 당신의 의식이 이해할 수 있는 언어로 번역합니다.

우리는 4개의 직관적인 경로를 인지 기능, 존재의 토대, 또는 직관의 언어라고 부를 수 있습니다. 하지만 우리가 사용하는 단어와 상관없이 직관에는 동일한 과정이 작동됩니다. 직관은 우리의 직관 경로들을 통해 우주적 의식으로부터 개인적인 의식으로 흘러듭니다. 직관은 동일한 초월적 장소에서 우리 각자에게 다가오지만, 그것이 우리에게 닿는 방식은 매우 다양합니다.

당신의 직관 유형을 확인하라

당신은 당신이 어떤 종류의 직관과 가장 자연스럽게 일치하는지 궁금합니까? 당신은 직관적인 감각자, 사고자, 감수자(感受者) 또는 체험자입니까? 다음의 퀴즈를 통해 알아보십시오. 이 간단한 자기 평가는 당신 안에 어떤 직관 경로가 가장 자연스럽게 열려 있는지를 이해하는 데 도움이 될 것입니다. 작업을 마치면 결과에 직감 선호도 프로파일이 표시되며, 이것은 당신의 직관 친화력에 대한 기본적인 이해를 제공합니다. 다음에 오는 장들을 통해 우리는 각 종류의 직관과 당신이 내면의 진리를 더 강력하게 경험할 수 있는 경로를 어떻게 열어갈 수 있는지에 대해 깊이 연구할 것입니다.

　다음의 각 문장과 얼마나 잘 연결될 수 있는지 0에서 3까지의 척도로 평가합니다. 0은 '반대'이고, 3은 '강한 동의'입니다. 원하는 경우, 필자의 웹 사이트 www.kimchestney.com/toolbox에서 인쇄 가능한 퀴즈를 다운로드할 수 있습니다.

　[근본적 직관을 위한 조언] 퀴즈를 풀면서 당신의 마음에 떠오르는 첫 번째 답을 기록하세요. 너무 깊이 생각하지 마세요.

등급 척도

0: 반대—이 일은 절대 일어나지 않거나 나에게 적용되지 않는다.

1: 약간 동의함—가끔 그런 경우가 있다.

2: 동의—이것은 정기적으로 발생하거나 종종 나에게 적용된다.

3: 전적으로 동의—이 일은 항상 일어나거나 나에게 언제나 적용된다.

•• 직관 친화력 퀴즈

번호	퀴즈 내용	등급(0~3)	
1	나는 종종 누군가가 말하기 전에 그가 무슨 말을 할지 안다.		
2	나는 창의적인 사람이다.		

번호	퀴즈 내용	등급(0~3)	
3	나는 명상을 하는 동안에 삶에 관한 심오한 통찰을 얻곤 한다.		
4	나는 생활을 직감으로 해 나간다.		
5	나는 결정을 내릴 때, 사회적 조건보다 나의 진실에 더 귀를 기울인다.		
6	나는 새로운 트렌드를 쉽게 알아차리고 종종 그것을 설정하기도 한다.		
7	나는 설명할 수 없는 형이상학적(초감각적) 경험을 한 적이 있다.		
8	자연은 나에게 행복을 주는 장소이다.		
9	나는 부정직함을 쉽게 느끼기 때문에 거짓말을 하고 살기가 어렵다.		
10	나는 나의 삶과 세상의 모든 것이 하나로 연결되어 있다고 느낀다.		
11	나는 동물을 사랑한다.		
12	나는 이긴 팀에 돈을 거는 재주가 있다.		
13	나는 다른 사람이 해 보지 않는 일을 하는 것을 좋아한다.		
14	나는 삶이 가져다주는 모든 것을 그대로 받아들인다.		
15	나는 방향 감각이 뛰어나다.		
16	나는 열정적이다.		
17	나는 자연 치유자이다.		
18	나는 무슨 일이 실제로 일어나기 전에 그것이 일어날 것을 미리 안 적이 있다.		
19	나는 위험을 감수하는 편이다.		
20	나는 명상을 할 때 원기가 회복됨을 느낀다.		

번호	퀴즈 내용	등급(0~3)	
21	나는 카드놀이에 천부적이어서 자주 이긴다.		
22	나는 세상을 더 좋게 바꾸는 것을 돕고 싶다.		
23	나는 내가 처한 환경에 대하여 신체적으로 민감한 편이다.		
24	사람들에 대한 나의 첫인상은 보통 잘 들어맞는다.		
25	나는 변화, 성장 그리고 새로운 아이디어를 쉽게 수용한다.		
26	나는 신이나 우주와 하나가 되는 체험을 한 일이 있다.		
27	쇼핑을 할 때, 나는 종종 처음 발견했던 물건으로 되돌아간다.		
28	나는 종종 영감을 느낀다.		
29	나는 잠에서 깨어났을 때 의미 있는 꿈이나 깨달음을 얻는다.		
30	나는 자명종이 울리기 직전에 규칙적으로 일어난다.		
31	나는 일반적인 관행을 잘 따르지 않는 편이다.		
32	나는 혼자 있는 것을 즐긴다.		
33	나는 나의 삶에서 더 많은 것을 해야 한다는 소명을 느껴 왔다.		
34	나는 모든 사실을 알기 전에 본능적인 결정을 내릴 수 있다.		
35	나는 쉽게 사랑에 빠진다.		
36	나의 안전지대는 나의 안전지대 밖에 있다(내게 익숙한 환경이 아닌 곳에서도 편안함을 느낀다).		
37	샤워 중일 때 종종 훌륭한 아이디어와 해결책들이 '나에게서' 온다.		
38	내 인생에서 가장 중요한 것은 신체적 건강이다.		

번호	퀴즈 내용	등급(0~3)	
39	내 삶은 평화롭다.		
40	나는 다른 사람들의 삶의 상황에 대한 미래의 결과를 쉽게 볼 수 있다.		
41	나는 조용히 앉아서 머물 수 있다.		
42	나는 주위 환경을 매우 잘 관찰한다.		
43	나는 지독한 거짓말쟁이다.		
44	나는 다른 사람들의 기분에 쉽게 영향을 받는다.		
45	나는 정원에서 일하는 것을 좋아한다.		
46	나는 한 번도 가본 적이 없는 곳임에도 그곳을 잘 알고 있다고 느낀 적이 있다.		
47	내 삶은 힘들이지 않고 펼쳐지는 것 같이 느껴진다.		
48	냄새는 나를 내 인생과는 다른 시간과 장소로 데려다 준다.		
49	나는 세상이 나를 내 모습 그대로 보는 것 같이 느낀다.		
50	나는 내 꿈을 쉽게 현실로 드러낸다.		
51	나는 의술에 종사하거나 공부하고 있다.		
52	나는 첫눈에 반한다고 믿는다.		
53	오래된 옷은 더 이상 나의 '기분을 좋게 하지 않기 때문에' 다른 사람들에게 나누어 준다.		
54	내가 의심을 할 때는 그 당시에는 그것을 알지 못하더라도 대개는 그럴 만한 이유가 있다.		
55	나는 다른 사람들 속에서 나를 보고, 나 자신 속에서 다른 사람들을 본다.		

번호	퀴즈 내용	등급(0~3)	
56	운동을 하고 나면 기분이 좋아진다.		
57	나는 남을 위해 좋은 일을 할 때 만족감을 느낀다.		
58	나는 뛰어난 사업 감각을 지니고 있다.		
59	나의 스트레스는 신체적 질병으로 빠르게 나타난다.		
60	나는 요가, 기공, 태극권, 댄스, 도보 여행 같은 활동을 즐긴다.		

당신의 응답을 계산하면 직관 친화도 프로파일이 표시되고, 개인적으로 네 가지 직관 경로를 사용하는 방법에 대한 기본적인 아이디어가 제공됩니다. 각 진술 뒤에 표시되어 있는 그래픽 아이콘은 네 가지 직관 유형 중 하나를 나타냅니다. 각 아이콘에 대한 숫자를 합산하여 합계를 얻은 다음, 다음의 표에 기재합니다. 각 아이콘 세트에는 15개의 진술이 있습니다. 총점은 45점을 넘지 않습니다. 네 개의 아이콘으로 모두 이 작업을 수행합니다.

직관 원형		총점
치유자 신체적 직관		
현자 알아차림 직관		
비전가 창조적 직관		
신비가 초월적 직관		

퀴즈 결과에 대한 이해

첫째, 이 퀴즈에는 좋은 결과나 나쁜 결과가 없습니다. 이것은 숫자를 합산하여 판단하는 것이 아니라 그 총계 사이의 관계를 살펴봄으로써 당신의 직관 친화력을 알 수 있게 하는 주관적인 자기 평가입니다.

자세히 보세요. 하나의 경로가 다른 경로보다 눈에 띄게 점수가 높은 것이 있습니까? 아니면 꽤 비슷하게 분산되어 있나요? 어떤 사람들은 한두 개의 정말 강한 경로를 가지고 있으며 다른 경로들은 거의 사용하지 않을 수 있습니다. 다른 사람들은 모든 것을 조금씩 사용하기도 하겠지요. 당신의 직관 친화력이 어떻든 간에 앞으로의 연습은 당신이 그것을 기반으로 직관을 개발하도록 도울 것입니다. 당신의 직관 친화력이 결핍된 곳, 즉 약하거나 잘 흐르지 못하는 막힌 부분을 뚫어서 새로운 직관적 경험에 당신 자신을 개방하는 방법을 배울 것입니다.

당신의 친화성은 또한 치유자, 현자, 비전가 그리고 신비가의 네 가지 직관 원형과 관련되어 있기 때문에 당신의 소명과 삶의 목적을 더 깊이 이해하는 데 도움을 줄 것입니다. 당신은 자연 치유자인가요? 만약 그렇다면, 당신은 다른 사람과 당신 자신이 치유될 수 있도록 돕기 위한 내면적 앎이나 소명을 지니고 있을 것입니다. 만약 당신이 타고난 현자라면, 당신은 도전을 통해 사람이나 상황을 지도하는 능력이 있을지도 모릅니다. 만약 당신이 타고난 비전가라면, 당신은 분명 창조적인 마음과 세상을 더 나은 곳으로 만들기 위한 추진력을 가지고 있을 것입니다. 당신이 신비가로서 높은 점수를 받았다면, 당신은 더 높은 '소명'이 무엇을 의미하는지 이해하며, 당신이 세상을 보는 방식을 바꾸게 한 더 높은 의식에 대한 개인적인 체험이나 각성을 했을 수도 있을 것입니다.

다음 장에서는 각 유형의 직관에 대해 설명합니다. 즉, 각각의 직관 유형이 몸, 마음, 심정 그리고 내면의 정신을 통해 어떻게 당신에게 접촉하는지를 설명합니다. '직관적 존재의 현존'으로 더 깊이 이동하기 위해 사용할 수 있는 기술 및 일상적 실천과 함께 각 직관적인 경로가 어떻게 작동하는지 그리고 어떻게 흐름을 차단하고 여는지에 대해 배우게 될 것입니다. 당신의 타고난 직관 친화성이나 당신이 이미 얼마나 통찰력 있게 살고 있는지와 상관없이 우리는 다음 단계로 우리의 진리를 따라갈 수 있습니다.

비범한 사람들, 탁월한 통찰력

직관적 으로 치유되는 몸, 마음, 심정 그리고 정신

직관은 항상 우리를 인도하고 우리가 도달하려는 상위의 지성과 연결시켜 주는 모든 것이다. 우리가 건강의 모든 스펙트럼, 즉 신체적 · 인지적 · 감정적 · 영적 측면을 고려할 수 있다면 우리는 건강해질 수 있다.

모든 사람은—질병, 고통, 환경 등에 관련된—일종의 치유여행 중에 있다. 이 모든 것이 꼬리를 물고 돌아간다. 그것들은 우리의 몸과 대화하면서 우리를 깨어나게 하고자 한다. 침묵 속에서 우리는 직관을 통해 삶이 우리에게 말하는 것을 들을 수 있다. 우리에게서 무언가가 균형을 잃었을 때—코스를 수정하거나, 우리의 생활 방식을 바꾸거나, 우리가 다뤄 본 적이 없는 트라우마를 마주할 때—직관은 우리에게 속삭인다.

자신의 내면의 음성을 듣는 사람은 그의 삶을 진정으로 지배하는 사람이다. 그는 자신의 힘을 허비하지 않는다. 이런 식으로 직관은 치유의 열쇠가 된다. 우리는 내면으로 돌아서서 우리를 인도하고 우리가 올바른 방향으로 나아가고 있다는 것을 확인해 주는 훨씬 더 현명한 지성(=직관)이 있다는 것을 믿어야 한다. 우리가 자신의 직관을 믿고 이를 따라 산다면 우리는 실수를 하지 않게 된다.

— 켈리 누안 고레스(Kelly Noonan Gores), 다큐멘터리 HEAL의 작가/감독

직관의 원형: 치유자, 현자, 비전가, 신비가

당신은 자신이 어떤 직관 원형과 가장 잘 어울린다고 생각합니까? 우리가 여러 가지 방식으로 그러한 원형들을 구현하기는 하지만, 우리는 보통 그중의 한

두 원형에 대한 타고난 친화력, 또는 재능을 가지고 있습니다. 궁극적으로 당신이 자신의 직관에 완전히 적응했을 때, 네 가지 경로 모두가 직관적 통찰이 자유롭고 강력하게 흐르게 될 것입니다. 여기서 각각의 원형과 그것이 세상에 가져오는 직관적인 에너지의 종류를 확인할 수 있습니다.

치유자(the Healer)

직관적 경로 1: 신체적 직관

신체적 직관의 에너지는 가장 기본적인 직관적 경로입니다. 신체적 직관은 하늘(초감각적 측면)과 땅(감각적 · 물리적 측면)의 연결점이 되어 양자를 화합시킵니다. 초감각의 차원에서 온 통찰은 당신 신체의 감각 경로를 통해 흐르며, 여기에서 찰나적인 직관적 정보는 사실 세계의 경험으로 변환됩니다. 신체적 직관은 당신이 몸을 통해 직접 경험하기 때문에 가장 가시적인 표현입니다. 그것은 사실로 느껴집니다.

신체적 직관의 예는 다음과 같습니다.

- 직감(gut feeling)
- 치유 능력
- 형이상학적 감각 또는 인식
- 공감적 감지(感知)

신체적 직관은 사람과 세상 모두에 있어서 육체와 영혼의 연결을 활성화시키는 능력이므로 그 원형은 치유자입니다. 치유자 원형은 지구 및 그 에너지와 자연적으로 연결되어 있습니다. 그들은 세계 사이의 다리이지요. 그들은 자연 속에서 번창하며 신체적인 행복을 증진시키는 실천에 끌립니다. 치유자는 모든 살아 있는 존재에 대해 깊은 공감을 가지고 있는데, 이러한 공감은 종종 동물과 다른 사람들을 치료하고 도와주는 타고난 능력이나 소명을 동반합니다.

현자(the Sage)
직관적 경로 2: 알아차림 직관

알아차림 직관의 지혜는 당신의 인지적인(mental) 직관 경로를 통해 흐릅니다. 그것은 당신의 마음에 대고 말하며 당신에게 더 높은 인식의 선물을 안겨 줍니다. 이러한 방식으로 직관은 일상적인 안내, 의사 결정 프로세스 및 삶의 선택에 기여합니다. 알아차림 직관은 당신에게 길을 알려 주고 당신을 진리로 인도하는 '내면의 안내 체계(inner guidance system)'입니다.

알아차림 직관의 예는 다음과 같습니다.

- 설명할 수 없는 앎
- 통찰의 섬광
- 선견지명
- 즉각적인 이해

알아차림 직관은 자신과 타인을 더 높은 지혜의 위치에 서서 인도할 수 있는 타고난 능력이므로 그 원형은 현자입니다. 만약 당신이 현자의 원형과 일치한다면, 당신은 종종 당신 자신을 놀라게 하는 내면의 앎을 경험할지도 모릅니다. 당신은 모든 정보를 따져 봐야 하는 대신에 무엇인가를 즉시 아는 신비한 능력을 가지고 있습니다. 당신은 종종 순간적인 통찰의 섬광이나 깨달음 속에서 인생의 도전들에 대한 해결책을 얻을 수 있습니다. 현자들은 또한 사람들의 성격을 예리하게 판단하는 사람이고, 사람들의 의도, 동기 그리고 진정성을 즉시 알아챌 수 있습니다.

 비전가(the Visionary)
직관적 경로 3: 창조적 직관

창조적 직관은 당신의 변혁적인(transformational) 직관 경로입니다. 그것은 당신이 더 나은 존재가 되고 더 나은 삶을 살 수 있도록 당신을 움직입니다. 이러한 방식으로 새로운 통찰이 당신을 열렬히 성장, 개선, 진화하도록 불러냅니다. 창조적 직관은 우리의 삶을 앞으로 나아가게 하는 끊임없이 흐르는 독창성과 창조력의 통로입니다.

창조적 직관의 예는 다음과 같습니다.

- 생애 소명
- 영감과 창의성
- 혁신성
- 새로운 또는 혁신적인 아이디어

창조적 직관은 미래의 가장 좋은 삶의 버전을 구상하고 보여 줄 수 있는 능력이므로 그 원형은 비전가입니다. 당신이 비전가 원형이라면 세상을 바꾸는 사업에 종사하거나, 아니면 최소한 당신 자신만이라도 바꿀 수 있습니다. 리더십, 창조력, 창의력, 자기 표현력 이 모든 것이 당신의 처분하에 있습니다. 창조적 직관을 사용하면 사고에서 **행동**으로 옮겨 갈 수 있습니다. 이것이 바로 행위의 직관입니다. 응용된 직관이지요. 비전가들은 창조주가 우리를 통해 창조를 하는 것처럼, 우주의 창조적인 힘을 현실로 이끌어 냅니다.

신비가(the Mystic)

직관적 경로 4: 초월적 직관

초월적 직관은 피안으로 가는 직관적인 길입니다. 그것으로 당신은 위로 올라갑니다. 그것은 우주의 가장 높은 현실과 진리에 당신이 연결되는 것입니다. 이를 통해서 당신은 가장 높은 수준의 의식에 접촉할 수 있습니다. 초월적 직관은 최고의 지혜, 행복, 사랑을 경험할 수 있는 기회와 함께 당신에게 인생의 가장 깊은 신비를 열어 줍니다.

초월적 직관의 예는 다음과 같습니다.

- 더 높은 인식
- 흔들리지 않는 내적 평화
- 신비적 경험
- 천국의 환희와 사랑의 황홀경

초월적 직관은 최고 의식으로 고양된 상태에서 살 수 있는 능력이므로 그 원형은 신비가입니다. 만약 당신이 신비가 원형이라면, 당신은 의식적인 현실의 지각된 한계를 뛰어넘을 수 있는 타고난 능력을 가지고 있습니다. 당신이 일상 세계에 살고 있음에도 불구하고, 당신은 더 높은 주파수로 일을 합니다. 당신은 자석처럼 사람들을 끌어당기는 사람인 것이지요. 당신은 종종 인간 생활의 일상적인 일보다 침묵 속에서 집에 더 많이 머무릅니다. 신비가는 깊은 지혜와 자아실현으로 세상에 위대한 빛을 가져다줄 수 있는 기회를 얻게 됩니다.

이 원형들 중 어떤 것이 당신에게 가장 깊은 인상을 주나요? 그것들 중 한 유형인가요? 아니면 그것들 모두인가요? 어떤 경우이든 당신이 필요한 곳에 당신이 있다는 것을 이해하세요. 그 순간에 어떤 일을 겪느냐에 따라서 인생의 다른 시기에 (그에 상응하는) 다른 경로가 지배하게 될 것입니다. 이것을 꼭 알아두세요. 궁극적으로 당신은 치유자, 현자, 비전가 그리고 신비가—이 모두가 하나로 합쳐진 존재라는 것입니다.

당신이 직관의 경로들을 열고 이 강력한 원형들을 구현한다면, 당신은 당신의 존재가 자신의 깊은 내면 속에서 무엇을 위해 만들어졌는지를 알 수 있게 됩니다. 당신의 직관에 전반적으로 힘을 실어 주면 직관은 당신의 의식을 확장시켜서 당신이 전체로서 우주의 확장에 참여할 수 있게 해 줍니다. 당신이 이 역동적인 직관 경로를 통해—우주적 생명의 춤과 하나가 되는 것입니다.

CHAPTER 4

양자 의식(quantum consciousness)

> 초월적 실재는 언제 어디에나 있으며, 그것은 모든 것이다.[1]
>
> – 디팍 초프라(Deepak Chopra)

    삶에는 우리가 상상할 수 있는 것보다 더 많은 것이 있습니다. 매일 우리는 3차원의 세계 속에서—시간과 공간 안에 있는 이 순간에서—마치 이것이 존재하는 전부인 것처럼 움직입니다. 우리는 삶이라는 거대한 극장의 무대와 같은 이 세트와 소품들을 세계 그 자체라고 생각하는 환상을 가지고 있습니다. 실제로 감각 세계는 시작에 불과합니다. 그것은 우리가 저 너머에 존재하는 영속적인 세계로 들어갈 때 처음으로 접촉하는 세계일 뿐입니다.

    주위를 둘러보세요. 당신이 보는 많은 것, 대상과 그림자—그 사이의 공간을 보세요. 당신을 둘러싸고 접촉하고 있는 당신 앞의 빈 공간은 전혀 비어 있지 않습니다. 그것은 당신의 현재 의식 수준으로는 인식할 수 없는 것으로 가득 차 있습니다. 그것은 확장된 직관적 정신으로만 알 수 있는 정보와 에너지로 충만해 있습니다. 당신이 직관적으로 진화할수록 당신을 둘러싸고 있는 '상위의' 미묘한 정보들을 직관적으로 인식할 수 있게 됩니다.

---

1) "초월적 실재는 언제 어디에나 있으며, 그것은 모든 것이다": Deepak Chopra, Metahuman: Unleashing Your Infinite Potential (New York: Random House, 2019), p. 177.

이 과정은 우리의 작고 개인적인 의식으로부터 모든 곳에 존재하는 우주적 의식의 통일성으로 나아가는 변화의 일부입니다. 우리는 매일 서로 간에 그리고 세상과 구별되는 자기중심적인 '인격성'을 가지고 살아갑니다. 이 상태에서 우리는 사물을 오직 우리의 관점에서 볼 수밖에 없습니다. 우리는 이 장소와 이 덧없는 순간에 우리와 관련된 것으로서의 세계만을 경험합니다.

그러나 우리가 깨어나서 우리를 넘어선 삶의 차원에 연결되어 있음을 더 많이 인식하게 되면서 우리의 개인적 인격성의 감각은 점점 줄어들게 됩니다. 우리는 자신보다 더 큰 무언가와 우리를 동일시하기 시작합니다. 우리는 소아적이고 자기중심적인 정체성에서 벗어나 우리 모두를 하나로 묶는 우주적 임재(臨在)/현존(presence)으로 채워지게 됩니다. 당신이 편재성(omnipresence)[2]으로 가득 찰수록 직관에 대해 더 많이 인식하게 됩니다. 직관은 편재성에 대한 순수한 인식을 실현하기 때문입니다. 만약 편재성이 하느님이라면 직관은 우리 모두에게 신성하게 접촉하는 성령일 것입니다.

당신이 받아들이기만 한다면 직관은 당신을 이처럼 높은 곳으로 데려갈 수 있습니다. 더 높은 앎은 피안의 앎입니다. 그 너머로 나아가 그 일부가 되어야 한다는 부름이지요. 이 잠재력은 우리가 현재 경험할 수 있는 것보다 더 많은 실재―더 많은 진리, 연결성, 지혜―를 경험하도록 우리를 부릅니다.

---

2) [역주] 2장의 역주 2에서는 현존(presence)을 명상 용어로 보아 '의식이 순수하게 지금 여기에 머물고 있음'으로 정의했다. 그런데 여기에서는 신학적 용어인 '임재'(presence, 臨在)로 번역하는 것이 문맥상 더 적합하다고 본다. 임재란 '어느 곳에 임하여 나타난다'는 뜻으로, 기독교에서 인간에게 하나님이 나타나는 현상을 표현하는 용어이다[박현기(2016). 『궁극적 관점에서 '깨달음'과 '임재'의 비교연구』. 동국대 불교대학원 석사학위논문, p. 78]. 이 두 가지 관점을 연결시켜 이해하면 '현존일 때 임재가 일어난다', 즉 '의식이 순수할 때 신성(영성)이 드러난다'는 의미가 된다. 이러한 임재의 체험은 세계적 영적 스승이었던 데이비드 호킨스(David R. Hawkins)가 가장 인상적으로 보여 주고 있다[Hawkins 저/박찬준 역(2013). 『놓아버림』. 서울: 판미동, p. 410-427]. 따라서 '우주적 임재/현존'이란 신성의 편재(遍在, omnipresence, 어디에나 존재함)와 비슷한 의미가 된다. 대표적인 중세 신학자 중 한 사람이었던 안셀무스에 따르면 신은 어디에나 항상 계시며, 이러한 편재성을 근거로 신은 원하면 언제 어디서나 임재/현존(presence)할 수 있다, 즉 현상적으로 나타날 수 있다고 하였다[김재진(2009). 안셀무스의 하나님 이해. 『신학논단』, 56, p. 142f.].

직관적 의식의 수준

직관이 우리의 의식의 확장과 직접적으로 관련되어 있다는 것을 이해한다고 해도 문제는 여전히 남아 있습니다. 정말로 우리에게 직관을 보내는 저 너머에 있는 것은 무엇일까요? 우리는 어디선가—개인적인 곳에서—메시지를 받고 있습니다. 우리 개개인을 위해 맞춤 제작된 이 통찰은 실제로 어디에서 오는 것일까요? 이러한 질문에 답하기 위해 의식 자체의 본질을 살펴봅시다.

우리가 직관을 가지고 일할 때, 인간의 의식을 세 가지 주요 범주로 이해하는 것이 도움이 됩니다.

무의식(unconscious)

의식(conscious)

초의식(superconscious)

우리는 무의식 상태에서 행동을 하면서도 이를 스스로 의식하지 못합니다. 무의식의 상태라고 해서 의식이 완전히 없는 상태는 아닙니다. 깨어 있기는 하지만 자신이 세상에서 실제로 무엇을 하고 있는지를 자각하지 못하는 일종의 백일몽의 상태에 있는 것을 말합니다. 의식 상태에서 우리는 깨어 있습니다. 우리는 우리식으로 알던 세계가 아니라 있는 그대로의 세계로 깨어나며, 현존감(presence)과 앎(awareness)을 가지고 신중하게 살기 시작합니다. 마지막으로 초의식, 즉 최고 의식 상태에서 우리는 세상에 깨어 있을 뿐만 아니라 그 너머에 있는 것에 대해서도 깨어 있으며, 우리를 진정으로 살아 있게 하는 순수한 의식에 접속합니다.

우리 대부분은 의식과 무의식 사이의 상호작용으로 삶을 살아갑니다. 우리는 잠 속에서 무의식적일 뿐만 아니라, 자신의 내면에서 활동하는 힘이나 행동의 결과에 대한 자각 없이 삶을 살아가는 면에서도 무의식적입니다. 우리가 하는 일이 다른 사람에게 어떤 상처를 주는지에 대하여 생각하지 않는다면 우리는 무의식적이라고 할 수 있으며, 또한 지금 이 순간이 아닌 과거의 경험에 근거한 상황에 본능적으로 반응할 때에도 우리는 무의식적입니다. 우리는 우리가 가변적인 주관적 현실을 넘어서서 현존의 연결된 실재를 온전히 알게 될 때 비로소 완전한 의식을 갖게 되는 것입니다.

이곳은 정말 놀라운 곳입니다. 진정한 의식의 순간은 오늘날과 현 시대에는 아주 드물고 멀게 느껴질 수 있습니다. 하지만 그러한 순간이 오면 그것은 때때로 우리를 영원히 바꿉니다. 그러한 순간들이 위대한 깨달음을 창조합니다. 일단 우리가 깨어난 의식을 가지고 세상을 흘끗 보게 되면—우리의 좁은 시야 너머를 바라보게 되면 우리는 삶에 얼마나 더 많은 것이 있는지를 알게 됩니다! 우리의 좁은 마음이 상상할 수 있는 것보다 더 많은 사랑, 더 많은 잠재력, 더 많은 마법이 있습니다.

✿근본적 통찰

직관을 가지고 당신은 지각할 수 없는 것을 지각하고, 알 수 없는 것을 알 수 있으며,
불가능한 것을 경험할 수 있다.

우리의 의식 저편에는 초월적 지혜, 초월적 연결성, 초월적 정보를 포괄하고 있는 불가해한 우주가 존재합니다. 여기 이 초의식 속에는 사고하는 마음 너머에 있는 모든 것, 즉 존재의 가장 깊은 비밀들이 들어 있습니다. 당신이 그 속으로 더 높이 올라갈수록 더 많이 그것의 일부가 되며, 또한 그것은 당신의 일부가 됩니다.

당신이 일상적으로 알고 있는 '당신'은 당신의 전체 존재 안에서 아주 작은 부분에 불과합니다. 당신에 속해 있는 많은 부분은 세상에 의해 정의되거나 이름

붙일 수 없습니다. 사실 당신은 정의할 수 없는 존재입니다. 이 작은 '자아(ego)'는 단일 의식의 한 점일 뿐입니다. 더 높은 존재의 무한한 차원, 즉 당신의 '더 높은 자기(self)'[3]의 일부일 뿐이지요. 지금의 당신의 앎(awareness)을 넘어선 의식의 수준에 접촉할 수 있는 능력을 가진 것은 당신의 더 높은 자기입니다.

최상층으로 올라가는 엘리베이터처럼, 당신은 자각을 높여 한 번에 한 층씩 그곳을 향해 올라갑니다. 당신이 깨어날수록 점점 더 높이 올라가죠. 당신은 '작고 개인적인 자기'[4]보다 '더 높은 자기'로 점점 더 많이 살기 시작합니다. 당신이 이 우월한 에너지와 직관적으로 일치할 때, 당신은 자연스럽게 더 높은 수준의 의식으로 올라갑니다. 무의식적이거나 잠재 의식적인 무거운 구역은 우리의 자아(ego)와 작은 자기중심적 관심사에 가까운 지상층에 있습니다. 더 가볍고 넓은 구역은 우리의 더 높은 자기 및 존재의 진리와 함께—위쪽과 너머에—있습니다. 당신은 더 높은 앎으로 가는 길을 생각만으로는 알 수 없습니다. 당신이 당신의 의식을 그것(더 높은 앎)을 수용할 수 있는 수준으로 상승시켜야만 그곳에 도달할 수 있습니다.

직관적 인식의 영역

직관적 인식의 세 가지 기본 영역에 대해 알아보겠습니다. 이러한 영역들은 의

---

3) [역주] 이 책의 내용을 이해하기 위해서 중요한 또 하나의 개념 쌍은 자아(ego)와 자기(self)이다. 기본적으로 자아(ego)는 표면적이고 자기중심적인 자아의식을 말하며, 자기(self)는 자아의 이면에 있는 심층적 존재의 바탕으로서 자기중심성을 넘어선 전체적 · 보편적 · 근원적 의식이다. 니체(Nietzche)는 다음과 같이 말했다. "감각 기능과 정신, 그것들은 한낱 도구에 불과하며 놀잇감에 불과하다. 그것들 뒤에는 자기(self)라는 것이 버티고 있다. 이 자기가 감각의 눈을 도구로 하여 보고 있으며, 정신의 귀를 도구로 하여 듣고 있는 것이다… 이 자기는 지배하는 존재인 바, 자아(ego)를 지배하는 것도 그것이다"(Nietzche 저/정동호 옮김(2005). 『차라투스트라는 이렇게 말했다』. 서울: 책세상, p. 53). 융(Jung)과 융학파에서도 자기(self)는 정신의 가장 심오한 내적 핵심이다. 자아(ego)는 표면적이고 개인적 관점의 자아의식인 반면 자기는 전체를 지향하며, 보편적 관점에서 보고 인식한다. "자기(self)는 우리의 의식적인 시간 경험에 포함되지 않을 뿐만 아니라 언제 어디에나 동시에 흩어져 존재한다. 더구나 자기는 종종 공간적으로 편재하는 존재로서 출현한다"(Jung, Franz, Henderson, Jaffé, Jacobel 저/김양순 옮김. 『인간과 상징』. 서울: 동서문화사, p. 301, 316).

4) [역주] 여기에서 '작고 개인적인 자기'란 '자아(ego)'에 대한 다른 표현으로 쓰이고 있다.

식의 전개를 실현하는 일반적인 틀을 제공해 줍니다. 이 과정이 직관 능력과 어떻게 관련되어 있는지를 이해하면 우리는 존재의 궁극적인 명료성을 열어 갈 수 있습니다.

영역 1: 무의식

무의식 속에서 우리는 잠들어 있습니다. 우리는 개인적인 관심 밖에 있는 세상에 대해서는 인지하지 못합니다. 여기가 우리의 필요, 두려움 그리고 자아 정체성을 통해 활동하고 있는 우리의 에고(ego)에 기반한 개인(individual)의 고향입니다. 이 영역에서 우리는 눈으로만 세상을 보며, 우리의 고착된 주관성은 우리와 세계 사이에 무지의 베일을 만듭니다. 여기에서 우리는 공감, 진정한 동정심 그리고 깨어 있는 의식이 가져다주는 많은 장점을 갖고 있지 못합니다. 무의식의 세계는 물질적인 만족과 우리의 개인적인 세계에 관한 경험을 중심으로 돌아가며, 우리는 이 두 가지의 결과에 대해 대체로 무지한 상태에 머무릅니다.

이 영역에서 직관은 거의 아무런 기능을 하지 못합니다. 우리가 직관의 희미한 속삭임들을 겨우 알아들을 수 있다고 해도 우리는 그것을 무시할 가능성이 큽니다. 왜냐하면 우리는 우리의 내면 세계보다 우리 앞에 있는 세계에 더 집중하고 있기 때문입니다. 우리가 이 구역에서 빠져나올 수 있는 가능성은 우리를 '깨어나게 하는 부름'이나 우리가 누구인지 더 자세히 들여다보도록 강요하는 일종의 고통을 통해서만 주어집니다. 삶은 많은 경우에 무의식의 다양한 수준 안에서 오르내림이 (좀 더 나은 수준으로 올라갔다가 좀 더 유해한 수준으로 떨어지는) 반복되는 과정입니다. 하지만 우리가 내면의 안내(= 직관)를 따라간다면 그것이 우리를—다시 잠 속으로 떨어질 위험에서 벗어나—높은 곳으로 이끌 것입니다.

영역 2: 의식

의식적이 될 때 우리는 '깨어납니다'. 우리는 자각을 할 수 있게 됩니다. 마침내 우리는 삶이 우리가 실감하는 것 그 이상임을 알게 됩니다. 우리는 완전히 새로운 방식으로 우리의 사고와 행동을 의식하게 되지요. 우리는 우리 자신 너머를 볼 수 있는 명료한 시야를 가지게 됩니다. 비록 우리는 여전히 개인이지만 세상과 더 깊은 연결의 상태로 접어듭니다. 우리는 더 이상 '우리-그리고-그들'의 사고방식을 가지고 있지 않으며, 그래서 우리는 다른 존재 안에서 우리 자신을 볼 수 있게 됩니다.

여기에서 우리는 낮은 수준의 자아의식과 높은 수준의 최고 의식 사이에서 살아갑니다. 양쪽 다 우리를 부르는데, 한쪽에서는 계속 깨어 있으라고 하며, 다른 쪽에서는 다시 잠이 들라고 합니다. 정신이 들수록 우리는 모든 어둠과 정신적인 졸음을 쫓아 버리는 빛에 직관적으로 이끌리게 됩니다. 우리는 스스로를 개선하고 다른 사람들을 위해 봉사하도록 부름을 받습니다.

이 영역에서 직관은 고요한 순간이나 명상하는 동안, 또는 무작위적이고 예측할 수 없는 통찰의 순간에 우리에게 다가옵니다. 우리의 깨어남으로 인해 우리는 아마도 처음으로 더 높은 소명과 더 많은 것이 우리를 기다리고 있다는 것을 알게 될 것입니다. 알아차림(mindfulness)을 훈련하고 통찰력을 함양함으로써 우리는 과거를 내려놓고 우리 자신의 가장 높은 부분으로 올라설 수 있는 삶의 변화를 만들 수 있습니다.

영역 3: 초의식

초의식 속에서 우리는 그 너머(피안)로 갑니다. 우리는 깨어 있는 것 이상, 즉 초월의 상태가 됩니다. 여기에서 우리는 최고의 자기로 살게 되지요. 그것이 비록 짧은 순간일지라도 말입니다. 우리는 세상의 진리뿐만 아니라 우리 자신의 존재의 진리를 알고 경험할 수 있습니다. 생명은 하나의 단일체에 대한 무수한 표현이라는 것을 깨달으면서 우리는 (생명의 통일성에로의) 진정한 귀속성(歸屬性)을 발견합니다. 우리는 가장 깊은 '현존(presence)'의 상태에서 이제 편재(遍

在, omnipresence)의 위엄에 접속할 수 있습니다.

이 구역에서 우리는 생명과의 직관적 합일 상태에서 살고 있습니다. 모든 직관의 길은 열려 있고 자유롭게 흐르고 있습니다. 통찰을 거듭하면서 우리의 의식은 계속해서 확장되며, 존재의 가장 밝은 영역에 적응합니다. 모든 생명 활동, 우리의 생각, 감정, 감각 그리고 경험은 직관적으로—모든 존재에 있어서 생명의 조화를 증진시키고자 하는—우리의 목적과 일치합니다. 이 공간에서 개체와 전체는 하나가 됩니다.

당신의 삶은 분명히 낮은 것부터 높은 것에 이르는 다양한 스펙트럼의 의식적 경험들을 지니게 될 것입니다. 어린 시절, 우리는 처음부터 깊이 무의식적이거나, 경우에 따라서는 심오하게 초의식적일 수도 있습니다. 그리고 우리들 중 일부는 (사고하는 마음을) 침묵시키는 몇 년 동안의 수행을 통해 찬란한 통찰력을 가지고 있을 것입니다. 세상이 우리에게 최면을 걸어 잠들게 할 수도 있고, 우리를 거세게 흔들어 깨울 수도 있습니다. 당신이 어떻게 살아왔든 간에 직관은 당신에게 다리를 제공해 줍니다. 당신은 직관을 다리로 삼아 더 높은 곳으로 상승하여 그곳에 머무를 수 있습니다.

비범한 사람들, 탁월한 통찰력

하늘에서 떨어지는 통찰

아주 어린 나이에 나는 나의 직관과 내 머릿속에 나타나는 것들을 즉각적으로 믿는 법을 배웠다. 나는 우리가 생각하거나 강제하는 것보다 우리의 머릿속에 나타나는 것들이 더 낫다는 것을 깨달았다. 내가 산문이나 시를 쓸 때, 그것은 그저 내 머릿속에 도달한다. 때때로 그것은 내가 받아쓸 수 없을 만큼 빨리 내려온다. 번쩍하고 그대로 내려와서 한꺼

번에 모두 내 머릿속으로 다운로드가 된다! 일단 전송이 끝나면 문이 닫히는데, 며칠 뒤에는 그것들이 어디서 온 것인지 알 수가 없다. 그것은 말 그대로 하늘에서 내 마음속으로 떨어진 것이다.

나는 그것을 신뢰한다. 나의 자아(ego)가 간섭을 하면 그것은 망쳐진다. 그래서 나는 나의 의식적인 생각을 멈추고 (처음에 떠오른) 영감이 그대로 내 마음을 지배하도록 내버려 둔다. 내가 침잠하는 것이 집단 무의식인지, 초의식인지 나는 모른다. 그러나 그것이 무엇이든 간에 나는 그것에 접속할 수 있다. 그런데 지성만으로는 이렇게 할 수가 없다. 지성을 넘어서는 무엇인가가 있는 것이다.

당신이 직관을 많이 사용할수록—직관을 더 많이 실험하고, 신뢰하며, 더 많이 열려 있을수록—직관 능력은 더 좋아진다. 이것은 하룻밤 사이에 일어나는 것이 아니다. 직관의 근육을 발달시키는 데에는 여러 해가 걸릴 수 있으므로 당신은 인내심을 가져야 한다. 이것이 성공을 위한 진짜 비밀이다. 직관을 사용하라 그리고 그것을 유지하라.

　　　　　　－ 호주 록 밴드 '더 처치'의 싱어송라이터 스티브 킬비(Steve Kilby)

양자 사고

양자과학자들은 우주가 마지막 개척지라고 하지만 궁극적인 개척지는 밖에 있지 않다고 말합니다. 그것은 바로 여기, 우리 안에 있습니다. 행성과 별의 거대한 우주 공간에서는 우리가 찾고 있는 것을 찾지 못할 것입니다. 우리는 그것을 우리의 내면에 미묘하게 내재된 소우주적 양자역학의 깊은 비밀 안에서 찾을 수 있습니다.

당신이 처음으로 직관의 마법을 목격하고 나면 당신은 그 모든 것이 어떻게 작용하는지 궁금해 하지 않을 수 없을 것입니다. 지금 이 순간 우리의 위치를 넘어선 것들을 아는 것이 어떻게 가능할까요? 만약 우리가 서로 연결되어 있지 않은 개체적 존재라면 어떻게 보이지 않는 직관적인 연결을 경험할 수 있을까요? 더 나아가 더 높은 차원의 실재가 시간을 초월한 것이라면 어째서 우리가 과거를 알듯이 미래를 알 수 없겠습니까?

사람들은 매일 불가능한 일들을 행하고 있습니다. 사람들은 어떤 일이 일어나기 전에 무슨 일이 일어날지 확실히 알 수 있습니다. 역사의 위대한 예언자들은 문명이 시작된 이래로 그것을 해 왔습니다. 인간, 동물, 식물 등 온갖 종류의 생명체가 매일 말없이 소통합니다. 당신이 집에 도착했을 때 당신의 개가 문 앞에서 당신을 기다린 경우가 자주 있지 않았나요? 시간과 공간을 넘어 생명을 연결하는 초의식적인 앎의 실타래가 있다는 사실에 대해서는 아주 많은 사람이 증언한 너무나 많은 증거가 있습니다.

직관에 대한 세계 최고의 옹호자 중 한 명인 아인슈타인은 상대성 이론과 양자 이론의 출현에 기여하면서 직관의 상대론적인 본성에 대한 중요한 토대를 마련했습니다. 그가 과학의 초점을 거시적 우주 공간에서 미시적 우주 공간으로 옮기면서 드러난 새로운 가능성의 세계는 기존에 확립되어 있던 물리학의 기본 법칙들을 무너뜨렸습니다. 아인슈타인은 인류에게 도식적이고 관찰 가능한 자연 법칙을 넘어서서 (세계를) 바라보도록 요청하면서 이전에는 상상할 수도 없었던 불확정성과 지각 불가능성의 법칙에 새로운 신빙성을 부여했습니다.

물리학의 초기 원자론적 이론은 물리적인 충돌을 상호작용의 원천으로 보았습니다. 우리가 관찰 가능한 실재 영역에서 행하고 있는 것처럼 말이지요. 우리는 우리에게 직접 닿는 것에 반응합니다. 그러나 입자 수준에서는 모든 것이 변합니다. 물리적 세계의 역학은 과학자들조차 믿기 어려운 설명할 수 없는 현상으로 바뀝니다. 표면적으로는 분리된 개별적인 물체의 거시적 세계를 볼 수 있습니다. 하지만 그 하위 수준(미시 세계)에서는 불가능해 보이는 것을 결국 가능하게 만드는 장(場)들과 입자들의 상호 연결된 바다를 볼 수 있습니다.

이것의 가장 흥미로운 예들 중 하나는 아인슈타인이 '귀신같은 원격작용'이라고 부른 양자 얽힘(quantum entanglement) 개념입니다.[5] 이 과정의 핵심은 입자들이 서로 소통하는 신비로운 능력에 있습니다. 심지어 그 사이에 넓은 공간이 있더라도 말이죠. 이 발견을 통해 우리는 '얽혀 있는' 입자들이 아주 멀리 떨어져 있어도 서로 연결되어 있다는 것을 알게 되었습니다. 그들은 떨어진 거리에 상관없이 계속해서 동조(同調)된 활동을 합니다. 떨어져 얽혀 있는 입자 중 하나가 바뀌면 다른 입자도—몇 광년 동안 떨어져 있더라도—즉시 바뀝니다. 예를 들어, 지구상의 한 입자가 먼 은하계의 입자와 얽혀 있다면 한 입자에 대한 변화는 그들 둘 다를 정확히 동시에 반응하게 할 것입니다.

이러한 연결성 그리고 시공간을 즉시 가로지르는 이 신비로운 소통은 직관적인 통찰의 섬광과 다르지 않습니다. 이러한 종류의 과학적 발견들은 거대하게 상호 연결된 우주를 계속해서 알려 주고 있습니다. 여기에서는 서로 분리된 것으로 보이는 물리적 현상들은 우리의 환상에 불과합니다. 우리는 우리의 의식이 보이지 않는 에너지의 우주적 연결망 위를, 또는 양자 그물 위를 여행하는 것을 상상해 볼 수 있습니다. 마치 우리를 순식간에 정보들에 연결시켜 주는 인터넷처럼 말입니다.

이것은 우리가 누군가를 생각함과 동시에 그 사람이 우리에게 전화를 하는 경우, 혹은 우리의 머릿속에 어떤 생각이 마치 다른 사람이 말해 주듯이 떠오르는 경우, 나아가 여러 사람이 서로 간에 의사소통이나 신체적인 근접성이 없음에도 불구하고 동시에 어떤 새로운 생각을 떠올리는 경우와 같은 '귀신 같은' 우연들을 설명해 줍니다. 갑자기 직관적인 에너지로 살아 움직이는 상호 연결된 우주가—상상만 할 수 있는 것이 아니라—실제로 가능해지는 것입니다.

우리 자신을 두 세계—물리적 세계와 양자 세계—안에 동시에 살고 있는 존

---

5) "예를 들어, 지구상의 입자가 서로 엉켜있다면": NOVA, "Bring Spooky Action at a Distance into the Classroom," PBS, July 15, 2019, https://www.pbs.org/wgbh/nova/article/bring-spooky-action-distance-classroom-nova-resources.

재로 인식하는 것은 생명 그 자체에 완전히 새로운 차원을 부여합니다. 우리는 우리의 존재 자체가 지금까지 알고 있던 차원 그 이상이라는 것을 실감하게 됩니다. 초능력은 실재하며, 이제 우리는 이를 사용하는 방법을 알아내야 합니다.

이런 식으로 직관은 살아 있는 우주에 우리를 양자적으로 연결시킵니다. 이러한 연결을 통해서 우리는 물리학자들이 관찰한 것을 체험합니다. 우리는 지구 반대편에 있는 두 마음의 연결을 체험할 수 있습니다. 우리는 생각하지 않고 즉각적으로 어떤 해결책을 찾을 수 있으며, 시간과 공간을 초월한 정보를 알 수도 있습니다. 우리가 직관의 천재성에 다가갈 때 우리는 혁명적인 물리학의 법칙을 개인적으로 체험할 수 있는 것입니다.

우주의 의미 있는 본성

당신의 직관이 당신을 둘러싼 모든 것에 접속한다고 상상해 보세요. 또한 당신이 의식적인 생각의 간단한 움직임만으로 모든 것과 연결될 수 있다고 상상해 보세요. 디지털 시대를 살아가면서 알 수 있듯이, 정보는 에너지 속에 내재되어 있습니다. 그것은 전기 신호로 이동합니다. 그것이 우리의 두뇌에 있는 뉴런들 사이를 이동하든, 컴퓨터 내부를 흐르는 전류이든, 혹은 양자 통신이든 간에 정보는 우주와 인간의 의식을 통해 상호 연결되어 아주 풍부하게 흐릅니다.

겉보기에는 연결된 것으로 보이지 않는 세계가 본질적으로는 상호 연결되어 있음을 우리가 인정하게 될 때, '불가능'하던 직관의 경험은 가능한 것이 됩니다. 우리의 지각 능력으로 볼 때는 텅 빈 우리 사이의 공간이 실제로는 정보와 에너지로 가득 차 있다는 것을 우리가 깨닫게 되면 우리가 그것과 연결될 수 있어야 한다는 것이 훨씬 더 있을 법한 일이 됩니다. (원자적 수준 아래의) 입자적 공간에서는 인간의 사고, 관념, 경험이 서로 공명합니다. 그런데 그것은 너무나 미묘한 수준이어서 우리의 사고하는 마음은 이를 감지하지 못합니다. 그러나 우리는 직관을 통해 이러한 에너지들에 동조하고 연결할 수 있습니다. 강력한 안테나처럼, 우리의 직관은 우주적 정보를 수집하여 우리에게 개인적으로 전달합니다.

이것은 우주에 대한 강력하고 의미 충만한 이해입니다. 그것은 우리가 다른 생명체들에 대해서 그리고 생명 자체에 대해서 느끼는 연결 관계가 공간과 시간에 대한 단순한 개념 및 지금 여기라는 환상을 초월한다는 것을 의미합니다. 이러한 양자 물리학의 관찰은 일련의 작용과 반작용보다 훨씬 더 많은 의미가 있고 연결된 우주를 보여 줍니다.

직관은 항상 우리에게 의미 있는 삶의 본질을 상기시켜 줍니다. 직관은 초월적인 위대한 무엇이 우리 안에 있다는 것을 일깨워 주며, 우리에게 개인적으로 접촉하고 있는 무한하고 신비로운 우주가 있다는 것을 상기시켜 줍니다. 우리는 알 수 없는 미스터리에서 떨어져 있는 것이 아니라 그것의 일부인 것입니다.

직관은 우리를 돌보기 위해 존재하는 우주의 작용입니다. 그것은 우리를 접촉하고, 움직이며, 인도합니다. 왜냐하면 그것은 우리의 일부이기 때문입니다. 우리는 그 안에 있고, 그것은 우리 안에 있습니다. 이곳은 종교와 과학이 만나는 곳이며, 영성과 물리학이 하나가 되는 곳입니다. 또한 이곳은 신과 우주에 대한 관념이 상호 교환이 가능한 곳이며, 창조의 모든 미스터리가 통일된 전체로서 모이는 곳입니다.

근본적 통찰

직관은 물질과 비물질, 개인과 보편적인 세계를 합일시킨다.

직관 그 자체는 극대와 극소, 영원성과 일시성, 보편적인 것과 개인적인 것 사이의 소통을 가능하게 하는 통로입니다. 우주적인 것의 개인적인 표현인 직관은 우리에게 우주와 더불어 공동 창조를 할 수 있는 기회를 줍니다. 우리는 서로를 창조하고, 사랑을 창조합니다. 우리는 아이디어, 아름다움, 파괴 및 변화를 창조합니다. 우리는 우주가 그러하듯이 모든 우주의 경이로움, 혼란, 질서를 창조합니다. 별은 태어났다가 죽습니다. 영혼의 짝이 되는 입자들은 멀리 떨어져서도 사랑하며, 중력은 우리를 끌어당기고, 암흑 물질은 우리를 밀어냅니다. 블랙홀은 모든 것을 파괴하고, 다시 모든 것을 새로 만들어 냅니다. 생명의 혼돈과 장관 속에서 우리는 모두 서로 연결되어 있습니다.

실습: 직관적 웜홀[6]을 통과하기

> 눈 깜짝하는 순간에 몇 달 동안의 합리적 분석만큼의 가치가 들어 있을 수 있다.[7]
>
> —말콤 글래드웰(Malcolm Gladwell)

양자 직관을 실제로 보기 위해 내가 가장 좋아하는 직관 연습 중 하나를 시도해 봅시다. 이 간단한 연습은 당신이 당신 삶에 참으로 의미 있는 안내를 받기 위해서 초의식적인 정보를 얼마나 강력하게 활용할 수 있는지를 보여 줄 것입니다.

'직관적인 웜홀(wormhole)' 운동은 모든 종류의 의사결정에 있어서 매우 도움이 됩니다. 특히 현장에서의 즉각적인 선택이나 당신이 결정을 내릴 수 없는 순간에 있어서요. 언제 어디에서 어떤 선택을 하든 말입니다. 이 연습은 매우 쉬워서 일과 시간 중에 잠깐 틈을 내서 할 수도 있습니다.

우리는 직관의 '마법'이 선형적(線型的)이지 않다는 것을 알고 있습니다. 이것은 공식에 맞춰 문제를 풀 필요도 없이 수학적 질문에 대한 답을 얻는 것과 같습니다. 당신은 단지 답을 알고 있을 뿐입니다. 예를 들어, 만약 당신이 A지점에

---

6) [역주] 웜홀(wormhole)이란 첨단 물리학 용어로서 우주에서 먼 거리를 가로질러 지름길로 여행할 수 있는 통로, 또는 블랙홀과 화이트홀을 연결하는 우주 시공간의 구멍을 의미하는 가설적 용어이다. 이 책에서는 '물질적·현상적 세계와 영적·초월적 세계를 연결하는 통로' 정도의 의미로 사용되고 있다.
7) "눈 깜짝할 사이에 수많은 가치가 존재할 수 있다": Gladwell 저/이무열 역, 『블링크: 운명을 가르는 첫 2초의 비밀』, 경기: ㈜21세기북스, p. 41.

있고 Z지점에 도달하려고 할 때 당신의 내면의 안내를 사용한다면 당신은 그곳에 도착하기 위해 B지점부터 Y지점까지 순차적으로 갈 필요가 없습니다. 당신은 그냥 기적적으로 A지점에서 Z지점으로 한순간에 이동합니다.

근본적 통찰

직관은 질문에서 답변으로, 문제에서 해결책으로
—그 사이에 어떤 '파악함'도 없이—당신을 바로 데려간다.

우리가 이것을 삶에 적용하면 찾고 있는 답을 즉시 얻을 수 있습니다. 관련되는 모든 사실을 알고 있지 않더라도 말입니다. 한순간에 당신의 직관은 장단점, 합리성과 정당성 그리고 뒷받침되는 모든 데이터를 앞질러서 곧바로 진실에 도달할 수 있습니다. 이것을 직접 경험하려면 간단한 직관 연습을 통해 지금 당장 '웜홀 통과'를 해 보세요.

1단계: 자신에게 질문하기

당신이 내려야 할 결정을 생각해 보세요. 다음과 같은 전형적인 상황에 대해 생각해 보세요. 산으로 휴가를 갈까, 아니면 바다로 갈까? 고기를 먹을까, 아니면 채식주의자가 될까? 이 사람과 데이트를 할까, 그만둘까?

당신이 선택한 두 가지 옵션을 적으세요. 그런 다음, 자신에게 어떤 옵션이 가장 좋은지 자문해 보세요. 문제는 A지점이고, 답은 Z지점입니다.

2단계: 생각 없는 영역 설정

당신의 사고하는 마음을 없애야 하기 때문에 각각의 선택을 나타낼 간단한 기호를 고르세요. 예를 들어, 만약 당신이 산으로 가거나 바다로 가거나 둘 중 하나를 선택한다면, 산의 이미지와 바다의 이미지를 생각해 보세요.

일단 당신이 두 개의 상징(여기에서는 산과 바다의 이미지)을 갖게 되면 긴장을 풀고, 심호흡을 몇 번 하고, 마음을 편안하게 하세요. 준비가 되면 눈을 감고 마음의 눈에 있는 상징들을 바라보세요. 하나는 당신 내면의 시야의 오른쪽에, 다른 하나는 왼쪽에 두세요. 당신이 그것들을 명확하고 동등하게 볼 수만 있다면 어떤 상징을 어디에 두는지는 중요하지 않습니다.

근본적 직관 조언 당신이 직관을 가지고 작업할 때는 지나치게 생각하거나 비판적이 되지 않도록 하세요. 긴장을 풀고 통찰력이 흐르도록 놔 두세요. 당신의 직관이 생각의 저항을 받지 않고 마음을 통제하도록 하세요.

3단계: 웜홀 통과

눈을 감고 맑고 조용한 마음의 상태에서 당신의 마음의 눈 양쪽에 있는 두 가지 이미지를 차례로 하나씩 주의를 기울여 바라봅니다. 각 이미지를 차례로 관찰하고 다음 사항을 묻습니다.

- 각 이미지의 '느낌'은 어떠한가?
- 둘 중 하나가 다른 하나보다 더 매력적인가?
- 어떤 것이 당신을 더 끌어당기는가, 아니면 당신을 밀어내는가?
- 어떤 것이 마음의 눈에 점점 가까워지고, 커지거나, 강해지는가?

처음에는 당신의 상상력이 당신을 지배하고 있는 것처럼 느낄지도 모르지만, 이것은 당신의 생각하는 마음을 내려놓고 당신을 직관으로 보내는 절차일 뿐입니다.

이미지에 주의를 기울일 때 다른 일은 없었습니까?

- 이미지가 변경되거나 말을 걸어오는가?
- 어떤 종류의 정보를 전달하는가?
- 그것이 은유적으로 말을 하는가?

나들이의 예에서 만약 당신이 바다를 향해 안내를 받고 있다면 당신은 파도 소리가 점점 커지거나 바다에 매혹되는 것을 알아차릴 수 있습니다. 당신은 시원하고 푸른 물에서 서핑을 하거나 수영을 하는 자신을 상상할지도 모릅니다.

이 직관적인 몽상—'웜홀'에서 당신의 직관은 당신에게 안내를 전달하기 위해 은유적이고 공명적인 인상을 사용합니다. 꿈과 같이, 당신이 꿈속으로 느긋하게 들어가면서 각각의 상징이 당신에게 자신만의 방식으로 말하듯이, 그 비전은 저마다 고유한 방식으로 살아서 움직일 것입니다. 궁극적으로 당신의 백일몽은 당신이 찾고 있는 안내를 제공하기 위해 펼쳐질 것입니다.

만약 이 과정에서 당신의 사고하는 마음이 방해를 유발한다면 심호흡을 하고 다시 시작하세요. 때때로 우리의 마음이 생각의 통제에서 벗어나도록 하기 위해서 생각을 침묵시키는 시도를 몇 차례 반복해야 하는 경우도 있습니다.

4단계: 정답에 도달

당신은 어떤 기호와 더 많이 연결됩니까? 어떤 상징이 당신에게 더 많이 울려 퍼지거나 당신을 끌어당깁니까? 정답은 당신의 Z지점입니다.

모든 것이 잘되면 당신은 쉽게 'Z지점'에 도착합니다. 당신의 선택지 중 하나는 또다른 선택지와는 다른 방식으로 당신에게 말합니다. 이 선택이 옳게 느껴집니다. 그것은 당신의 질문에 그저 아는 느낌(knowing feeling)으로 응답합니다. 즉, 당신이 추론이나 숙고함이 없이 그대로 도달한 느낌인 것이지요. 당신은 선택지들에 대해 스트레스를 받거나 애쓸 필요가 없습니다. 당신은 선택을 위해 모든 사실을 수집할 필요가 없으며, 단지 정보를 향해 자신을 열고 그것을 수신하기만 하면 됩니다.

처음에는 자신이 일을 도모한다고 생각할 수도 있지만, 상징에 대한 **공명**의 느낌 속으로 더 깊이 들어가면서 일종의 앎이 발생합니다. 그것은 옳거나 그른 것으로 **느껴질** 뿐입니다. 선택이 명확해지면서 해당 선택지에 대한 조용한 확신이 일어납니다. 이런 식으로 당신은 느낌에 의해서 진실을 압니다. 당신 내면의 안내(inner guidance)는 당신에게 최선인 경로와 일치하는 상징으로 당신을 끌어당깁니다.

이러한 연습은 두려움이나 지나치게 계산적인 마음이 우리가 올바른 다음 단계로 나아가는 것을 방해하고 있는 상태인 '분석 마비(analysis paralysis)'[8]를 극복하는 좋은 방법입니다. 어쩌면 우리는 무엇을 해야 하는지를 알면서도 그것을 하고 싶지 않을 수도 있습니다. 또는 우리의 조건이 너무 혼란스러워서 선택을 할 수 없을지도 모릅니다. 어느 쪽이든 우리의 생각하는 마음이 비켜나도록 하고, 우리의 직관적인 본성의 공명이 우리에게 말하도록 함으로써 우리는 수월하게 웜홀이—우리가 항상 받아들이고자 하지는 않는—내면의 앎을 입증하도록 허락할 수 있습니다.

근본적 직관 조언 '아는 느낌'에 주목하세요—그것은 진정한 직관의 징후입니다. 즉시 당신의 머리와 심장이 공명하며 하나가 되면서 길을 보여 줍니다.

이 확고한 '아는 느낌'은 당신이 확실히 Z지점에 도달했을 때 느끼는 감정입니다. 이것이 바로 직관이 느끼는 방식입니다. 이성이 개입하지 않은 확실한 앎, 느낌

---

8) [역주] 분석 마비란 어떤 문제를 해결하기 위하여 관련된 사실들과 데이터들을 충분히 확보하여 분석을 시도하지만 정작 올바른 판단을 내리지 못하는 상태를 의미한다.

은 당신이 초의식적인 지혜에 닿았다는 신호입니다.

이날부터 당신의 삶에 나타날 수 있는 아는 **느낌**을 찾기 시작하세요. 그것을 믿고 따르세요. 작은 결정에서부터 커다란 삶의 선택에 이르기까지 새로운 아이디어와 영감을 얻는 일에 있어서 그리고 당신 삶의 의미에 대한 인식을 통해서—이 놀라운 통찰력은 이성보다 더 높은 관점에서 당신을 인도하기 위해 다가옵니다. 다음에 있는 실습들은 당신에게 진실의 느낌을 알게끔 하는 더 많은 기회와 그것이 당신을 이끄는 방법에 대한 확실한 이해를 제공할 것입니다.

웜홀을 통과하다: 근본적 직관 이야기

필라델피아 사의 마케팅 이사인 아멜리아는 분석 마비 증세를 겪고 있었습니다. 그녀의 테이블 위에는 두 가지의 일자리 제안이 있었는데, 그녀는 이 중 어떤 것을 받아들여야 할지 몰랐습니다. 그녀는 장단점리스트를 만들어 모든 선택지를 따져 봤지만 둘 중 하나를 선택할 수 없었지요. 첫 번째 제안은 마을에 머물면서 대대적인 홍보를 하는 것이었고, 두 번째 제안은 그녀의 가족이 살고 있는 고향으로 돌아가 또 다른 직업을 얻는 것이었습니다. 두 가지 방법 모두 흥미롭기도 하고… 두렵기도 했습니다.

마침내 며칠 동안 신경을 괴롭힌 후에 그녀는 그 선택을 직관에 넘기기로 결심했습니다. '직관적인 웜홀' 연습을 통해 그녀는 1분도 안 되어 답을 얻을 수 있었습니다! 그녀가 실행한 방법은 다음과 같습니다.

먼저 그녀는 어떤 직업이 자신에게 최선의 선택인지 알아내겠다는 의도를 가지고 각각의 직업 기회를 나타내는 상징을 정했습니다. 그녀는 두 가지 직업을 모두 성장의 기회로 보았기 때문에 노란색 나무와 파란색 나무의 상징을 선택했습니다. 그녀가 연습을 해 나가면서 파란색 나무는 그녀의 마음의 눈 속에서 무성하게 자라기 시작했으나, 반면에 노란색 나무는 쪼그라들어 막대기가 되었습니다. 순식간에 그녀는 파란색 나무가 자신이 가야 할 길이라는 것을 알았습니다. 파란색 나무가 어떤 직업을 상징하느냐는 질문을 받았을 때 그녀는 말했습니다. "제가 취하기 두려웠던 직업입니다."

그녀는 자신이 두려움에 막혀 있다는 것을 깨달았습니다. 그녀는 자신이 그 선택을 할 것이라는 것을 알고 있었지요. 그녀는 단지 그렇게 하는 것을 꺼리고 있었을 뿐이었습니다. 그녀의 직관은 그녀에게 안주하고자 하는 위치에서 벗어난 선택을 할 수 있다는 자신감을 주었습니다. 그녀가 이를 위해 자신이 준비가 되었는지 확신하지 못했지만 말입니다. 그녀는 다음날 자신의 고향에서 제공되는 일자리를 수락했습니다. 한 달 만에 그녀는 아름다운 새 집으로 이사했고, 매우 만족스럽고, 스트레스를 덜 받으며 일을 즐기고 있었습니다. 그녀의 일은 그녀에게 더욱 질 높은 삶을 살 수 있는 자유를 주었습니다.

최고 자기(The Supreme Self)

당신이 생명을 만지려고 손을 뻗는 그 순간만큼 흥미진진한 것은 없습니다. 그리고 생명도 또한 당신을 만집니다. 직관이 당신에게 자신을 드러내는 그 순간, 당신이 혼자가 아니라는 것이 진실임을 처음 깨닫는 순간은 당신을 영원히 변화시킬 수 있습니다. 텅 빈 것 같은 침묵들이 전혀 비어 있지 않다는 것을 갑자기 알게 됩니다. 그들은 살아서 당신에게 말을 건넵니다.

우리는 종종 삶에게 안내(guidance)를 요청합니다. 우리 너머에 존재하는 더 큰 무언가에 대한 신호, 계시, 증거를 요청하지요. 그런데 삶은 침묵합니다. 하지만 우리가 직관으로 눈을 돌리면 삶이 말을 하기 시작합니다. 우리는 우연의 범위를 넘어선 징후들을 보게 됩니다. 우리는 우리 스스로 생각해 낼 수 없었던 생각들을 가지며, 결코 알 수 없는 것들을 알게 됩니다. 이전에는 우리에게 지각될 수 없었던 삶의 새 차원을 인식하기도 합니다.

직관적으로 우리는 우리 너머에 우리에게 개인적으로 접촉하는 세계가 있다는 것을 직접 경험합니다. 그것은 우주에 있는 차갑고 생명이 없는 공허함이나 왕

좌에 앉아 있는 먼 곳의 신이 아닙니다. 그것은 당신과 당신의 개인적인 삶에 대한 모든 것을 알고 있으며, 당신에게 사는 방법에 대한 안내를 제공하면서 당신의 삶을 돌보고 있습니다. 그것은 당신을 사랑한다고 말할 수 있을 정도로 당신을 깊고 일관되게 지지하고 있습니다.

이 직관적으로 알려진 안내하고 사랑하는 삶의 힘은 한 가지 이유로 끝없이 당신을 지원합니다. 왜냐하면 그것이 바로 당신 자신이기 때문입니다. 당신의 통찰력과 직관적 인상의 맞은편에는 무엇이 있습니까? 당신 자신이지요. 직관은 당신 자신의 더 높고, 무한하고, 초의식적인 부분과 당신(=자아, ego)을 연결하는 고리입니다. 당신의 직접적인 의식의 초점은 그렇게 많은 에너지를 쥐고 있을 뿐입니다. 당신의 주의(注意)하는 마음(attentive mind)인 이 앎의 초점 이면에는 거대한 앎의 바다가 있는데, 그것은 당신의 마음속으로 한 방울씩 떨어집니다. 한 방울 한 방울, 한 통찰 한 통찰로요. 이런 이유로 통찰은 (그 거대한 앎의 바다로부터) 우리에게 아주 조금씩, 짧은 순간에 그리고 우리 마음이 집중되었을 때에만 제공되는 정보를 희미하게 감지하는 방식으로 이루어집니다.

우리의 더 높은 수준의 개인적인 자기(self)는 개인으로서의 우리 자신(ego)과 매우 밀접하게 연결되어 있습니다. 한 점의 개인 의식과 편재하는 보편 의식이 연결되어 있는 것입니다. 우리 의식의 이 높은 부분은 직관 언어를 사용하여 '천상적인 것'과 우주적인 것을 인간 의식이 접근할 수 있는 이해로 번역하면서 이와 결합시킵니다. 직관의 과정을 통해 엄청나게 다른 두 가지 에너지—개인의 에너지와 저 너머의 에너지—가 서로 접촉할 수 있게 되는 것입니다.

이 사실을 알게 되면 당신은 당신이 알고 있는 것보다, 또한 세상 사람들이 당신에게 말해 준 것보다 더 많은 것이 당신에게 있다는 것을 실감하게 됩니다. 당신의 일부는 이 순간과 의식의 장소를 넘어서 확장되어 있습니다. 당신 존재의 한 차원은 우리를 갈라놓는 것으로 보이는 모든 것을 넘어서서 존재합니다. 이러한 존재 차원에서는 단지 일부분에 국한되지 않은 전체 진실을 볼 수 있습니다. 이것이 당신의 나머지 부분입니다. 일단 그것을 발견하면 당신은 전체의 당신, 참된 당신 자신을 알 수 있습니다.

반(半)의식적인 당신이 이 세상의 점들을 연결하는 일에 집중하고 있는 동안에 더 높은 의식의 '당신'은 저 너머의 세상에서 온 점들을 은밀히 연결시켜 왔습니다. 당신에게 일어나는 운 좋은 발견의 순간들, 행운의 순간들, 통찰 그리고 '동시적 사건들' 모두는 당신의 높은 존재가 당신을 진화시키기 위해 연출하는 것입니다. 의식적인 부분도 아는 능력을 가지고 있지만, 초의식적인 부분은 과거, 현재, 미래의 모든 것을 알고 있습니다.

당신의 직관의 특별한 언어

당신 자신의 궁극적인 부분을 알기 위해서는 당신은 그것의 언어로 말할 필요가 있습니다. 이것은 틀림없이 당신의 본래적 언어이고 알파와 오메가로서 당신의 마지막 언어가 될 것입니다. 어떤 경우이든 간에 최근까지 그것은 대체로 상실된 언어였습니다. 그래서 많은 사람은 삶이 우리에게 말을 하지 않는다고 생각합니다. 하지만 진실은 우리가 듣지 않고 있다는 것입니다.

근본적 통찰

우리는 말을 가지고 생명에게 말하고, 생명은 직관으로 우리에게 말한다.

우리의 종교, 철학, 세계관에 관계 없이 직관은 모든 사람에게 같은 방식으로 작용합니다. 우리 모두는 직관과 기본적인 연관성을 가지고 있지만, 우리는 그 연결을 각각 다르게 사용합니다. 직관을 매우 특별하게 만드는 것은 우리 각자가 직관과 관련된 자신만의 방법을 가지고 있다는 것입니다. 직관은 개인적인 것입니다. 당신은 유일무이한 사람이며, 그래서 당신의 내면의 안내자가 유일무이한 방식으로 당신과 연결됩니다.

생각해 보세요. 생명 자체는 당신에게 도달하는 개인적인 방식을 지니고 있습니다. 당신은 매우 중요한 존재이므로 저 너머의 위대성은 당신만의 언어로 당신에게 말을 거는 시스템을 가지고 있습니다. 어떤 두 사람도 동일하지 않은 것처럼, 어떤 두 개의 직관적인 언어도 동일하지 않습니다. 객관적이고 경험적인 자료를 가지고 작동되는 지적인 마음과는 달리, 당신의 직관은 당신의 개별적인 생애사와 주관적인 경험에서 나온 정보를 가지고 작동합니다. 따라서 당신말고는 아무도 당신의 직관을 진정으로 해독할 수 없습니다.

직관의 상대성

직관의 주관적 또는 상대적인 성격을 설명하기 위해 여기 두 사람의 직관이 어떻게 완전히 다른 방식으로 같은 메시지를 전달할 수 있는지에 대한 예가 있습니다.

한 여성이 아이를 임신했지만, 그녀와 그녀의 파트너 모두 아직은 그것을 알지 못하는 시나리오를 상상해 보세요. 비록 그들은 의식적인 차원에서는 아직 임신 사실을 알지 못하지만, 초의식적인 차원에서는 알고 있습니다. 직관적으로 그들은 다가오는 아기의 실재에 대비할 수 있는 단서를 받습니다.

부모 중 한 사람(예를 들어, 엄마)은 창의적이고 매우 시각적이기 때문에 그녀의 직관은 여분의 방을 고치기 시작하라고 속삭이기 시작합니다. 그녀는 이 영감에 따라 잡지에 실린 아기들, TV에 나온 아기들, 혹은 이전에는 관심이 가지 않았던 삶의 상황에 그녀의 관심이 이상하게 반복적으로 끌린다는 것을 알아차립니다. 갑자기 그녀는 어디에서나 아기들을 보고 있습니다! 다가오는 현실과 맞물려 점차 '움직이는' 그녀의 직관은 그녀의 자연스러운 시각적 친화력과 창조적 충동을 이용하여 그녀의 주의력을 그녀에게 다가오는 생명 에너지로 부드럽게 끌고 갑니다.

부모 중 다른 한 사람(예를 들어, 아빠)은 사색가이고 그의 머릿속에는 더 많은 것이 있기 때문에 그는 사물을 '그냥 아는' 경향이 있거나 갑자기 명확해지는 순간들을 가지고 있습니다. 어느 날 아침, 그는 갑작스러운 앎을 가지고 깨어납니다. 아기가 오고 있네! 그가 결국 확실한 것을 알게 되면 다음과 같이 말합니다. 난 처음부터 알고 있었어! 타고난 직관적으로 '아는 사람'인 그의 직관은 계시나 즉각적인 인식을 제공함으로써 그의 주의를 끌어당깁니다.

두 경우 모두 최종 결과는 동일합니다. 그러나 각 부모의 내면의 안내 체계는 고유한 내부 경로를 사용합니다. 당신과 같은 방식으로요. 당신의 직관은 당신과 정보를 공유하기 위하여 당신 개개인의 인생 경험, 재능 그리고 타고난 직관 친화력에 의지합니다.

얼마나 멋진가요! 당신의 직관으로 당신은 문자 그대로 우주의 언어를 이해할 수 있습니다. 마지막으로 당신은 평생 동안 마음 한구석에서 진행되어 온 이 낯선 대화를 이해할 수 있습니다. 일단 당신이 자신의 직관 친화력과 자연스러운 경로를 알게 되면 이 놀라운 능력을 개발하는 것은 아주 쉬워집니다.

CHAPTER 5

비범한 통찰

>
> 이 세상에 새로운 아이디어가 떠오르는 것은 마치 유성이 섬광과 폭발을 동반하며 떨어지는 것과 같다.[1]
>
> —헨리 데이비드 소로(Henry David Thoreau)

일단 당신이 직관의 힘을 경험하고 나면 당신은 "어떻게 이것이 가능하지?"라고 묻습니다. 그러고 나서 궁극적으로 "어떻게 이것을 다시 행할 수 있을까?"라고 묻습니다. 직관의 기적을 체험하는 것과 매 순간 통찰력을 가지고 사는 것은 전혀 별개의 일입니다. 그리고 직관 경험이 한 번 가능하다면 그 이상도 가능합니다. 그리고 그것이 반복될 수 있다면 학습이 가능한 거죠.

비록 직관이 처음에는 이해하기 어렵고, 예측할 수 없으며, 신비로워 보일 수 있지만, 그것은 본성상 무작위적이거나 우연적인 것은 아닙니다. 그것의 과정은 매우 실제적인 원칙과 자연적인 법칙을 따릅니다. 번개처럼 우리는 직관이 언제 나타날지 알 수는 없지만, 그것이 '내리칠' 가능성이 더 큰 환경을 예측할 수는 있습니다. 직관의 원리와 작동방식을 이해하게 되면 당신은 병 안에 당신만의 번개를 만들 수도 있습니다.

---

1) "새로운 아이디어는 위에서 뚝 떨어지는 것처럼 이 세상에 온다": Henry David Thoreau, Essays and Other Writings of Henry David Thoreau, ed. Will H. Dircks (London: Walter Scott, 1892), p. 237.

직관의 과정

근본적 직관에 대한 공동의 사상은 파라마한사 요가난다, 칼 융, 무지, 아빌라의 성 테레사, 알버트 아인슈타인, 스리 오로빈도, 에크하르트 톨레, 스티브 잡스를 포함한 위대한 사상가, 철학자, 과학자, 혁신가, 창조자, 영적 스승의 계열에서 발전해 왔습니다. 인류의 가장 획기적인 지혜의 총합인 직관에 대한 이 새롭고 전체적인 이해는 직관에 대한 의미를 재정의합니다.

수많은 천재들이 이어 온 이러한 전통에서 나온 이 책의 내용은 새로운 것이 아닙니다. 그러나 이것은 우리가 지금까지 놓친 가장 오래되고 암묵적인 삶의 정보를 이해하는 새로운 방법, 즉 급진적인 방법입니다. 『직관혁명』은 새로운 시스템을 배우는 책이 아닙니다. 그것은 당신이 이미 사용하고 있는 시스템을 인식하게 하는 것입니다. 일단 그것을 알게 되면 당신은 그것을 소유할 수 있습니다.

직관의 전면적인 사용을 시작하기 위해서 우리 내면의 지혜가 우리를 인도하는 네 가지 본질적인 방법에 대해 살펴보기로 하겠습니다.

1. **우리는 직관을 받아들인다** 첫인상은 우리가 생각하기도 전에 직관이 우리에게 말하는 방법입니다. 그것은 사고의 과정에 앞서서 그저 갑자기 도달하는 것처럼 보이는 감각, 생각, 느낌 또는 아이디어입니다.

2. **우리는 직관에 의해 움직인다** 공명이란 우리가 앞으로 나아갈 길을 느끼는 것입니다. 우리의 직관은 우리를 행동으로 불러들입니다―직관은 우리를 슬쩍 건드리며 영감을 주고 진실의 길로 불러들입니다.

3. **우리는 직관에 의해 인도된다** 분별력은 직관과 지성이 함께 작용하는 접점입니다. 우리 내면의 지혜는 진화 과정에서 통찰력 있는 생각, 느낌 그리고 경험을 의미 있는 위치에 제공할 수 있는 능력으로 정의됩니다.

4. **우리는 직관에 의해 고양된다** 궁극적으로 우리가 스스로를 신뢰하고 삶의

더 깊은 경험에 대한 직관을 따르는 것을 배우는 길은 **검증**을 통해서입니다. 삶은 우리를 상승시키는 경험을 가져다주고 우리가 더 높은 길을 가고 있다는 신호를 보내서 우리를 검증해 줍니다.

이러한 원리들이 우리 안에서 어떻게 작용하고 있는지를 우리가 의식하게 되면 우리는 가장 특별한 통찰력, 즉 우리의 합리적 사고가 확인할 수 있는 어떤 것도 뛰어넘는 근본적인 정보들에 접근할 수 있습니다. 우리는 직관적인 아이디어를 삶 속에 구현할 수 있는 능력을 얻습니다. 비물질적인 자극으로 시작하여 물질적 현실을 변화시키는 것, 이것이 바로 직관이 세상에 들어오는 방법입니다. 이런 식으로 우리의 의식은 직관의 발현을 위한 통로입니다. 당신의 직관에 반응하는 방법을 선택하고, 그것을 따르고 존중함을 통해 당신은 진화의 길로 나아가게 됩니다.

이 네 가지 토대는 당신이 하는 모든 일에 직관을 사용하기 위한 통일된 골조를 만듭니다. 이 전체적인 직관의 경험은—첫인상, 공명, 분별, 검증—당신의 삶에 인식을 가져다주는 특별한 통찰로 당신을 이끌기 위해 상호작용합니다. 다음은 일상생활에서 이러한 과정이 이루어지는 사례입니다.

직관적인 과정에 따른 의사결정

1. 첫인상 한 어머니가 아이를 맡기기 위해 새로운 어린이집을 둘러보고 있다. 그녀가 주차장으로 차를 몰 때, 그녀의 머릿속에 한 생각이 떠오른다. "아니야".

2. 공명 차에 앉아 안으로 들어갈 준비를 하면서 그녀는 그 어린이집이 느낌이 좋지 않다는 것을 알아차린다. 건물이 멋지긴 하지만, 좋은 '감(vibe)'이 오지 않는다.

3. 분별 건물을 둘러보는 동안 모두가 친절하지만, 어린이집에 대한 그녀의

부정적인 첫인상과 느낌을 뒷받침하는 여러 가지 안좋은 측면들에 관심이 쏠린다. 그녀는 자신의 내적, 외적인 직관적 인상에 의지하여 이곳이 자신의 아이를 위한 적절한 장소가 아니라는 것을 깨닫는다.

4. 검증 그날 늦게 한 친구가 느닷없이 전화를 걸어 뉴스에서 본 그 어린이집에 관한 나쁜 평판을 언급한다.

결과 그녀는 첫인상과 시설에 대한 느낌을 중시함으로써 직관적으로 올바른 행동 방침을 쉽게 식별할 수 있었다. 그녀의 선택을 강화해 준 친구의 전화는 그녀가 바른 판단을 했다는 것에 대한 좋은 검증이다.

직관적인 절차를 통한 위기 극복

1. 첫인상 젊은 남자가 차를 몰고 출근하고 있는데, 무언가가 그에게 집으로 돌아가라고 말한다.

2. 공명 그는 처음에는 그것을 무시하려고 하지만, 집으로 돌아가야 한다는 느낌을 떨칠 수 없다.

3. 분별 뭔가를 잊었나? 주전자를 불 위에 놓았을까? 그는 정확히 무엇을 의미하는지 모르지만, 그 느낌이 지속되기 때문에 마지못해 차를 돌리기로 한다.

4. 검증 그가 집에 도착했을 때, 자기의 개가 차도에서 그를 기다리고 있는 것을 본다. 그는 그제야 자신이 뒷문을 완전히 닫지 않아서 강아지가 밖으로 나왔다는 것을 알게 되었다. 위기를 모면했다!

결과 이 남자는 무슨 일이 일어나고 있는지 전혀 알지 못하지만, 자기 내면의 '아는 느낌'을 믿어야 한다고 생각한다. 이 경우, 그가 개가 밖으로 나왔다는 것을 알 방법이 없었다는 것을 깨달았을 때 그의 비상한 통찰에 대한 즉각적인 검중을 받은 것이다.

직관을 명확히 하기 위해 이 기술을 사용하여 의식적으로 연습하기 시작하면 당신은 그것이 얼마나 자연스럽게 당신에게 다가오는지 알게 될 것입니다. 당신은 이 시스템을 외우거나 배울 필요가 없습니다. 이것이 당신의 직관이 자연스럽게 작동하는 방법입니다. 당신이 해야 할 일은 그것을 알아차리기만 하면 됩니다.

첫인상: 갑자기 떠오르는 통찰은 절대 거짓말을 하지 않는다

직관 우선! 이 말은 강력한 내면의 안내 체계를 구축하는 열쇠입니다. 이 말은 우리가 삶에서 직관을 우선시해야 할 뿐만 아니라, 정보 처리 측면에서도 말 그대로 직관이 우선이라는 것을 의미합니다. 어떤 상황에서든 당신의 직관은 당신의 마음, 생각, 감정, 상상력 등 모든 것에 앞서서 말을 합니다. 직관은 당신의 사고하는 마음이나 감정이 당신을 장악하기 전에 당신의 머리에 가장 먼저 떠오릅니다.

이것이 우리가 첫인상은 절대 거짓말하지 않는다라고 말하는 이유입니다. 하나의 문화로서, 우리는 한순간에 우리에게 오는 진실의 순간, 즉각적인 이해를 인지합니다. 당신은 누군가를 처음 만난 순간부터 그가 좋은 사람(혹은 안 좋은 사람)이라는 것을 알고 있습니까? 합리적인 평가를 할 수 있는 시간이나 정보가 있기 전에 당신은 그에 대해 뭔가를 감지할 뿐입니다. 당신은 그러한 첫인상을 받고 자신에게 말한 적이 몇 번이나 있습니까? 나중에 후회할 때뿐이었나요? 당신이 시행착오를 통해 배우기 전에 뭔가가 당신에게 진실을 말해 준 것입니다.

직관은 이런 식으로 작동합니다. 즉, 우리는 정보를 처리할 시간을 갖기 이전에 갑작스러운 통찰을 얻게 됩니다. 우리의 마음이 정보를 처리하기 위해 고군분투하는 동안, 우리의 직관은 이미 진실을 전달합니다. 직관에 대한 즉각적인 인식은 언제나 우리의 추론 과정을 능가합니다.

놀라운 통찰은 순차적 과정을 통해 얻을 수 있으며, 우리가 두뇌 속에서 정보를 처리하는 방식과 병행할 수 있습니다. 트래비스 브래드베리(Travis Bradberry)와 진 그리브스(Jean Greaves)는 그들의 저서『감성 지능 2.0』에서 이렇게 기술하였습니다.

당신이 보고, 냄새 맡고, 듣고, 맛보고, 만지는 모든 것이 전기 신호의 형태로 당신의 몸을 통과한다. 이 신호들은 세포에서 세포로 전달되고, 최종 목적지인 당신의 뇌에 도달한다. 그들은 척수신경을 통과하여 당신 뇌의 기저부로 들어가지만, 이성적이고 논리적인 사고가 일어나는 곳에 도달하기 위해서는 당신의 전두엽으로 이동해야 한다. 그러기 위해서 그것들은 먼저 당신의 변연계를 통과한다. 이곳은 감정이 생성되는 곳이다. 이 여정은 당신의 이성이 작동하기 전에 당신이 사태를 정서적으로 경험하도록 한다.[2]

감성 지능 모형처럼, 직관은 갑작스러운 통찰이나 '직관적 인상'에서 출발한 뒤 공명적인 느낌으로 깊어지고, 마지막으로 의식적인 정신적 인식을 통해 이해됩니다. 흥미롭게도 직관적 인상의 최종 신체적 목적지인 전두엽은 직관 능력과 연관되어 온 '제3의 눈'과 같은 곳입니다.

당신이 자신의 직관을 확인하고 이와 함께 일을 시작할 때, 당신의 개인적인 감정과 생각에 의해 오염되지 않은 순수한 이 최초의 충동을 인식하고 존중하는 것이 요점입니다. 이것이 또한 직관과 비직관적 사고 그리고 감정이 나누어지는 지점입니다. 첫인상은 순수하고 객관적이며 하위 의식의 추리에 의해 물들지 않은 것입니다.

---

2) "당신이 보고 냄새 맡으며, 듣고, 맛보며, 감촉하는 모든 것": Bradberry & Greaves (2009). Emotional Intelligence 2.0. San Diego: TalentSmart, p. 7.

이러한 즉각적인 앎의 과정은 우리가 생활 중에 '첫 번째 것'과 관련하여 갖는 많은 경험을 설명해 줍니다. 몇 시간 동안 쇼핑을 했는데, 결국 처음 본 물건을 사러 다시 가는 경우가 자주 있지 않았나요? 처음에 당신은 직관적으로 최선의 선택에 이끌렸던 것입니다. 당신이 그것에 대해 과도하게 생각하거나 주변 상황 속에서 당신의 방식을 추론하기에 앞서서 말이죠. '초보자의 행운[3]'은 우리가—우리의 마음이 과잉 사고로 자기 방해를 일으키기 전에—어떤 일을 하는 방법을 어떻게 직관적으로 알 수 있는지에 대한 좋은 실례입니다.

직관적인 인상 vs. 사고 인상

통상적인 생각 당신은 차에 불이 들어오기 때문에 타이어 공기압을 점검해야 한다는 것을 깨닫는다.

직관적인 첫인상 샤워를 하는 중에 문득 차 타이어 공기압을 점검해야 한다는 생각이 든다. 당신의 직관은 내면에서 오는 빛이다.

통상적인 생각 당신은 방금 만난 사람이 소름 끼치는 문신을 하고 있고 좋지 않은 냄새가 나기 때문에 그를 좋아하지 않는다고 판단한다.

직관적인 첫인상 당신은 그를 좋아하지 않지만, 친구들에게 이유를 설명할 수는 없다. 당신은 아무런 근거도 없이 아는 것이다.

직관은 추론 과정이 전혀 없습니다. 여기에는 우리의 인식에 근거한 추론이나 참고의 과정이 없습니다. 이러한 인상이 도착하면 우리가 해야 할 일은 길을 비켜 주는 것입니다. 그리고 우리의 통찰력이 우리를 안내하도록 하는 것입니다. 직관은 길을 인도하며, 우리는 그것을 따를 뿐입니다.

---

3) [역주] 초보자의 행운(beginner's luck)이란 어떤 일이나 게임을 처음 시작하는 사람이 많이 해 본 사람보다 더 뛰어난 결과를 내는 경우를 말한다.

공명: 당신은 공명의 느낌에 의해서 진실을 안다

당신은 옳다고 느끼는 것에 따라 결정을 내리는 경우가 자주 있습니까? 아마도 모든 장점과 단점을 따져 보고 한쪽을 선택하게 될 수도 있지만, 이유를 설명할 수는 없지만 그저 다른 것을 선택하고 싶은 마음이 들 때가 있습니다. 아니면 의식적으로는 그 이유를 잘 모르면서도 그냥 뭔가 해야겠다는 소명을 느꼈을 수도 있겠죠. 이것이 공명의 마술입니다.

공명은 우리가 갖는 첫인상에 대한 강력한 원군입니다. 우리의 첫인상이 갑작스러운 앎을 가져오면 공명은 우리를 서서히 움직입니다. 그것은 우리의 직관 동전의 다른 면입니다. 첫인상은 자연스러운 순간에 우리의 관심을 끄는 생각이나 경험으로 다가옵니다. 반면에 공명은 우리를 자석처럼 우리의 진실이나 최선의 행동 방향으로 끌어당깁니다. 직관 경로에 의하여 첫인상은 앎이나 느낌일 수 있지만 공명은 즉시 아는 느낌입니다.

공명은 어떻게 느낄까요? 공명은 옳다는 느낌이며, 확장적인 느낌입니다. 그것은 우리를 개방시키고 다음 단계로 우리를 초대합니다. 직관적인 공명을 따를 때, 우리는 좋은 기분을 느낍니다. 우리가 우리 내면의 자기(self)에게 최선인 것을 행하고 있으므로 자기도 좋게 느끼게 되는 것입니다. 당신의 인생에 성장과 감격을 가져다준 중요한 결정을 내린 때를 생각해 보세요. 목적 지향적인 올바른 행동과의 일치―'예!'의 느낌―그것이 공명입니다.

첫인상과 공명

첫인상 가게 안으로 들어서자 모퉁이 선반에 있는 멋진 빨간 드레스가 눈에 띈다.

공명 당신이 빨간 드레스를 즉시 좋아하게 되었더라도, 당신은 주위를 둘러보고 모든 선택지를 탐구하기로 한다. 다른 드레스 두 벌을 더 골라 세 벌다 입어 본다. 다 맞긴 하지만, 그 빨간 드레스는 뭔가 당신에게 딱 맞는 것 같다. 비록 다른 두 가지가 더 현명한 선택일지라도 당신은 빨간 드레스가 당신에게 맞는 것이라는 것을 알고 있다.

첫인상과 공명은 이상적인 행동의 길로 안내합니다. 공명은 당신이 받은 직관적인 인상에 대한 백업 지원 시스템입니다. 새로운 아이디어나 통찰이 떠오르면 자신에게 다음과 같이 질문합니다. 이 느낌이 맞나? 이 물음에 대한 공명감을 리트머스 시험지로 사용하세요. 직감을 가지고 나아갈수록 당신은 더욱 조화로운 삶을 살게 됩니다.

우리가 공명을 '느낌(feeling)'이라고 말할 때, 감정적인 느낌을 의미하는 것이 아님을 잊지 마시기 바랍니다. 빨간 드레스가 당신을 행복하게 하거나 슬프게 하는 것이 아니라 당신을 강요합니다. 당신을 **움직이지요.** 당신 안에 있는 무언가가 그것에 끌리면서 당신에게 딱 맞는 것으로 느껴집니다. 이것이 공명이 작용하는 방법입니다. 당신의 행동을 최선의 선택에 조화시킴으로써 말입니다.

공명을 느끼기

다음의 두 이미지를 보세요. 각각의 이미지가 당신에게 어떻게 다르게 말하는지 느껴 보세요. 어떤 것이 당신을 차단하고, 어떤 것이 당신을 끌어당기는지를요. 당신이 길의 이미지를 볼 때, 그것이 당신을 앞으로 끌어당기는 것을 느낄 수 있을 것입니다. 그 길의 끝에서 기다리고 있는 빛을 향해 말이죠. 반면에 벽은 앞으로 나아가려는 어떤 움직임도 막는 장벽처럼 느껴집니다. 한 번에 하나씩 이미지에 주의를 기울이면 공명 에너지의 차이를 감지할 수 있습니다. 벽은 노(no)와 같이 당신을 멈춰 서게 합니다. 반면에 길은 예스(yes)처럼 당신을 초대합니다.

직관적인 공명은 당신을 예스(yes)로 이끕니다. 공명의 결여는 노(no)입니다. 직관적으로 공명하는 길은 당신을 끌어당깁니다. 그 길은 당신을 정돈시키며 길을 알려 줍니다. 공명은 "그래, 그 빨간 드레스는 나를 위한 거야!"라고 말합니다. 다른 드레스들과 공명이 없다는 것은 단지 그것들이 나에게 적합하지 않다는 것을 의미합니다. 공명의 현존을 인지하는 것은 당신이 개발할 수 있는 가장 강력한 직관 기술 중 하나입니다.

공명에 따른 결정은 생명과 조화를 이루며 펼쳐지는 삶으로 이끕니다. 당신이 공명적인 선택을 할수록 당신은 인생에서 최선의 길에 더욱 근접하게 됩니다. 당신의 삶이 당신의 진정한 목적과 공명을 일으킬 때, 문은 자연스럽게 열릴 것입니다. 기회는 단순하게 도착합니다. 기억하세요, 삶은 내부와 외부에서 당신을 지지합니다.

반대로 당신의 공명적인 생각과 감정에 반하는 결정을 할 때, 삶은 **부조화** 상태가 됩니다. 당신은 파도를 거슬러 수영하거나, 자신의 높은 잠재력을 향해 성장하지 못하여 허덕이는 자신을 보게 될 것입니다. 당신은 차단 당하고 있으며, 영감을 받지 못하고, 혹은 자기가 진짜 자신이 아니라고 느낄 것입니다. 만약 당신이 인생에서 부조화의 시간을 겪고 있다면—상황이 옳지 않은 것 같거나 시간이

지남에 따라 자연스럽고 직관적인 공명이 어디로 향할 것인지 느낌이 들지 않을 때는 당신은 다시 정상 궤도에 오르기 위해 이탈된 곳에서 벗어나 올바른 길을 찾아야 할 것입니다.

이것은 미묘하지만 강력한 연습입니다. 당신이 인생에서 어디에 있든, 목표가 무엇이든지 간에 행동하기 전에 신속한 '직감 확인(gut check)'을 하는 것은 당신이 최선의 길을 가고 있다는 것을 확신하기 위한 좋은 방법입니다.

공명 vs. 비공명

비공명 당신은 마케팅 팀과 함께 새로운 로고를 만들기 위해 일하고 있지만, 어떤 디자인도 당신에게 감동을 주지 않는다. 아무것도 당신과 공명하지 않아 느낌이 좋지 않은데도 그중 어떤 것을 선택하라고 당신 자신에게 말하는 실수를 범하지 말라.

공명 다음번 디자인 라운드에서 옵션 중 하나가 '당신의 마음에 들기' 시작한다. 당신은 계속해서 그것을 머릿속에 떠올려 보면서 결국 그것에 '반했다'는 생각이 든다. 당신은 그것을 머릿속에서 지울 수 없고, 그것이 어떻게 실행되는지 보고 싶어 참을 수가 없어진다.

비공명 당신이 새집을 사려고 할 때, 많은 집을 둘러보았는데도 그 집들 중 어느 것도 당신에게 말을 걸어오지 않는다. 그중 어느 정도 당신의 맘에드는 집은 있지만 당신 내면의 한 부분은 당신이 그곳에 살고 있는 느낌을 갖지 못한다.

공명 당신은 최종적으로 한 집을 둘러보는데, 그 집이 자신의 집처럼 느껴진다. 당신은 아직 모든 정보를 가지고 있지 않을지라도 그것이 옳다는 것을 안다.

공명과 함께 당신의 생각과 감정이 일치됩니다. 구체적인 내용과 관계없이 통일된 행동 합의가 이뤄집니다. 우리가 무언가에 대해 공명을 느낄 때, 우리는 우리가 그 아는 느낌(knowing feeling) 쪽으로 인도되고 있다는 것을 인지합니다.

분별력: 직관적 지능

분별력(discernment)은 직관과 지성이 만나는 지점입니다. 이 과정을 통해 당신은 당신이 얻은 초의식적 통찰에 대한 의식적인 의미를 가져올 수 있습니다. 분별력이 직관에 초점을 맞추는 것이지요.

당신은 직관적인 경험을 했지만 그것이 무엇을 의미하는지, 어떻게 이해해야 하는지 전혀 몰랐던 적이 있나요? 어쩌면 특별한 일이 일어나서 자신에게 "이것이 무엇을 의미하지?" 하고 물어보았던 적이 있을 것입니다. 여기서 분별력이 발휘됩니다. 그러한 물음은 직관이라는 거대한 수수께끼가 당신에게 드러나도록 해석하는 당신의 안내자입니다. 왜 그런 직감이 내게 왔지? 뭘 배우라는 거야? 내가 어떻게 해야 하는 거지?—이러한 질문은 분별력이 답을 찾아내는 데 도움이 되는 질문입니다.

분별(discernment)은 비범한 통찰의 마지막 단계입니다. 첫인상과 직관적 공명은 진리로 인도하고, 분별력은 진리를 이해하도록 이끕니다. 분별은 당신이 상황을 이해하거나 세상을 변화시키는 데 도움이 되는 특별한 정보, 안내, 또는 해명을 끌어내는 과정입니다. 분별의 과정은 당신이 직관적인 통찰을 명료화시키고 직관의 진정한 의미를 찾을 수 있게 해 줍니다.

직관적 분별력의 사용

당신이 어떤 대학에 가는 것으로 아주 흥분하고 있다고 상상해 보세요. 당신의 모든 친구는 그 대학이 최고라고 생각합니다. 그곳은 최고 수준의 학부, 최신 시설을 갖춘 기숙사, 심지어 서핑 클럽까지 가지고 있습니다. 다 괜찮은 것 같은데, 그게 옳은 선택인가요? 당신의 흥분은 직관적인 공명의 결과인가요, 아니면 단순히 감정의 떨림인가요? 분별력을 발휘하면 이것을 알아낼 수 있습니다.

자문해 보십시오. 이게 정말 나한테 맞는 것일까? 잠시 멈추고 그 상황에서 물러나 정신을 집중하세요. 문득 학교에 대한 첫인상에 압도된 느낌이었다는 것을 기억하게 되고, 감정적으로 그 상황에서 벗어나기 위한 시간을 가질 때, 그 대학이 실제로 생각했던 것만큼 좋게 느껴지지 않는다는 것을 깨닫게 됩니다. 당신이 이 결정에 의식적으로 집중을 더 할수록 그 학교에 대해서는 공명이 덜해지므로 당신은 당신의 선택을 계속 열어 두기로 합니다.

이 예에서 당신은 우리의 직관이 우리의 사고 과정을 알리기 위해 어떻게 첫인상과 공명을 사용할 수 있는지 볼 수 있습니다. 우리가 감정과 사회적 조건의 지배에서 벗어날 때, 우리는 통찰을 사용하여 우리가 필요로 하는 진정한 안내를 얻을 수 있습니다.

그렇다면 우리가 합리적인 의사결정이 아닌 직관적인 분별력을 사용하고 있다는 것을 어떻게 알 수 있을까요? 이것이 **분별**(discernment)인지 또는 **결정**(deciding)인지를 아는 방법은 다음과 같습니다. 분별에 있어서 이해는 첫인상과 공명에 대한 내면의 인식에서 비롯됩니다. 반면에 결정은 외부 세계에 대한 반응적 관찰에서 비롯되지요. 궁극적으로 분별력은 우리를 일종의 직관적인 지성(intuitive intelligence)으로 인도합니다. 우리는 여기 더 높은 이해의 지점에서 현명한 결정을 할 수 있게 됩니다.

근본적 통찰

우리의 사고하는 마음은 외부 세계로부터 제공된 정보에 기초하여 결정한다. 우리의 직관은 내부 세계로부터 제공된 정보에 기초하여 분별한다.

분별 vs. 결정

결정 당신은 당신의 인간관계(남녀 관계)에 불안감을 느끼면서 그것을 끝내야 할지 고민하고 있다. 당신은 무엇이 이치에 맞는지 보기 위해 좋은 점과 나쁜 점을 검토해 나간다.

분별 당신은 뒤로 물러서서 당신 삶에서의 이 관계의 역할을 바라보며 그것이 여전히 개인적인 성장에 도움이 되는지 생각해 본다. 비록 당신이 몇몇 사소한 문제들을 알고 있지만, 그 관계는 여전히 확장적이고 공명적으로 느껴진다. 두 사람이 함께 늙어 간다는 생각이 당신의 마음속에 문득 들어온다. 한순간에 당신은 두 사람이 함께 지낼 운명이라는 것을 깨닫고, 이 관계에서의 문제들을 해결하기 위한 노력을 선택하게 된다.

결정 당신은 새 차를 사려고 하는데 두 가지 차 중 하나를 결정할 수가 없다. 인터넷에서 리뷰를 검색하고 안전 등급을 확인하며 각 자동차의 특징에 대한 목록을 작성한다.

분별 그렇게 하고 나서 두 차의 리뷰가 모두 같다는 것을 깨닫게 된다. 그러면 둘 중 어떤 걸 고를까? 어떤 차에 가장 먼저 매력을 느꼈는지, 어떤 차가 가장 당신과 연관되어 있다고 느끼는지 생각해 본다. 당신은 잠시 각각의 차에 주의를 기울여 보고는 그중 하나가 머릿속에서 지워지지 않음을 느낀다. 당신의 한 부분은 이 특별한 차가 믿을 수 있고 당신에게 도움이 되리라는 것을 알고 있다. 당신은 그 차에 타고 있는 자신을 본다. 문득 당신은 자신의 차를 찾았다는 것을 깨닫는다!

뒤로 물러나는 행동, 몇 분, 몇 시간—혹은 어떤 경우에는 단 몇 초—동안 기다리는 행동은 어떤 경우에는 당신이 '그 틈 속으로 들어가는' 데 필요한 휴지(休止)를 제공합니다. 이 틈 속에서 당신의 직관은 과잉 사고나 감정의 소용돌이로부터 물러날 수 있으며, 당신은 당신의 직관적인 신호를 포착하고 분별할 수 있는 고요한 공간으로 발걸음을 내디딜 수 있습니다.

검증: 우주에서 온 신호

살면서 뭔가 특별한 일이 일어난 적이 있나요? "이것은 하나의 신호야!"라고 생각한 무엇인가 말입니다. 어쩌면 그 기이한 우연이 당신이 올바른 길을 가고 있다는 것을 말해 주었을 것입니다. 혹은 여러 곳에서 계속해서 눈에 띄는 어떤 단어 같은 것이 미묘한 차원에서 당신을 위한 안내 메시지를 전해주었을지도 모릅니다. 직관의 세계에서 우리는 이것을 검증이라고 부릅니다.

검증은 우리 내부 또는 외부로부터 우리의 직관적인 행동을 확인하기 위해 우리가 받는 강화입니다. 이것은 마치 당신이 무언가를 올바르게 행했거나, 최선의 선택을 했거나, 아니면 무언가 큰일을 하고 있다는 것에 대해 삶이 보내는 하이파이브와 같은 것입니다. 검증은 직관적인 일치의 부산물입니다. 그것은 크고 시끄러울 수도 있고 작고 조용할 수도 있지만, 어느 쪽이든 그것은 위에서부터 온 사랑의 한 종류입니다. 이 작은 마법의 순간들 속에서 우리는 우리 삶의 길과 목적을 확신하게 됩니다.

삶에서 오는 이러한 확증들은 우리에게 수없이 많은 방식으로 다가올 수 있습니다. 그것은 우리의 삶에서 일어나는 '천운'이나 '운 좋은 발견'과 같은 의미 있는 우연의 일치로 나타날 수 있지요. 당신의 직관이 발달함에 따라 이러한 검증의 발생도 증가할 것입니다. 그것들은 당신과 삶 사이의 동시성(synchronicity)[4]을 반

---

4) [역주] 동시성이란 심층 심리학자 칼 구스타브 융(Carl Gustav Jung)이 물리학자 볼프강 파울리(Wolfgang Pauli)와 논의하면서 생성된 개념으로, 인간의 내적 사건(강하게 일어나는 관념이나 꿈, 환영이나 감정 등)과 외적·현실적 사건이 연관성을 가지고 동시적으로 일어날 수 있다는 것을 의미한다. 이러한 동시성 현상에 근거하여 융은 존재하는 모든 것에는 겉으로 드러나지 않는 상호 연관성과 통일성이 있다고 주장하였다(Carl Jung 저, 한국 융 연구원 저작 변역위원회 옮김. 『원형과 무의식』. 서울: 솔출판사. pp.375f.).

영합니다. 그것들은 당신의 내면과 외부 세계의 일치에 대한 문자 그대로 표현입니다.

예를 들어, 당신이 새 직장에 지원하기 위한 직관적 아이디어를 얻은 경우에 다음 경험 중 어느 것이든 당신의 직관에 대한 훌륭한 검증이 될 것입니다.

- 잠시 후 당신은 채용 담당자로부터 이메일을 받는다.
- 당신이 결정을 내릴 때 시계를 보니 11시 11분을 가리키고 있다.
- 동료가 전화하여 해고가 다가오고 있다고 알려 준다.
- 앞 차의 번호판에는 'GO 4 IT'라고 쓰여 있다.

삶에서 오는 '눈짓'은—가장 작은 관심을 끄는 순간부터 우주에서 오는 전면적인 신호에 이르기까지—끝없는 방식으로 옵니다. 이러한 동시적(同時的) 경험에는 진정한 힘이 있습니다. 그것들은 삶에 대한—당신의 직관과 당신 자신에 대한—신뢰 구축에 기여합니다.

검증은 내부적 또는 외부적 검증의 두 가지 방법 중 하나로 이루어집니다. 내부적 검증은 당신이 당신의 진실에 일치한다는 명백한 직관적 감각이며, 외부적 검증은 외부 세계에서 나타나는 뜻밖의 징후나 '우연의 일치'가 당신의 행동 방향을 강화할 때 이루어집니다.

내부적 검증: 직관의 지속

직관을 규정지을 수 있는 특징 중 하나는 지속성입니다. 확고한 직관일수록 당신의 의식 안에서 단호하고 불변하는 상태로 머무르며, 지나가는 생각이나 변덕처럼 불확실하거나 일시적이지 않습니다. 그런데 이러한 직관의 지속성이란 직관이 지닌 임무, 즉 필요한 과업이 완수될 때까지만 지속된다는 의미입니다. 만약 책을 써야 한다는 소명이 있다면, 그 소명은 책이 쓰여질 때까지 사라지지 않을 것입니다. 만약 당신이 치유되고 성장하기 위해 인간관계를 끝내야 한다면, 당신의 직관은 당신이 질식할 것 같은 상황에서 벗어날 때까지 지속될 것입니다.

직관적인 안내를 확인하려면 1시간, 1일 또는 1주일 이내에 다시 확인을 해 보세요. 지금도 같은 느낌인가요? 동일한 안내가 지속되고 있습니까? 만약 그렇다면 그것이 진짜 직관일 가능성이 큽니다. 만약 당신이 그것을 느끼거나 더 이상 기억할 수 없다면 그것은 아마도 당신의 생각이거나 상상일 것입니다. 직관은 환상이 아니라 실재입니다. 감정은 변하고 생각도 변하지만 직관은 지속됩니다.

다음은 내부적 검증의 몇 가지 예입니다.

- 변하지 않거나 사라지지 않는 직관적인 느낌이 들 때
- 아이디어가 떠올라 그것을 끝까지 해내기 전에는 쉴 수 없는 경우
- 다른 사람이 당신을 의심하더라도 당신 자신은 무언가에 대해 올바른 선택을 했다는 것을 아는 경우

외부적 검증: 운 좋은 발견, 동시성 및 우연의 일치

외부적 검증은 외부 세계에서 우리에게 신호를 보여 줌으로써 삶이 우리의 직관을 확인해 주는 흥미로운 방법입니다. 설명할 수 없는 우연의 일치들, 운 좋은 발견의 순간들, 놀라운 기회들 그리고 연결고리들—우리가 그것들을 우리의 관심사인 직관의 관점에서 이해했을 때 이러한 '징조들'이 무엇을 의미하는지 발견하기는 쉽습니다.

직관은 당신의 관심에 관련되어 있습니다. 직관은 당신의 내부에서 일어나는 것들과 세상의 사물들에게서 일어나는 일들에 당신의 관심을 끌어 갑니다. 직관이 당신의 내면에서 작업하는 경우, 직관은 갑작스러운 통찰과 상황에 대한 본질적인 인식으로 당신의 관심을 끕니다. 외부에서 작업하면 우주에서 온 신호들, 즉 당신이 매일 보는 특별한 순간, 패턴, 숫자 또는 기호로 당신의 관심을 끌

수 있습니다.

예를 들어, 당신은 종종 11:11과 같은 반복되는 숫자를 보십니까? 아니면 왜 그런지 설명할 수는 없지만 매일 같은 시간에 시계를 보십니까? 당신이 가는 모든 곳에서 특정한 단어나 구절, 색깔, 이름, 또는 동물들이 계속해서 나타나지 않나요? 당신은 왜 이런 것들을 찾지도 않는데 계속해서 알아차리게 된다고 생각하십니까? 왜냐하면 당신의 직관이 당신을 그들에게 인도했기 때문입니다!

뜬금없이 시계를 들여다본 순간, 11시 11분이라는 시간은 당신의 직관에서 온 눈짓입니다. 광고판, TV 광고, 벽화, 책 등 어디에서나 볼 수 있는 기호들은 당신의 직관이 무언가를 말해 주는 것입니다. 몇 년 동안 눈치채지 못한 채 매일 지나다녔을 수도 있겠지만, 오늘은 그것들이 의미심장하다는 것을 알아챕니다. 그것은 직관이 당신의 관심을 끌기 위해―궁극적으로 당신에게 메시지를 보내기 위해 외부 세계를 이용하고 있는 것입니다.

이러한 종류의 외부적 검증은 대개 다음의 두 가지 목적 중 하나가 동반됩니다.

안내로서 직관은 반복되는 주제와 패턴을 당신에게 보여 줌으로써 (직관이) 안내하고자 하는 통찰로 당신의 주의를 끌어 가기 위해서 외부적 검증들을 이용합니다.

확인으로서 직관은 당신의 진보를 강화하고 당신이 올바른 방향으로 나아가고 있음을 알려 주기 위하여 외부적 검증을 보냅니다.

당신이 외부적 검증을 경험하는 경우에 종종 깜짝 놀랄 것입니다. 아주 작은 일일지라도 뭔가 특별한 일이 일어났다는 느낌이 들게될 것입니다. 그것이 얼마나 여러 번 일어났는지와는 관계없이 피안(彼岸)이 당신에게 개인적으로 다가와 접촉하는 그 작은 순간에는 거대한 힘이 있습니다. 그것은 우리가 이 세상에서 하는 일이 중요하다는 것을 상기시켜 주며, 우리 자체가 중요하다는 것을 일깨워 줍니다. 우리는 혼자가 아닙니다. 우리는 연결되어 있고, 우리를 개인적으로 아는 더 큰 무언가의 일부입니다.

다음은 외부적 검증의 몇 가지 사례입니다.

- 매일 같은 시간, 또는 특정 숫자 패턴이 만들어질 때 시계를 본다.
- 무엇인가를 생각하는 동시에 외부 세계에서 그것을 보거나, 듣거나, 알아차린다.
- 반복되는 상징, 색상, 이름, 또는 어구를 인지한다.
- 삶의 선택과 동반하여 문과 기회가 열린다.

가장 중요한 것은 외부적 검증의 맥락을 주의 깊게 관찰하여 더 깊은 의미를 발견하는 것입니다. 당신이 무엇을 하고 있을 때 그러한 신호들을 발견했나요? 그때 당신은 무슨 생각을 하고 있었습니까? 당신 안에서 무슨 일이 일어났나요? 그게 무엇이든 간에 당신의 직관이 그것에 당신의 주의를 끌어당긴 것은 그럴 만한 이유가 있기 때문입니다.

당신의 직관은 당신에게 말하기 위해 이 작은 마법의 순간들을 사용합니다. 당신의 직관이 강해질수록 당신은 매일 그러한 신호들을 더 많이 알아채게 될 것입니다. 당신의 삶에서 '우연의 일치'와 동시성이 증가하는 것은 당신이 당신 내면의 자기와 더 깊이 연결되어 가고 있다는 확실한 신호입니다.

내부적 검증 vs. 외부적 검증

내부적 검증 당신은 새로운 식이요법을 시작해야 한다는 영감을 받는다. 당신이 이를 미루는 경우에도 식습관을 바꾸어야 한다는 내면의 속삭임은 지속된다.

외부적 검증 당신의 척추 지압사는 식습관을 변화시킴으로써 삶을 바꾸는 내용의 책 한 권을 선택하여 당신에게 선사한다.

내부적 검증 당신은 세도나로 여행을 가고 싶어 했고, 그곳이 당신을 부르고 있으며, 몇 년이 지나도 그 열망이 남아 있다.

외부적 검증 어디를 돌아보아도 세도나에 대한 언급이 보인다. 당신은 세도나 호텔로부터 무작위로 이메일을 받고, 친구가 세도나에 간다고 말하고, 세도 나에 관한 영화가 TV에서 방영된다.

내부적 및 외부적 검증 모두를 통해 첫인상, 공명 및 직관 과정의 최종적 식별 을 위한 지원 자료를 받습니다. 궁극적으로 모든 검증은 우리의 직관과 일치한 다는 신호입니다.

비범한 통찰에 도달하기

진정한 직관은 놀라운 통찰을 제공합니다. 첫인상과 이를 뒤따르는 직관적인 공명, 분별 그리고 검증이 결합되는 체험은 우리를 특별한 자각의 순간으로 이 끕니다. 이러한 인식은 우리가 알고 있는 세상에 대한 일반적인 인식과는 다릅 니다. 비범한 통찰력은 우리의 생각에서 나온 것이 아닌 계시, 이해, 해결책, 또 는 앎입니다.

당신이 어떤 것에 대해 생각을 했다면 그것을 직관하지 않은 것입니다. 이러 한 '진리에 대한 직접적인 지각'은 즉각적으로 우리 의식에 떠오르거나, 또는 중 대하는 공명과 직관 과정에 대한 분별적 앎을 통해 드러나기도 합니다. 어느 쪽 이든 간에 진리에 대한 직접적인 지각은 초의식적 마음으로부터 오는 더 높은 단계의 통찰입니다. 이러한 통찰력이 비범한 이유는 그것이 적은 양의 직관적인 정보를 제공하는 것이 아니라 그 정보로 무엇을 해야 하는가에 대한 지혜를 담고 있기 때문입니다.

　예를 들어, 당신의 파트너가 바람을 피우고 있음을 알고 이제 움직일 때라고 가정해 봅시다. 이러한 깨달음은 통상적이거나 특별한 통찰력을 통해 얻을 수 있습니다.

일반적인 통찰　당신은 당신을 의심하게 만드는 파트너의 연속적인 행동을 알아차립니다. 파트너가 항상 늦게 집에 도착하거나, 평소와 달리 비밀에 부치거나, 당신과의 관계에 관심 부족을 나타냅니다. 상황을 예리하게 관찰하면 뭔가 잘못되었다는 것을 알 수 있습니다.

비범한 통찰　당신이 아침에 일어났을 때, 직관의 섬광 속에서 당신의 파트너가 바람을 피우고 있다는 생각이 머리에 떠오릅니다. 뭔가 '짤깍' 소리가 납니다. 왜 아는지 모르겠지만, 이제 이 동반 관계에서 벗어나야 할 때라는 걸 압니다.

　첫 번째 시나리오에서 당신은 세상의 예측 가능한 데이터에 반응하고 합리적인 결론을 내리기 위해 적극적으로 조각들을 모읍니다. 두 번째의 경우에는 진실이 그대로 당신에게 다가옵니다. 당신의 결론은 외부 세계에 대한 반응이 아니라 내부 세계에 대한 반응입니다. 당신에게 '아하' 하는 순간이 있을 수도 있고, 사실을 뒷받침할 수 있는 증거를 찾을 수도 있습니다. 하지만 정말 특별한 통찰력은 이유 없이 찾아옵니다.

　비범한 통찰의 경험은 당신의 최고의 직관 경험입니다. 앞의 두 경우 모두에서 당신은 더 높은 진리를 알고 있고 그것에 대해 행동할 수 있는 이해력이 있습니다. 그것은 직관의 두 가지 과정인 인식과 행동의 진화적 성취입니다. 우리가 내면의 지혜를 의식하고 그것을 따라 삶에 진정한 변화를 가져올 때, 우리는 우리의 일을 다한 것입니다. 직관의 임무가 완성되는 것이지요.

CHAPTER 6

당신의 직관을 알아가기

> **"**
>
> 직관은 단순한 지각이나 비전이 아니라 능동적이고 창조적인 과정이다.[1]
>
> —칼 융(Carl Jung)
>
> **"**

    우리는 우리의 직관을 따라가기 전에 그것이 무엇인지 확신해야 합니다. 우리는 내면의 안내(= 직관)가 우리의 상상력, 두려움, 우리의 바람 같은 단지 임의적인 생각이 아니라는 것을 확실히 알아야 합니다. 통찰력 있게 살기 위해서는 우리 내면의 진실을 인식하고 신뢰하는 법을 배워야 합니다.

    이것은 직관의 가장 원대한 도전 중 하나입니다. 우리는 우리 머릿속의 다른 모든 목소리와 구별되는 비범한 통찰의 미묘한 특징들을 어떻게 식별할 수 있을까요? 우리가 이러한 질문들을 탐구하면서 당신은 그 대답들이 생각보다 구체적이라는 것을 알게 되면 놀랄지도 모릅니다.

    직관을 핵심적으로 규정하는 특징들은 당신이 그것을 — 지금은 물론 평생 동안—경험할 때 쉽게 알 수 있습니다. 일단 당신이 진정한 통찰의 이러한 특징들과 다른 보조적인 특징들을 알게 되면 직관과 비직관 사이의 경계가 놀라울 정도로 명확해집니다.

---

1) "직관은 단순한 지각이나 비전이 아니다": Daryl Sharp, Personality Types: Jung's Model of Typology (Toronto, Canada: Inner City Books, 1987), p. 59.

이러한 인식을 통해 우리는 우리의 삶과 세계를 혁신하는 데 필요한 것을 가지게 됩니다. 우리는 자아(ego)의 고치 짓기를 멈추고 다시 우리의 진리에 초점을 맞출 수 있습니다. 우리는 정보 포화 상태의 삶을 운전하는 방법을 계산해 내기 위해 시간을 소모하는 헛된 수고를 멈출 수 있습니다. 우리가 참되고 견실한 직관과 일치되는 평온하고 명쾌한 삶을 살아간다면 우리는 새로운 시대의 선구자가 될 것입니다.

직관 시대의 도래

정보화 시대 이후에는 무엇이 도래할까요? 미래학자들은 그것을—상상력의 시대, 체험의 시대, 창의성 시대 등—많은 다른 이름으로 부릅니다. 하지만 각각의 이름 뒤에 숨겨진 힘은 똑같습니다. 그것은 바로 직관입니다. 우리가 생존하고 번영하려면 적응이 필요하고, 알고 있는 정보에 대한 의존을 넘어서야 한다는 것을 알고 있습니다.

컴퓨터는 이제 그 어느 때보다도 똑똑합니다. 그들은 매우 복합적인 양상으로 발달하고 있어서 우리는 그들이 언제쯤 살아 있는 존재로서의 자격을 얻을 수 있을지 궁금해 하고 있습니다. 직관은 인간과 기계 사이의 차별화 요소일까요? 과연 기계가 프로그래밍을 넘어서는 직관력을 가질 수 있을까요? 즉, 창의력, 영감, 또는 그들의 프로그래밍을 넘어서는 더 높은 인식을 가질 수 있을까요? 우리가 이런 질문을 하고 있다는 사실은 기술 발전 때문에 우리에게 그 어느 때보다도 더 직관이 필요하다는 것을 보여 줍니다.

매일, 매년, 점점 더 많은 사람이 지성과 통찰력 사이의 균형 유지의 중요성을 인식하고 있습니다. 그리고 이 두 가지가 어떻게 문화, 사업, 영성 그리고 심지어 기술에까지 완전히 새로운 역동성을 가져다주는지 알고 있습니다. 예술과 과학처럼, 양극화된 것처럼 보이는 두 부문은 이전과는 달리 상호 의존적으로 되고 있습니다.

 카네기 멜론 대학교와 같은 첨단 대학들은 이제 공학도들에게 미술 수업을 듣도록 요구하는 표준화된 교육과정을 시행하고 있습니다. 애플과 같은 세계적인 혁신 기업들은 디자인 과정에 있어서 가치를 매길 수 없는 직관의 역할을 존중함으로써 최고의 자리에 올랐습니다. 마침내 양극화를 넘어설 때가 왔습니다. 우리는 더 이상 똑똑하기만 하거나 직관적이기만 할 필요가 없습니다. 우리는 독창적일 수 있습니다. 지성과 직관 둘 다를 지니는 거죠.

근본적 통찰
'통찰 리더'는 내일의 사고 리더이다.

 바로 지금 당신은 당신의 지성과 직관을 인류 역사상 결코 보지 못했던 방식으로 발전시킬 수 있는 능력을 갖고 있습니다. 당신이 그것을 깨닫든 깨닫지 못하든 간에 당신은 그 어느 때보다도 높은 수준의 의식에 도달할 가능성을 가진 특별한 인류의 일원입니다.

 직관을 이미 번성하고 있는 우리의 지성에 대한 필수적인 보완물로 정의함으로써 우리는 인류 문명에서 전례 없는 성취를 이룰 수 있는 잠재력을 가지게 되었습니다. 당신이 알고 있는 가장 똑똑한 사람이 가장 직관적이기도 하다고 상상해 보세요. 그 사람이 무엇을 할 수 있는지 상상해 보세요. 명민하고, 통찰력이 있으며, 현명하고, 공감 능력이 뛰어난—지식과 통찰의 힘을 결합한 우리 모두가 세상에 가져올 수 있는 발전을 상상해 보세요.

비범한 사람들, 탁월한 통찰력

인공지능일까, 아니면 직관일까?

21세기는 인류에게 매우 어려운 시대가 될 것이다. 왜냐하면 우리는 기계 지능에 대한 문제에 직면하게 될 것이기 때문이다. 내가 보기에는 기계도 확실히 직관을 가질 수 있다. 사실 내가 주장하고자 하는 것은 그것들이 가지고 있는 전부는 직관이라는 것이다.

GPS 검색에 요청을 입력하면 응답이 나타난다. 그런데 기계는 왜 그런 대답을 했는지 알 수 없다. 현재 소프트웨어 대부분에서 코드화된 알고리즘은 우리 자신의 직관적 사고와—이것이 무엇인지 직접적으로 탐구될 수 없다는 점에서—매우 유사하다. '그것이 옳은 일이라고 느낀다'는 것밖에 아는 게 없다.

직관과 지능의 차이는 우리가 결과를 어떻게 경험하느냐에 달려 있다. 지능의 경험은 당신을 많은 다른 선택으로 이끌 수 있다. 반면에 당신의 직관은 이 한 가지(옳다는 느낌)만을 말해 준다. 당신이 기계에게 "어떻게 해야 하니?"라고 물으면 기계는 한 가지 답을 말해 준다. 왜 그러냐고 물으면 기계는 대답하지 못한다. 그래서 기계의 이러한 과정은 우리의 지능보다는 직관에 더 가깝다.

인간은 실제로 느낌에 의해 결정을 내린다는 것이 밝혀졌다. 우리는 모든 것을 생각한 후에 결국 옳다고 느껴지는 것을 행한다. 직관력이 없다면, 아무것도 옳다고 느끼지 않는다면 우리는 아무것도 하지 않는다. 당신의 느낌들은 당신을 특정한 방향으로 인도한다—어떤 것들은 좋게 느끼거나 나쁘게 느낀다. 그런데 기계들은 이미 그것을 가지고 있다. 기계는 알고리즘을 가지고 결정을 내린다.

인간과 기계 모두 그 안에 특정한 것들로 인도하고 다른 것들로부터 멀어지는 메커니즘을 가지고 있다. 인공지능이 그 사실을 알게 되는 즉시 우리는 기계들이 자신들의 권리를 요구하는 것을 보게 될 것이다. 그들은 다음과 같이 말할 것이다. "기분 나쁜 것은 싫어." 우리는 우리가 기계와 닮았고, 기계는 우리가 생각했던 것보다 더 우리와 비슷하다는 것을 알게 되는 지점에 도달할 것이다.

— 제시 셸(Jesse Schell), Shell Games의 CEO이자

『게임 디자인의 기술(The Art of Game Design)』의 저자

직관 필터: 직관의 특질에 대한 정의

직관이 우리를 더 넓은 미래를 향해 이끌고 있다는 것을 이해한다면 우리가 그 길을 따라가고 있다는 것을 어떻게 확신할 수 있을까요? 당신의 직관이 당신에게 무엇을 말하고 있는지 어떻게 확실히 알 수 있을까요? 당신은 어떻게 당신의 감정, 생각, 상상력 그리고 직관을 구별할 수 있나요? 참된 통찰이 공유하는 공통적인 특성은 무엇입니까? 우리가 이 질문들에 대답할 수 있을 때, 우리는 자신감을 가지고 직관을 사용할 수 있습니다.

우선 모든 직관은 네 가지의 기본 기준을 충족합니다. 다음을 사용하여 잘못된 직관으로부터 실제 직관을 필터링할 수 있습니다.

1. **직관은 다른 사람의 의견이 아닌 당신의 개인적인 진실로부터 온다** 오직 당신만이 당신 자신의 길을 알 수 있다는 것을 유념하세요. 진정한 통찰은 당신의 과거로부터의 어떤 조건이나 외부로부터의 압력을 초월합니다. 그것은 당신만이 아는 진실입니다. 자신을 다른 무엇보다도 신뢰하는 것을 두려워하지 마세요.

2. **직관은 사고, 판단, 또는 정당화의 결과가 아니다** 사고와 직관은 서로 배타적입니다. 이 둘이 동시에 일어날 수는 없습니다. 당신이 어떤 것을 알아내려고 집중할 때, 당신은 자신의 직관을 차단합니다. 알아내려는 노력을 내려

놓고 진리가 스스로 당신에게 다가오게 하세요.

3. **직관은 두려움, 욕망, 또는 자아가 있는 곳에서는 생기지 않는다** 직관으로 우리는 우리 자신의 방식에서 벗어나야 합니다. 우리가 진리의 현존 속으로 들어갈 때, 우리는 진리를 있는 그대로 경험합니다. 당신은 자신에게 잘 맞는 것으로 보이는 것뿐만 아니라 당신이 옳은 일을 하고 있음을 확인하기 위해 직감 점검을 해 볼 수 있습니다.

4. **직관은 지속적인 진리로서 머무른다** 생각과 감정은 일시적이고, 왔다 갔다 합니다. 반면에 직관의 지혜는 시간을 초월한 존재의 진리입니다. 당신은 지속성 여부로 그것을 알아볼 수 있습니다. 직관의 에너지는 사라지거나 변하지 않으며, 일정하게 유지됩니다.

당신은 직관이 언제 찾아올지 궁금해 하면서도 그것이 믿을 수 있는 것인지 확신하지 못하고 있습니까? 이러한 진술을 실제 상황들에 적용해 봅시다. 앞에서 제시한 네 가지의 간단한 진술이 어떻게 당신의 생각 및 감정을 참된 직관과 구별하는 것을 도울 수 있는지 알아보세요. 당신이 통찰 과정을 확신하지 못할 때마다 이 '필터'를 사용할 수 있습니다.

직관이 살아 있을 때, 우리는 자신에게 다음과 같이 말합니다. 그래, 이 직관은 나의 개인적인 진실과 공명하는군. 그래, 직관은 내가 너무 깊이 생각하거나 합리적으로 무언가를 알아내려고 애쓰지 않아도 나에게 오는 거야. 맞아, 이 직관은 나의 개인적인 바람, 두려움, 욕망에 의존하는 것이 아니라 모두에게 가장 좋은 방향으로 나를 향하게 해. 그래, 나의 직관은 오래 머물지. 그것은 내 곁에 있고 나의 행동 방향을 검증하지.

이를 이해하면 과거에 직관의 안내(intuitive guidance)인 것으로 잘못 알고 있을 수 있는 많은 정보를 배제하는 데 도움이 될 수 있으며, 진정한 내면의 안내를 따르는 데 필요한 신뢰를 쌓는 데에도 도움이 될 수 있습니다. 초기에는 외부의 힘을 우리 내면의 안내로 혼동하기 쉽습니다. 직관을 알기 전에는 우리의 감정,

생각 또는 문화적 기대를 진정한 통찰로 착각할 수 있습니다. 또한 우리의 머릿속에 떠오르는 어떤 것을 직관이라고 생각할지도 모릅니다. 그러나 그것은 사실이 아닙니다.

만약 당신이 확신이 서지 않는다면 직관 필터를 사용하여 강박적인 생각, 잡념, 자아에 근거한 감정 그리고 과대 상상을 걸러 낸 후 당신의 순수한 직관적 인상만을 남겨 보세요.

직관 vs. 비직관

좀 더 명확하게 하기 위해서 여기에 직관의 요구 조건을 충족하는 경험의 목록과 그렇지 못한 경험의 일반적인 목록을 제시합니다. 이 책에 나오는 기술을 발전시키면 당신은 자신의 높은 자각에서 오는 지혜와 제약된 의식에서 생겨난, 조건화된 생각이나 감정 사이의 차이를 쉽게 인식하고 이해할 수 있을 것입니다.

네, 그건 당신의 직관입니다.	아니요, 그건 직관이 아닙니다.
갑작스러운 깨달음	공포
즉각적인 이해	감정적 반응
창의성	과잉 사고
선견지명	죄책감
영감	조건화된 생각, 감정
무언가가 '클릭'이 될 때	무의식적 충동
비전	잠재 의식적 본능
설명할 수 없는 확신	걱정 또는 불안
공감	정보 처리
리더십	계산하고 궁리하기
신비한 희열	부정성
분별력	판단
소명 따르기	자책(自責)

통찰의 섬광	의심
동시성(同時性)	시끄러운 감정
텔레파시	약화되는 사고
기분이 상승함	우울하거나 왜소한 기분
확장되는 느낌	제한되거나 억압되는 느낌
독창성	타인의 생각을 추종함
현현(顯現)/기적	창의성 고갈
비범함	지성주의
높은 인식의 초의식적 차원으로부터 당신의 안과 위에서 나오는 정보	문화에 의해 생성되는 정보와 당신 밖의 세계에 의해 형성된 자아의식이 지시하는 정보

자세히 살펴보면 직관과 비직관 사이의 명확한 차이를 알 수 있습니다. 직관은 당신을 더 높은 의식의 상태로 이끕니다. 또한 그 너머에 있는 인식을 향해 당신을 움직이고 그것과 연결해 줍니다. 직관적이지 않은 생각과 느낌은 우리의 의식적인 접근 아래에 있는 정보만을 기반으로 하는 제한된 인식에 의해 생성됩니다. 반면에 직관적인 인상은 존재하는 모든 정보에 접근할 수 있는 우리의 초의식적 인식에 의해 생성됩니다.

직관이 '틀린' 경우

우리가 대담하게 우리의 직관을 따른다면 어떻게 될까요? 실수할 수 있을까요, 아니면 영웅적인 실패가 될까요? 우리의 새로운 아이디어가 엉터리로 드러날까요? 당신은 당신이 직관을 따르고 있다고 확신했지만, 당신이 기대했던 대로 일이 되지 않았던 때를 기억하나요? 그다음에는 어떻게 되었습니까? 직관이 어떻게 실패했는지 궁금했나요? 아니면 왜 직관이 당신을 버리는 것처럼 보였나요? 이 문제를 이해하려면 다음의 간단한 퀴즈를 풀어 보세요.

질문 직관이 틀렸을 때는 언제인가요?

답변 직관은 절대 틀리지 않습니다. (우리가 잘못한 것이지요.)

당신의 직관은 결코 틀린 적이 없고 앞으로도 틀리지 않을 것입니다. 직관이 잘못되었다고 말하는 것은 모순입니다. 직관은 본질적으로 진실입니다. 그리고 진실은 천성적으로 틀릴 수 없지요. 직관에서 오는 오보(誤報)는 없습니다. 당신은 그것에 연결되어 있거나 그렇지 않을 뿐입니다. 이것이 우리의 통찰이 우리를 실패하게 하는 것처럼 보이는 실제 지점입니다. 정보 문제가 아니라 연결 문제인 것이지요.

만약 우리가 우리의 직관과 우리의 생각 및 감정을 구별하도록 훈련되지 않았거나 혹은 우리가 일을 하면서 큰 그림을 보지 못한다면 우리의 직관이 우리를 실패하도록 했다고 생각하기 쉽습니다. 하지만 진실을 알고, 무엇이 우리를 실패하게 했는지 발견하기 위해서 우리는 우리 자신에게 정말 정직해야 합니다. '직관의 실패'의 원인은 두 가지 중 하나입니다.

1. 감정이나 사고가 직관으로 가장한 것입니다. 처음에는 우리의 자아가 산출한 생각이나 감정적인 느낌을—우리의 개인적인 생각이나 느낌이 전혀 아닌—직관적인 인상과 구별하는 것은 꽤 어려울 수 있습니다. 직관은 정서적이지만 감정적이지는 않다는 것을 기억하세요. 그것은 지식 시스템(knowledge system)이 아니라 앎(knowingness)입니다. 우리는 경계심을 갖고 우리의 '통찰'이 우리의 소망, 두려움, 혹은 직관으로 오해한 야망이 아니라는 것을 확인하기 위해 우리 자신을 지속적으로 점검할 필요가 있습니다.

2. 그 상황이 결국 그렇게 큰 재난은 아닐 수도 있습니다. 상황이 우리가 기대하거나 원하는 대로 되지 않았다고 해서 그것이 반드시 최선이 아니었다는 뜻은 아닙니다. 때때로 직관의 결실이 분명히 드러나기까지는 시간이 걸리

며, 심지어 몇 년이 걸릴 수도 있습니다. 우리의 직관은 우리가 깨닫는 것보다 더 많은 것을 포함할 수 있습니다.

　예를 들어, 누군가가 온라인 상점을 시작하려는 생각을 하고 있다고 가정해 봅시다. 그것은 성공적이지 못한 현재의 일에서 벗어나기 위한 좋은 길인 것으로 보입니다. 그는 분주하게 필요한 준비를 하고 가게를 예쁘게 꾸몄지만 아무도 나타나지를 않습니다. 주문 받은 얼마 안 되는 상품을 보내기 위해서는 포장 및 배송을 위한 비용이 많이 들었고, 그 사람은 결국 이것이 그가 진정으로 원했던 일이 아니라는 것을 뒤늦게 깨닫게 됩니다. 그는 아이디어가 있었지만, 그것은 '틀렸습니다'. 그는 좌절감을 느끼면서 자신을 잘못된 길로 이끌었던 내면의 안내를 탓하게 됩니다.

　이것을 좀 더 심층적인 수준에서 봅시다. 우리가 내면에서 이것을 보았을 때 상황이 어떻게 다를까요? 이 시나리오의 근원은 불편한 상황에서 벗어나고자 하는 그 사람의 욕망입니다. 다음 사항 또한 사실이라면 말입니다.

- 온라인 상점 아이디어는 전혀 진정한 통찰이 아니었고, 그가 처한 현재의 괴로움을 덜기 위해 개발해 낸 합리적인 '해결책'이었다.
- 그는 진실과 직관적 안내에 의해서가 아니라 문제를 해결하려는 욕구나 필요에 의해서 동기 부여되었다.
- 그는 여전히 직장에서 배울 중요한 교훈들이 있었으며, 아직 나갈 때가 아니었다.
- 그 사람의 마음속 깊은 곳에서는—그가 정말로 정직하다면—그의 목표가 그의 삶과 완전히 맞지 않는다는 것을 알고 있었다.

지난 일을 돌아보면 우리의 직관 방식의 오류를 보기가 쉽습니다. 비록 우리가 개인적으로 동기 부여된 느낌이나 아이디어를 우연히 따른다고 하더라도 우리의 직관은 여전히 그것을 사용하여 우리를 우리의 실제 길에 더 가까이 다가가도록 할 것입니다. 앞의 시나리오에서 가게 자체는 '실패'할 수 있지만 그 사람은 그 과정에서 중요한 정보를 배울 수 있습니다. 새로운 좋은 파트너를 얻을 수도 있고요. 그는 사업이 어떻게 돌아가는지에 대해서도 더 잘 이해할 수 있겠지요. 헛디딘 걸음도 어디론가 한 걸음 내딛는 것입니다. 그것은 집으로 가는 가장 빠른 길이나 짧은 길이 아닐 수도 있지만 우리를 앞으로 나아가게 하며, 실패하면서 성공하는 방향으로 나아가게 합니다.

당신이 통찰력 있는 삶의 초기 단계에 있을 때 '실패한' 직관은 매우 흔합니다. 그리고 실패한 직관은 직관이 없는 것보다 낫습니다. 당신이 직관을 잘못 이해했을 때, 당신은 직관을 따랐기 때문에 실수했다고 생각하기 쉽습니다. 그것은 지극히 정상적이고 모두에게 일어납니다. 하지만 그것은 또한—당신이 진실로 당신의 직관을 무조건적으로 믿을 수 있다는—좋은 소식을 가지고 옵니다. 몇 주, 몇 달, 심지어 몇 년이 걸릴 수도 있지만, 일단 당신이 당신의 진정한 내면의 지혜를 알고 믿을 수 있다는 확신을 갖게 되면 당신은 실수를 할 수 없습니다.

이것이 참된 직관인가: 검증 체크리스트

자신의 직관을 검증하고 싶을 때 당신은 언제든지 이 근본적 직관 체크리스트를 사용할 수 있습니다. 당신의 통찰이 목록에 있는 모든 기준을 충족하는지 자문해 보세요. 시간을 갖고 연습을 해 나가면 당신의 직관이 어떤 느낌인지 즉각적으로 인식하기가 더 쉬워질 것입니다. 기억하세요, 당신의 진정한 직관은 당신과 관련된 모든 사람을 성장과 진화의 다음 단계로 이끌 것입니다.

☑ 직관은 수용적 통찰 또는 경험으로 다가온다.

☑ 직관은 공명을 일으키거나 '옳다는 느낌'을 준다.

☑ 직관은 두려움, 욕망, 자아(ego)에서 발생하지 않는다.

☑ 직관은 당신의 개인적 진실에 부합한다.

☑ 직관은 확장적이고 성장 지향적인 느낌을 준다.

☑ 직관은 당신을 두렵게 하거나 좌절시키지 않는다.

☑ 직관은 관련된 모든 것 중에서 가장 큰 이익을 제공한다.

☑ 직관은 변하지 않고 머무른다.

☑ 직관은 평화와 힘이 있는 곳에서 나온다.

☑ 직관은 당신을 고양시킨다.

☑ 직관은 당신을 더 좋게 만든다.

진정한 직관의 최종 결과는 당신을 더 높은 수준의 삶으로 데려간다는 것입니다. 그것이 존재하는 이유는 당신을 일으켜 세우고 당신이 성장하도록 돕기 위해서입니다. 만약 그런 일이 일어나지 않는다면, 그것은 직관이 아닐 것입니다. 진정한 직관은 결코 당신을 무너뜨리거나 당신의 힘을 빼앗지 않는다는 것을 잊지 마세요. 이것은 매우 중요합니다. 그러한 것은 직관의 목적과 배치되는 것이기 때문이지요. 만약 어떤 생각이 당신을 더욱 왜소하고, 무력하게 느끼게 하거나, 두려움에 의해 마비되게 만든다면 그것은 분명히 직관이 아닙니다. 당신의 직관은 항상 당신에게 다음의 상위 단계를 보여 줍니다.

그 단계로 나아가기 위해 당신은 네 가지의 직관의 과정에 대한 새롭고 더 구체적인 이해를 당신 삶의 모든 측면에 적용할 수 있습니다. 이를 통해 당신은 신체적 직관, 알아차림 직관, 창조적 직관, 초월적 직관과 이러한 각각의 직관이 일상생활에서 당신을 위해 어떻게 작동하는지를 보다 명확하게 식별할 수 있습니다. 다음 장에서는 각 직관의 유형에 대해 자세히 살펴보고, 이어서 각 직관을 새로운 방식으로 개발하는 데 도움이 되는 워크숍을 진행합니다.

비범한 통찰력을 지닌 사람은 직관의 네 가지 표현을 모두 알고 신뢰합니다. 당신은 당신의 몸이 당신에게 말하는 방식을 이해하고, 당신의 더 높은 통찰을 보여 주기 위해 가슴과 마음이 함께 일하는 방식을 이해하며, 어떻게 당신의 정신(spirit)이 당신을 더 많이 성장하도록 부르는지를 이해합니다. 당신이 각각의 직관적인 원형들—치유자, 현자, 비전가 그리고 신비가—을 구현해 낼 때, 당신의 직관은 그 어느 때보다도 더 많은 방식으로 그리고 분명하게 당신에게 말을 건네옵니다.

CHAPTER 7

신체적 직관: 직관적 감각

> "
> 모든 사람과 모든 것 안에 존재하는 보편적이고 지적인 생명력이 있다… 그것은 어떤 주어진 순간에
> 우리에게 무엇이 옳고 진실한 것인지를 말해 주는 내적 감각이다.[1]
>
> —샤크티 가웨인(Shakti Gawain)
> "

    신체 자체가 당신의 가장 강력한 직관 도구입니다. 그것은 당신이 당신 내면의 초의식적인 연결을 통해 정보를 수신하고 번역할 수 있도록 해 주는 안테나입니다. 당신은 그것에 대해 잘 알고 있습니다. 당신이 신체에 더 잘 조율되어 있을 수록 이 내적·직관적 주파수에 더 잘 일치하게 됩니다. 이러한 웰빙의 감각은 건강한 신체적 직관의 특징입니다. 그 결과 지금까지 창조된 것들 중에서 가장 위대한 '기술', 즉 당신 신체의 내적인 힘을 활용할 수 있는 능력이 생겨납니다.

    당신과 몸과의 관계는 당신 직관과의 관계와 직접적인 관련이 있습니다. 당신이—나이, 신체적 질병, 체형, 성별에 관계 없이—몸에 깊게 연결되어 있다고 느낄 때, 당신은 진짜 당신, 당신 전체와 일치하여 움직입니다. 이 일치는 당신 내면의 안테나를 통한 에너지 흐름이 잘 전도되는 환경을 조성합니다. 당신이 자신의 몸을 받아들이고 몸의 지혜를 존중할 때, 이 지혜는 당신의 의식을 바꾸

---

1) "우주적이고 지적인 생명력이 존재한다": Shakti Gawain, Developing Intuition: Practical Guidance for Daily Life (2000; repr., Novato, CA: New World Library, 2002), p. 21.

면서 삶을 치유합니다.

수천 년 이래로 위대한 요기와 신비가들은 몸의 신체적 시스템과 에너지 시스템 사이의 깊은 연관성을 이해해 왔습니다. 요가, 기공, 무술, 태극권과 같은 고대의 훈련은 이 두 가지의 본질적 측면 사이의 상호 보완적인 협력을 증진시키고 강화하기 위해 고안된 것입니다. 이와 마찬가지로 우리 시대의 천재적 과학자들은 또한 물질과 에너지의 상호 보완적인 성격과 그것들이 이 세상에서 얼마나 깊이 서로 연결되어 있는지를 깨달았습니다. 몸의 신체적·에너지적 역동성이 균형을 이루고 강할 때 직관은 증진됩니다. 이 상태에서는 우리의 직관적 안테나를 최고 주파수에 맞출 수 있습니다.

활기차고, 잘 조화된 신체적 몸을 만드는 일의 중요성 때문에 직관의 첫 번째 경로의 원형(元型)은 '치유자'입니다. 우리는 성장하고 진화하기 전에 먼저 치유되어야 합니다. 우리는 우리의 몸을 직관적으로 치유하고, 우리의 삶을 직관적으로 치유하며 그리고 우리 주변의 세계를 직관적으로 치유해야 합니다. 치유자로서 생동하는 직관적인 에너지가 자연스럽게 우리를 관통해서 흐르며, 이 에너지는 우리가 접촉하고 행하는 모든 것을 진화시키는 치유를 촉진할 수 있는 능력을 우리에게 줍니다.

당신은 육체를 가지고 있기 때문에 여러 가지 방법으로 신체적인 직관을 사용해 왔습니다. 당신은 당신의 몸이 당신에게 말하는 방식을 들어 왔습니다. 즉, 신체적 직관은 무엇을 먹어야 하는지, 어떻게 움직여야 하는지, 어떻게 치료해야 하는지, 또는 어떻게 해야 기분이 좋아지는지를 당신에게 말해 줍니다. 만약 당신이 치유자 원형이라면, 당신은 자신의 신체와 특별한 관계를 발전시킬 수 있는 잠재력을 가지고 있을 것입니다.

당신의 몸은 우주에서 온 선물이며, 당신에게 외부 세계 및 내부 세계와 상호 작용할 수 있는 힘을 줍니다. 당신의 '신체적 직관'은 당신이 실제로 경험하고 공유할 수 있도록 정교하게 짜인 에너지 주파수의 명작이며, 당신의 외적·물리적 현실과 내적·양자적 현실을 결합하는 매개체입니다.

치유자는 우리의 물질-에너지 연결의 구현체입니다.

신체적 직관은 비범한 통찰이 시작되는 곳이며, 우리의 일시적인 존재와 초시간적 존재 사이의 접촉점입니다. 우리는 육체가 우리라고 생각하지만, 실제로는 육체 훨씬 그 이상입니다. 우리는 물질적이지만, 또한 강력하게 비물질적인 것입니다. 우리는 우리의 의식적이고 물질적인 존재를 가지고 물리적 현실의 3차원 공간과 시간에 접촉할 수 있으며, 또한 초의식적이고 직관적인 존재 부분을 가지고는 초시간적인(영원한) 실재에 접촉할 수 있습니다.

직관과 몸

당신의 몸은 당신에게 말하도록 고안되어 있습니다. 그것은 각각의 환경으로부터 다양한 종류의 정보를 수집, 처리하도록 설계된 수십억 개의 센서로 구성되어 있습니다. 외부 세계에서 유래된 감각 인상은 전기적인 자극을 만들어 내며, 이 전기적인 자극은 신경세포와 신경섬유로 구성된 발달된 네트워크를 통해 소통을 합니다. 당신의 삶의 순간에 물질과 에너지는 신경계 안에서 거대한 이어달리기를 하면서 당신의 의식에 감각 정보를 가져오기 위해 일을 합니다.

당신의 몸은 다섯 가지 신체적 감각을 통해 당신에게 말합니다.

촉각 센서　외부 현실에서 온 감각 인상

시각 센서　외부 현실에서 온 시각 인상

청각 센서　외부 현실에서 온 청각 인상

미각 센서　외부 현실에서 온 미각 인상

후각 센서　외부 현실에서 온 후각 인상

당신이 뜨거운 난로를 만지면 순간적으로 고통을 느끼게 됩니다. 우리 몸의 감각기관을 통해 전달되는 정보는 순간적으로 전기 신호를 통해 전달됩니다. 이것은 우리의 물리적 현실 탐구를 매우 효율적이게 합니다. 우리는 외부 세계에서 오는 엄청난 양의 감각 정보를 처리하도록 만들어져 있습니다.

외부로부터의 자극에 반응하는 신체 감지 장치는 내부로부터의 자극에도 동일하게 반응합니다. 이것은 신체의 가장 큰 비밀 중 하나입니다. 외부의 3차원 현실에서 나온 정보를 처리하는 것은 물론이고 그 안에 있는 양자 현실에서 온 정보 또한 처리한다는 것입니다.

이것은 엄청난 의미를 지닙니다. 만약 우리가 외부의 물리적 환경뿐만 아니라 내부의 에너지가 충만한 환경도 우리의 몸에 영향을 미칠 수 있다는 것을 받아들이면 우리는 전통적인 치유의 한계를 극복하고 기적의 영역으로 나아갈 수 있는 가능성을 확보하게 됩니다. 우리 의식의 에너지가 물질적 신체에 직접적으로 영향을 미칠 수 있을 뿐만 아니라, 우리의 초월 의식의 에너지 또한 우리 신체에 영향을 미칠 수 있는 것입니다.

진실은 다음과 같습니다. 당신의 오감은 당신의 '마음의 눈'이나 '머리의 목소리' 또는 '직감(gut feeling)'을 통해 당신에게 외부 현실과 내부 현실에 관한 정보를 보냅니다. 이것은 매일 우주가 당신의 외부와 내부로 다가와서 감각과 초감각적 경험—물리적 현실과 형이상학적(초감각적)인 현실에서 온 정보를 보내고 있다는 것을 의미합니다. 그것은 당신의 외부 감각과 소통하기 위해 전통적인 물리 법칙을 사용하고, 당신의 내부 감각과 소통하기 위해 양자 직관의 법칙을 사용합니다.

직관적인 신체는 다섯 가지의 형이상학적 '초감각'을 통해 당신에게 말합니다.

촉각 슈퍼 센서 내면적 현실에서 오는 감각 인상

시각 슈퍼 센서 내면적 현실에서 오는 시각 인상

청각 슈퍼 센서 내면적 현실에서 오는 청각 인상

미각 슈퍼 센서 내면적 현실에서 오는 미각 인상

후각 슈퍼 센서 내면적 현실에서 오는 후각 인상

　매 순간 당신의 몸은 물리적인 세계로부터 정보를 얻느라 바쁜 반면, 또한 물리적인 세계 저 너머와 내면의 정보를 얻느라 분주합니다. 우리의 의식은 바깥 세계로부터 인상들을 받아들이는 것만큼 이 내면 세계로부터도 지속적으로 인상들을 받고 있습니다. 그러한 까닭은 궁극적으로 두 세계가 실제로 하나이기 때문입니다.

　실제로 우리 모두가 초감각적인 현실을 경험할 수 있는 한 가지 방법이 있습니다. 바로 꿈입니다. 이전에 꾸었던 가장 생생한 꿈을 되새겨 보세요. 그들이 얼마나 진짜 같은 기분인지 기억납니까? 실제로는 아무도 없지만, 당신은 그들을 볼 수 있었으며, 어떤 소리도 나지 않지만, 당신은 들을 수 있습니다. 또한 아무도 당신을 접촉하지 않지만, 그것을 느낄 수 있습니다. 꿈 속에서 당신은 상상적 장소, 사람, 감정, 경험으로 구성된 가상 세계에 빠져 있습니다. 당신이 꿈을 꾸고 있는 동안에 보고, 듣고, 감각하는 모든 것은 깨어 있는 세계와 사실상 구별될 수 없습니다. 당신은 가장 맛있는 음식을 먹으면서 실제인 것처럼 맛볼 수 있고, 할머니가 바로 옆에 서 있는 것처럼 그녀의 향수 냄새를 맡을 수 있습니다. 꿈에서 당신은 신체적 직관으로 초감각적인 걸작을 쉽게 만들어 냅니다.

　하지만 이 능력은 무의식만을 위한 것이 아닙니다. 무의식은 사고하는 마음으로부터 많은 저항을 받지 않기 때문에 꿈에서 드러나는 것이 더 수월할 뿐입니다. 꿈속에서 우리의 마음은 자유롭고 상상력은 검열 받지 않습니다. 하지만 우리의 직관은 우리의 의식적인 상태에 정보를 전달하기 위해 이와 같은 감각을 사용할 수 있습니다. '신체적 직관'은 다섯 가지의 직관적 감각—또는 '초감각', 즉 5개의 정상적 감각에 비견되는 초감각적 경험—을 사용하여 우리의 의식적

마음에 통찰을 전달합니다.

신체적 직관은 당신에게 형이상학적인 현실, 즉 초의식적인 현실로부터 곧바로 신체적인 인상의 형태로 내면적 안내를 가져다줍니다. 그것은 당신의 독특한 직관적인 회로를 바탕으로 일종의 '바디랭귀지'를 만들어 냅니다. 이 언어를 배우는 것은 당신의 내면의 안내 체계와의 성공적인 관계를 구축하는 비결입니다.

치유자 원형: 신체-에너지 연결

만약 당신이 강한 신체적 직관을 가지고 있다면, 당신은 자연 치유자(그리고 자기 치유자) 중 한 사람입니다. 당신은 자신의 직관적인 신체와 강력하게 협력할 수 있고 다른 사람들도 그렇게 도와줄 수 있습니다. 생명을 주는, 생명을 유지시키는 존재의 광채는 당신의 몸과 직관적인 감각을 통해 당신에게 말을 건넵니다.

우리의 직관적인 치유 능력을 강화하고 성장시키기 위해서는 우리 자신의 신체 에너지 시스템을 균형 있게 유지하는 것이 중요합니다. 웰빙은 신체적 직관의 활기 넘치는 진동의 결과입니다. 우리 몸이 건강하고 균형이 잘 잡혀 있을수록 직관적인 정보가 우리에게 흘러들어오고 흘러나가는 경로가 명료해집니다.

직관에 대한 장애물의 돌파

우리 몸과 의식의 관계를 활성화시키는 첫 번째 단계는 직관과 일치되는 연결을 막는 장애물을 제거하는 것입니다. 우리는 직관의 흐름 속에 들어가서 머물기를 원합니다. 직관적인 에너지의 흐름은 스트레스, 불안, 운동 부족, 질병 그리고 우리 몸에 있는 다른 부정적 성향에 의해 차단되지 않는다면 자유롭게 흐릅니다. 우리가 이러한 신체적, 정신적 그리고 정서적 불균형으로부터 자유로울 때, 우리는 우리의 직관에 일치하게 됩니다.

당신 자신이 신체나 직관에 일치되지 않고 있는지를 어떻게 알 수 있을까요? 불균형 상태를 나타내는 가장 분명한 지표 중 하나는 '기분 저하'입니다. 진동의 하향적 변화를 경험하는 것은 장애의 가장 일반적인 징후 중 하나입니다. 당신은 피곤하거나 의욕이 떨어진 것일 수도 있습니다. 당신 자신이 **진짜 자기인 것처럼 느껴지지 않는 거죠.**

심리적인 측면에서 이것은 스트레스, 실망, 혹은 자신감 부족의 결과일 수도 있고, 어떤 해결되지 못한 무의식적인 생각이나 감정일 수도 있습니다. 신체적 차원에서 당신은 에너지를 계속 끌어올리기 위한 적절한 종류의 운동이나 영양을 얻지 못할 수도 있습니다. 오래된 부상이나 질병으로 인한 분노가 일어날 수도 있고요. 정신적으로나 신체적인 면에서의 긍정적인 자기 관리의 부족은 우리를 자신의 최선의 가능성과 일치되지 못하게 합니다.

어떤 경우이든 결국 직관의 차단은 우리 자신을 왜소하게 느끼게 합니다. 모든 꿈이 갑자기 성취할 수 없는 것처럼 느껴집니다. 우리의 한계는 너무나도 명백해 보입니다. 이 느낌 자체가 우리가 직관적인 핵심과 연결이 끊겼다는 가장 분명한 징후 중 하나입니다. 왜냐하면 직관은 우리를 크게 느끼게 해 주기 때문입니다. 직관은 확장적입니다. 그것은 우리에게 성공으로 가는 길을 보여 줍니다. 그런데 우리가 우리 자신을 믿지 않는 경우에는 그것을 이룰 수 없습니다. 당신의 직관이 옆에 있으면 세상은 당신의 발밑에 있습니다.

이것이 궁극적인 직관 검사입니다. 당신은 자신을 크게 느낍니까, 아니면 왜소하게 느낍니까?

우리가 왜소한 상태에 오래 머물수록 우리는 더욱 부조화 상태에 놓이게 됩니다. 작은 불균형이 다시 정렬되지 않으면 완전히 막히게 됩니다. 그 흐름은 댐에 막히게 되고, 모든 에너지는 갈 곳이 없습니다. 우리가 그것을 표현하지 못하고 억누르기만 하면 우리는 에너지의 폭발적인 분출로 끝나는 상황을 맞게 됩니다—종종 혼란, 부상, 또는 질병을 초래하게 됩니다.

비록 이것이 당신의 직관이 당신의 관심을 끌기 위해 불균형 상태나 건강 문제를 이용한다는 것을 의미할지라도 당신의 직관은 당신을 균형 잡히고 건강하게 만들기 위해 할 수 있는 모든 것을 할 것입니다. 또한 직관은 당신의 신체적 건강만이 아니라 마음의 건강도 바랍니다. 왜냐하면 당신이 신체적으로나 심리적으로 건강할 때 직관의 목소리를 가장 잘 들을 수 있기 때문입니다. 직관은 당신을 치유하고 고양시키고 싶어 합니다. 그러한 상태에서 당신은 직관과 하나가 되기 때문입니다.

직관은 가장 높은 진동의 차원에서 비롯됩니다. 당신은 자신의 진동을 높임으로써 이 차원에 도달할 수 있습니다. 당신이 성장하고 진화할수록 당신은 당신의 몸과 신체 에너지 시스템의 진동을 더 높일 수 있게 됩니다. 우주의 모든 것과 마찬가지로, 당신의 몸은 진동 주파수를 가지고 있습니다. 비록 신체가 에너지보다는 밀도가 높지만, 신체도 또한 당신의 의식 상태에 따라 고진동 또는 저진동을 나타내는 진동 에너지로 구성되어 있습니다.

우리가 아프거나 우울할 때, 우리의 직관의 목소리를 듣는 것은 사실상 불가능할 수 있습니다. 피로감, 자기 의심, 또는 두려움의 감정은 말 그대로 우리를 억압하고 우리가 운명의 진정한 부름과 연결되는 것을 차단합니다. 우리의 진동 주파수가 너무 낮아져서 우리가 접촉하고 싶어도 직관적인 통찰의 높은 진동에 접촉할 수 없는 것입니다. 더 높은 진실은 우리가 포착할 수 있는 범위 밖에 있게 되는 것이지요.

그래도 기쁜 소식은 가장 주파수가 낮은 상태에서도 그것을 되돌릴 수 있는 방법이 있다는 것입니다. 심리적으로 막혀 있다고 느끼더라도 신체적 진동을 높임으로써 이러한 장애물을 걷어 낼 수 있습니다. 우리는 더 잘 먹을 수 있으며, 밖에 나가서 돌아다닐 수도 있지요. 우리가 정체된 에너지를 흩어 버리면 정신적인 안개가 걷히기 시작하는 것을 느낄 수 있습니다. 이것들은 우리가 직관의 증진을 위해 우리의 몸을 준비시킬 수 있는 방법들입니다.

식이요법과 규칙적인 운동은 신체적인 차원에서 건강 유지 때문만이 아니라 우리 의식의 진동을 더 높고 건강한 에너지 수준으로 끌어올리기 때문에 우리의 정신적·육체적 건강 모두에 매우 중요한 것입니다. 당신이 정크 푸드를 먹고 나서 어떤 기분을 느꼈는지에 대해 생각해 보세요. 아니면 소파에서 하루를 보낸 후의 기분도요. 에너지가 더 낮아집니다. 무기력하거나 의욕이 없을 것입니다. 운동이나 진동이 높은 음식을 먹지 않는 기간이 길어지면 몸이 무겁고 둔해집니다. 막히고 좌초하게 되는 거죠.

반면에 당신이 깨끗하고 건강한 음식을 먹고 당신의 몸을 계속 움직이게 할 때, 당신은 문자 그대로 '활력소'를 얻게 됩니다. 몸이 가벼워지며, 더 많은 에너지를 얻게 되지요. 당신은 더 많은 영감을 받고 자신감과 의욕이 넘치게 됩니다. 질병은 저진동 상태이므로 고진동 상태에서는 질병이 나타날 가능성이 적습니다. 그리고 기존의 질병은 이 고양하고 치유하는 에너지를 주입할 때 훨씬 더 쉽게 치유됩니다.

고통의 목적

물리적 장애를 넘어서기 위해서는 그 근원에 도달해야 합니다. 진정한 치유는 우리의 직관적인 의식에서 일어나는 균형 회복입니다. 우리의 몸을 건강하게 유지하는 것만으로는 충분하지 않습니다. 우리는 우리의 심정과 정신도 건강하게 유지할 필요가 있습니다. 신체적 불균형으로 나타나는 에너지 보충의 요구를 채워 주는 원천은 우리의 생각과 감정의 미묘한 에너지입니다.

당신이 내면의 안내에 따라 살고 행동할 때, 당신은 당신의 잠재력을 최대한 발휘하게 됩니다. 당신은 당신의 참다운 자기(self)를 표현하며 당신의 능력에 발을 들여놓습니다. 내면의 안내를 따르지 않으면 당신은 자기 자신을 거스르는 것입니다. 당신은 무의식적인 수준에서 자신을 파괴합니다. 말 그대로 자기 자신을 가로막는 거죠.

　　당신이 완전히 치유되고 차단을 해제하려면 다음과 같은 질문을 자신에게 던져야 합니다.

- 내가 나의 인생에서 다르게 해야 할 일은 무엇일까?
- 내가 억누르거나 저지하는 것은 무엇인가?
- 다른 사람들을 위해 내가 부인하고 있는 나 자신의 중요한 부분은 무엇인가?
- 나는 어떻게 나의 참된 자기를 거스르고 있는가?
- 내가 저항하는 변화는 무엇인가?
- 내가 벗어날 수 없는 과거의 경험은 무엇인가?

　　우리의 내면 깊은 곳에서 우리 생명의 자연스러운 전개를 가로막고 있는 것은 무엇일까요? 우주, 우리의 직관, 우리의 몸은 우리에게 무엇이 필요하고 또 무엇을 해야 하는지에 대한 힌트를 주고 있습니다. 삶에 대한 이 저항은 육체적, 정신적, 정서적 그리고 영적 차원에 있어서의 우리의 고통의 핵심에 놓여 있습니다. 우리가 이런 질문에 정직하게 대답할 때, 우리가 스스로에게 부과한 제한들로부터 자유로워지는 첫 번째 단계를 밟는 것입니다.

　　이것은 모든 수준에서 치료를 향한 첫 번째 단계입니다. 사실 완전한 치유는 문제의 근원을 직관적으로 이해하는 데에서 비롯됩니다. 직관의 신호야말로 궁극적인 치유로 움직이게 하는 촉매입니다.

　　우리의 고통에는 목적이 있습니다. 크고 작은 우리의 모든 고통은 우리의 의식에 대한 그리고 어떻게 우리의 의식을 계속 발전시킬 것인가에 대한 정보, 즉 우리를 위한 정보를 담고 있습니다. 질병과 부상은 우리가 더 많이 배우거나 우리 자신에 대해 더 많이 관심을 가질 수 있도록 돕는 의미 있는 경험입니다. 우리는 의미 있는 사건들로 가득한 의미 있는 세상에 살고 있습니다. 즉 우리의 삶은 의미가 있으며, 우리 자신은 의미 있는 존재인 것입니다.

이와 같이 고통조차도 의미가 있습니다. 우리의 시련은 우리를 억누르고 있던 무의식적인 힘에 눈뜨게 합니다. 우리는 더 높은 수준에서 우리에게 정말로 필요한 것이 무엇인지 알지 못하고 세상의 관행과 기대, 책임에 사로잡혀서 삶 자체의 진정한 의미를 망각하고 있습니다. 살고, 성장하며, 경험하고, 현재의 우리보다 더 향상되는 것—이것이 우주가 우리와 함께 그리고 우리를 통해 진화하는 방법입니다. 우리의 진화적 충동을 막는 것은 우리의 모든 의식과 육체적 존재에 영양을 공급하는 바로 그 생명줄을 끊는 것입니다.

이것이 바로 당신의 진리대로 사는 것이 중요한 이유입니다. 당신의 진리대로 산다는 것은 당신 자신에게 진실하게 사는 것을 의미합니다. 그것은 조건화된 사회적 필요성을 위해 당신의 진화적 충동을 억누르지 않는 것을 의미합니다. 그것은 다른 사람들이 요구하는 사람이 되기 위해 당신이 누구인지를 억제하지 않는다는 것을 의미합니다. 그것은 진실하게 사는 것 그리고 당신을 '다르게' 만드는 모든 것을 지니는 것을 의미합니다.

이것이 당신의 삶을 치유하는 비결입니다.

멈추기

때때로 우리는 우리의 진실을 사는 길에서 우회로를 택합니다. 우리는 우리가 마땅히 되어야 할 그런 사람이 될 준비가 충분히 되어 있지 않을 수도 있고, 일시적으로 우리의 길에서 벗어나게 하는 산만함이나 방탕에 접어들 수도 있습니다. 하지만 우리가 진로를 바로잡을 방법을 찾지 못하고 있더라도 삶은 우리를 위해 그것을 바로잡을 수 있는 내장된 메커니즘을 가지고 있습니다. 그것은 **멈추기**라고 불립니다.

당신이 어렸을 때, 당신 자신의 이익에 맞지 않는 일을 했을 때 어떤 일이 일어났습니까? 만약 당신이 자신에게 해로운 일을 잠재적으로 했다면—잘못된 친구들과 문제를 일으키거나, 심술궂거나, 이기적인 행동을 했다면—당신은 행동을 멈추어야 합니다. 아니면 며칠 동안 집에 있으면서 당신이 한 일에 대해 생각해 보아야 합니다. 우리의 어린 시절에 우리를 단련하는 힘들은 우리를 해치거나 고통을 주려고 한 것이 아니라 그저 일이 너무 지나치기 전에 우리의 방식을 재고할 수 있는 기회를 준 것입니다.

이와 같은 초기화는 우리의 성인 생활에서도 강력한 실천이 될 수 있습니다. 달리 방도가 없으면 질병이나 부상이 발생해서 우리의 활동을 둔화시키기도 합니다. 그것은 우리에게 현재를 살아 보라고 상기시킵니다. 잠시 멈추었다가 우리 자신과 다시 연결될 것을 요청하는 것이지요. 이것은 우리 삶의 어느 단계에서나 강력한 교훈이 될 수 있습니다. 삶이 너무 숨가쁘게 진행될 때, 우리가 너무 흥분했을 때 우리는 우리 자신을 멈추게 할 수 있습니다. 잠시 쉬었다가 다시 초기화 버튼을 누를 수 있는 거죠. 만약 우리가 그렇게 하지 않으면 우주가 우리를 대신해 그것을 할 것입니다.

다음은 신체적 직관 결여의 몇 가지 징후입니다.

- 불면증
- 병에 걸림
- 추락
- 부상
- 만성적 통증
- 만성적 질병

처음에는 속삭임, 다음에는 외침, 그다음에는 포효가 됩니다. 만약 우리가 우리의 몸과 내면의 지혜에 귀를 기울이지 않는다면 그 속삭임은 점점 커져서 결국 우리를 고통으로 밀어붙이게 될 것입니다. 왜냐하면 고통은 우리의 주의를 끌 수 있는 유일한 방법이기 때문입니다.

만약 당신이 감기에 걸린 것처럼 느낀다면, 이것은 당신의 몸이 당신에게 쉬라고 말하는 것일 수도 있고, 당신의 직관이 당신에게 스트레스를 풀기 위해 휴식을 취하라고 말하는 것일 수도 있습니다. 말을 듣지 않고 계속 자신을 몰아붙이면 결국 병이 나겠지요. 만약 병이 났는데도 계속 버틴다면, 당신은 결국 폐렴이나 기관지염에 걸리게 될 수도 있을 것입니다.

당신은 몸의 속삭임을 듣습니까? 아니면 미루거나 합리화로 그들을 무시하면서 그들을 밀어내나요? 이런 말을 합니까?

"나중에 먹을 거야."
"나는 너무 피곤해서 건강식을 요리할 수 없어."
"쉬기에는 할 일이 너무 많아."
"운동은 내일도 할 수 있어."

우리는 얼마나 자주 이런 시나리오에서 우리 몸의 작은 요청들을 거부했을까요? 우리는 별일 아니라고 생각할지도 모르지만, 이것들은 중요한 요청입니다. 우리의 몸은 우리와 소통하고 있습니다. 그리고 우리는 그 메시지를 받아들임으로써만 이익을 얻을 것입니다. 우리는 우리 몸이 말하는 것을 듣는 연습을 할 필요가 있습니다. 우리가 그 첫 속삭임을 따르는 법을 배운다면, 고함을 참아야 하는 상태까지 가지 않을 수 있습니다.

당신은 지금 당신의 몸에 더 깊이 귀 기울이기를 시작할 수 있습니다. 당신은 신체적인 감정과 감각을 통해 그것이 당신에게 말하는 방식을 들을 수 있고, 직감과 초감각을 통해 직관적으로 당신에게 말하는 방식을 들을 수 있습니다. 이러한 힘과 신체적 직관이 결합되면 당신은 멈출 수 없을 것입니다. 당신은 웰빙의 삶을 창조하기 위해 필요한 모든 것을 가지고 있습니다. 그리고 그 웰빙을 증진하는 직관에 대한 연결고리도 가지고 있습니다.

다섯 가지의 직관적 감각

당신의 몸이 당신과 소통하기를 원할 때, 몸은 당신에게 신호를 보냅니다. 이 신호들은 두 가지 중 하나에 대한 반응입니다. 바로 외부 자극과 내부 자극입니다. 직관의 '내면적인' 자극은 마치 꿈처럼 바깥 세상으로부터 온 '진짜' 감각 경험처럼 느껴지거나, 백일몽에서와 같이 바깥 세상으로부터 온 감각 경험의 관념처럼 느껴질 수 있습니다.

이러한 '내적' 감각이 어떻게 작용하는지를 더 잘 알기 위해 직관적인 또는 초감각적인 인상을 통해 직관이 우리에게 어떻게 말하는지에 대한 몇 가지 예를 살펴봅시다.

직관적 시각: 당신의 '마음의 눈' 속에 있는 이미지, 백일몽, 또는 비전

한 예로서 어떤 화가가 자신의 머릿속에 있는 이미지에 따라 한 아름다운 여인을 그렸습니다. 몇 년이 지난 후에 옛 그림을 우연히 보게 되었는데, 초상화 속의 여인이 그의 아내와 꼭 닮았다는 것을 깨닫게 됩니다.

직관은 시간과 공간을 초월하여 작동하기 때문에 우리는 직관적 시각의 감각을 사용하여 미래의 사건과 연결할 수 있습니다.

직관적 청각: 머릿속의 소리, 단어, 어구, 또는 노래

예를 들어, 누군가 아침에 일어나는데 "미래는 너무 눈이 부셔서 나는 선글라스를 써야겠네"라는 노래가 머릿속에 흐릅니다. 아침 내내 이 노래는 머릿속에서 계속해서 연주되고 그리고 그날 늦게 그는 좋은 일자리를 제의 받습니다. 바로 그가 바라던 것입니다!

때때로 우리의 직관은 우리에게 인생의 중요한 순간을 미리 알려 줍니다. 노래 가사, 시, 그리고 머릿속에 반복되는 구절이 정보의 훌륭한 원천이 될 수 있습니다.

직관적 느낌의 감각: 뚜렷한 원천이 없는 감각 또는 느낌

예를 들어, 한 여성이 학교에서 집으로 차를 몰고 오다가 갑자기 오싹한 느낌이 듭니다. 온몸이 화끈거리고 얼얼합니다. 그녀는 육체적으로는 아무 이상이 없지만, 그 느낌이 너무 강렬해서 차를 세웁니다. 그리고 그녀는 바로 가족 중 한 사람이 병에 걸렸다는 것을 알게 되고, 즉시 그를 돌보러 갑니다.

이 경우, 여성의 직관은 단순히 병이 난 가족의 상황에 관심을 기울일 필요가 있다는 메시지를 그녀에게 주고 싶었을 뿐입니다. 직관적인 경험은 결코 우리를 겁먹게 하려고 하지 않으며 단지 우리의 주의를 끌거나 중요한 정보를 공유하고자 하는 것입니다.

직관적 미각: 뚜렷한 이유 없이 특정한 음식에 대한
식욕이나 '맛'을 느낌

왜 그런지 모르게 한 여성이 갑자기 오렌지를 먹고 싶어진다고 해 봅시다. 그녀는 오렌지를 좋아한 적이 없지만, 갑자기 오렌지가 당깁니다. 몇 주 동안, 그녀는 여러 봉지의 오렌지를 먹습니다. 그녀는 전에 그렇게 오렌지를 맛있게 먹었던 기억이 없습니다. 얼마 후 의사의 진단으로 그녀는 자신의 면역 체계가 손상되었다는 것을 알게 됩니다. 오렌지에 들어 있는 비타민 C를 섭취하도록 한 것은 그녀의 '내면 의사'가 그녀의 건강을 유지하기 위해 처방을 한 것입니다.

이 경우, 그 여성의 몸은 튼튼하고 건강하게 지내려면 비타민 C가 더 필요하다는 것을 알고 있기 때문에 직관적인 공명이 그 여성의 영양 불균형을 바로잡기 위해 필요한 음식을 섭취하도록 안내한 것입니다.

직관적 후각: 특정 향, 또는 냄새에 대한 친화력, 또는 매력

예를 들어, 한 남성이 백단향의 냄새를 좋아합니다. 그것이 그가 가장 좋아하는 향수입니다. 매일 아침 바르면 기분이 좋아지고 편안해지며, 하루 중에 스트레스가 쌓이면 다시 바르곤 합니다. 그의 몸은 그를 치료하는 향기 쪽으로 직관적으로 끌어당깁니다. 이 특별한 에센셜 오일의 편안하고 차분한 성질은 하루 종일 바쁜 그의 일과로부터 약간의 휴식을 제공합니다.

당신은 아마도 당신 자신의 삶에서 많은 신체적 직관을 경험했을 것입니다. 이제 그러한 직관이 일어났을 때 당신이 그들을 인지하는 것이 더 쉬울 것입니다. 이런 종류의 인상은 당신의 상상력에서 나온 것이 아닙니다. 기억하세요, 그것은 알 수 없지만, 정말 중요한 어딘가에서 온 것입니다.

각각의 직관적인 인상은 당신 내면의 안내 체계와의 대화의 시작입니다. 만약 당신이 예기치 않게 어떤 것에 끌린다면 그것이 어떤 이익을 가져다줄 수 있는지 자문해 보세요. 왜 당신의 내면의 안내가 당신을 그것에 끌리게 하는지 물어보세요. 만약 당신이 설명할 수 없는 직감을 가지고 있다면 당신의 직감이 당신에게 무엇을 하라고 말하고 있는지 자문해 보세요. 그런 다음에 그것을 행하세요. 가장 중요한 것은 당신이 직관의 속삭임이 당신 내면의 안내 체계와 의미 있는 대화를 시작하도록 교섭해 오는 것이라고 인식하고 받아들이는 것입니다.

이 직관의 길을 여는 열쇠는 당신의 몸에 귀를 기울이는 법을 배우는 것입니다. 당신의 몸은 항상 당신에게 말을 건네고 있습니다. 당신이 그 목소리를 들으면 들을수록 삶의 모든 면에서 더 많이 치유되고 행복이 증진될 것입니다.

신체적 직관의 예

- 운동을 하는 동안에 몸을 특정한 방법으로 스트레칭하거나 움직이고 싶은 경우
- 어떤 것에 대해 강한 '직감(gut feeling)'을 갖는 것
- 식이요법적으로 선호하는 것

- '마음의 눈' 속의 이미지
- 다른 사람의 느낌이나 '인상'을 공감적으로 감지하기
- 특정 냄새 또는 향기에 의해 움직여짐
- 처해 있는 환경의 에너지 흐름에 민감하게 반응함(풍수)
- 머릿속에 흐르는 떨쳐 버릴 수 없는 노래
- 몸에 적합한 웰빙 프로그램을 직관적으로 선택하기
- 다른 사람을 치유하기 위한 소명을 가지기
- 꿈에 대한 완전한 감각적 경험

비범한 사람들, 탁월한 통찰력

당신 몸의 직관에 귀 기울이라

심장마비를 겪은 환자들과 일하면서 신체에 문제가 있다는 사실을 미리 알고 있었느냐고 물었을 때, 99%는 뭔가 이상하다는 '느낌이 들었다'고 답했다.

그 느낌이 당신의 직관이다. 그것은 당신에게 어떤 것이 잘못되어 있다고 말하는 당신의 직관이다. 직관은 큰 소리로 말한다. 우리가 우리의 환경에서 알고 느끼는 것은 너무나 많다. 우리가 주의를 기울인다면 우리는 정말로 그것을 연마하기 시작할 수 있다. 당신이 마음을 침묵시킬 때가 직관이 가장 큰 소리를 낼 때이다. 당신이 그 고요 안에 머물 때가 당신이 필요로 하는 것과 신체적으로 어떤 일이 일어나고 있는지를 스스로 들을 수 있는 유일한 시간이다.

당신 외에는 아무도 당신의 몸에 살고 있지 않다. 당신말고는 당신이 실제로 느끼는 것을 말할 수 있는 사람이 없다. 그것(내면의 느낌)은 강력하고 우리에게 힘을 실어 준다. 직

관의 언어, 즉 당신의 내면의 느낌을 외부 세계를 향해 어떻게 번역하는지가 가장 중요한 과정이다. 우리는 종종 우리의 직관이 무엇인지 알고 있지만, 그것을 말로 표현할 수 있을까? 일단 그것을 말로 표현하는 것을 배우게 되면 그때가 바로 자신의 힘을 갖게 되는 때이다.

– 수잔 스타인바움(Suzanne Steinbaum) 박사,
『모든 여성의 심장 건강 생활 안내서』의 저자

직관하거나 아니면 죽거나: 가장 통찰력 있는 생존

당신의 직관을 믿으세요. 당신의 직관에 당신 삶이 걸려 있으니까요. 문자 그대로나, 은유적으로나 당신의 직관은 당신을 구하기 위해 만들어졌습니다. 때문에 직관은 당신의 중요한 부분들이 위험에 처했을 때를 위한 경보 시스템으로 디자인되어 있습니다. 가장 중요한 것은 직관이 위협, 혼란, 고통 그리고 암흑지대로부터 탈출하는 길이라는 것입니다.

고대에 우리는 위험으로부터 자신을 구하기 위해 직감 본능에 의존했습니다. 죽음의 위험에 처한 상황에서 생각에 골몰하기보다 즉각적으로 행동할 수 있는 사람이 생존자, 승리자였지요. 우리 인류의 존속은 여러 면에서 우리 조상들의 직관에 대한 의존도에 달려 있었습니다. 오늘날에도 그 원칙은 여전히 적용됩니다. 비록 오늘날 우리의 생존은 싸움 또는 도주보다는 고도의 지적 결정에 달려있지만, 동일한 직감적 반응은 우리가 세상을 살아가는 데 도움을 주기 위한 것입니다.

우리의 신체적 직관이 우리에게 봉사할 수 있는 가장 중요한 방식 중 하나는 우리가 진짜 위험에 처했을 때 개입하는 것입니다. 매우 현실적인 무언가가 우리를 위협하고, 어쩌면 우리의 삶까지도 위협하는 순간에 말입니다. 이에 대한 전형적인 예는 낯선 사람에 의한 폭행의 희생양이 된 여성들에 관한 수많은 이야기입니다. 이 여성들 중 많은 사람은 어떤 분명한 위험의 징후가 나타나기 전에 몇 번이

고 뭔가 잘못되고 있다는 것을 알았다고 말합니다. 그들의 직감은 그들의 사고하는 마음이 모든 것이 정상으로 보인다고 말할 때조차도 그들에게 어떤 사람이나 상황에서 벗어나라고 말했습니다.

여성들은 이런 상황에서 종종 갈등을 겪습니다. 우리는 '착하고' 순응적이며, 그리고 타인을 도와주도록 길들여져 왔습니다. 그러나 우리가 남자이든 여자이든 우리의 내면의 목소리가 "이것은 옳지 않아!"라고 외칠 때, 우리의 이성적인 마음이 '이성을 따르'고 말해도 우리는 이 내면의 목소리에 귀를 기울여야 합니다. 우리가 직관에서 벗어나서 자신에게 '내가 과민하게, 또는 편집증적으로 반응하고 있는 거야.'라고 말하거나, 혹은 '모든 것이 잘될 거야.'라고 말하는 대신에 직감 본능이 우리에게 위험에 대한 경고 신호를 보낼 때 이를 존중하는 법을 배우는 것은 매우 중요합니다.

직관에 당신의 목숨이 달린 것처럼 그렇게 직관을 믿으라(정말 그럴 수 있다)

직관의 생명을 구하는 힘은 이 이야기에서 분명해집니다. 이 이야기는 위험한 상황에서 삶이 우리에게 어떻게 말하는지를 직접 경험했던 요가 지도자인 제시카 에퍼슨-루스티(Jessica Epperson-Lusty)가 들려준 것입니다.

어느 늦은 밤, 직장에서의 교대 후에 제시카는 워싱턴 DC의 조지타운 거리를 따라 집으로 걸어가고 있었습니다. 술집과 식당들은 여전히 열려 있었고, 밤은 점점 깊어 가고 있었습니다. 집에 반쯤 왔을 때, 그녀의 몸에서 미묘한 불안감이 일어났습니다. 뭔가 느낌이 좋지 않았지요.

바로 그때, 그녀는 주차된 경찰차를 발견했습니다. 그녀는 즉시 그들에게 집까지 태워다 달라고 부탁해야겠다고 생각했습니다. 하지만 그녀는 자신을 의심했습니다. 그녀는 생각했습니다. '그건 말도 안 돼. 아무 일도 없을 거야. 난 괜찮아.' 그녀는 무언가가 잘못되더라도 우주가 그녀를 보호해 줄 것이라는 생각으로 스스로를 위로했습니다.

경찰에 가야 한다고 주장하는 그녀의 직관은 여전히 강했지만, 그녀는 자신의 직관을 부인해야 하는 이유를 나열하면서 계속해서 집을 향해 걸어갔습니다. '나는 젊고 힘이 세다. 필요하다면 나 자신을 방어할 수 있어. 나는 두려움에 굴복하지 않을 거야.' 이런 생각을 하며 그녀는 계속 걸었습니다.

몇 분 후에 한 남자가 그녀에게 다가와 함께 술을 마시자며 유혹하려고 했습니다. 그녀는 단호히 거절했고, 자기를 내버려 두라고 말했습니다. 그 남자가 자신을 떠났다고 생각하고 조용한 거리를 내려가는 중에 그녀는 뒤에서 다가오는 발걸음 소리를 들었습니다. 그녀가 돌아섰을 때 그 남자는 그녀를 잔인하게 공격했습니다. 다행스럽게도 한 이웃이 그녀의 비명을 듣고 나서서 목숨을 잃기 전에 그녀를 구해 주었습니다.

오늘날까지 그녀는 이 직관에 대해 이야기를 합니다. 그녀가 최초의 통찰력으로부터 자신이 위험에 처해 있다는 것을 어떻게 알았는지를 말입니다. 만약 그녀가 자신의 직관을 따라 집으로 돌아왔더라면 그녀는 자신이 '미치지 않았다'는 것을 결코 알지 못했을 것입니다. 그녀는 직관의 정확성을 결코 깨닫지 못했겠지요. 그녀는 우주가 그녀에게 직관적인 통찰력을 줌으로써 그녀를 **보호하려고 한다**는 것을 결코 깨닫지 못했을 것입니다.

비극적인 이야기가 될 수 있었던 이 사건은 전체 그림이 명확해짐에 따라 성공적인 이야기가 되었습니다. 그녀는 직관이 어떻게 당신의 생명을 구하는지를 사람들과 공유하기 위해 살아남았습니다. 그리고 이미 그렇게 했을 겁니다. 당신이 그것을 알지 못하더라도요.

치유자

"나는 느낀다."

■ **요소**: 지구

■ **경로**: 신체적 (몸)

■ **키워드**: 감지(sensing), 멈추기(grounding), 현실(reality)

■ **능력**: 직관을 현실로 만들기

■ **장애**: 허약함, 질병, 사고(事故)

■ **도움이 되는 실천**: 자기 관리, 공감, 웰빙 훈련

■ **직업**: 치유요법사, 통합적 건강관리사, 의사, 치료사, 지압사, 침술사, 요가 지도자, 기(氣) 치료 지도자, 피트니스 전문가, 마사지 치료사, 원예사, 수의사, 보디빌더, 영매(靈媒), 무당

■ **즐길 거리**: 잘 먹기, 정원 가꾸기, 춤, 요가, 등산, 피트니스, 무술, 캠핑, 기공, 요리, 아로마 테라피, 흙 예술, 자연

CHAPTER 8

치유자의 연수: 당신 삶의 흐름으로 들어가기

"
당신은 자신의 직감에 저항한 일이 몇 번이나 있었는가?

단지 사물의 흐름과 맞지 않는 자신을 발견했을 뿐인가?

… 당신에게 가장 좋은 것이 무엇인가를 직관적으로 이해하는 것이 지속적인 성공을 위해

무엇보다 중요하다. 나는 평생 동안 직관의 고요하고 작은 목소리를 믿어 왔다.

그리고 내가 실수를 한 경우는 내가 그 말을 듣지 않았던 때이다.[1]

— 오프라 윈프리(Oprah Winfrey)
"

    첫 번째 단계는 우리가 신체적 직관이 깨어난 상태로 접어들면서 육체적으로, 에너지적으로 치유되는 것입니다. 우리는 직관을 가지고 스스로를 치유할 수 있으며, 다른 사람들과 우리 주변의 세상을 치유하는 데 도움을 줄 수 있습니다. 치유자 연수에서는 신체적 직관력을 개발하고 당신의 몸과 강한 직관적 관계를 구축하기 위한 세 가지 중요한 실천 방법을 배우게 됩니다. 워크숍은 세 부분으로 나누어져 있으며, 순서대로 완료되어야 합니다.

    1. 신체적 직관 조율 우리의 신체적 직관을 '활성화'하기 위해 우리의 의도(무

---

1) "자신의 직감에 저항한 적이 얼마나 많았던가": Oprah Winfrey, "What Oprah Knows for Sure About Trusting Her Intuition," Oprah.com, August 2011, http://www.oprah.com/spirit/Oprah-on-Trusting-Her-Intuition-Oprahs-Advice-on- Trusting-Your-Gut#ixzz2e A7JBHJP.

엇을 할 것인지)를 정하고 그것을 더 의식할 수 있는 실천을 구성하는 것으로 시작합니다.

2. **신체적 직관 명상** 직관적인 흐름에 맞추기 위해서 우리는 명상으로 직관 훈련을 시작해야 합니다. 명상은 우리가 긴장을 풀고 자신을 내려 놓으며, 초의식적인 정보와 안내를 받을 수 있는 직관의 '상층부'로 올라설 수 있도록 도와줄 것입니다.

3. **신체적 직관 연습** 이것은 당신이 직관적인 언어에 능숙해지도록 돕기 위한 기초적인 직관 연습입니다. 이 연습은 당신의 몸이 어떻게 당신의 직관력에 특별한 방식으로 말을 건네는지를 보여 줄 것입니다.

신체적 직관 조율

신체적 직관을 강화하기 위해 다음의 세 가지 연습을 당신의 일상생활에 적용해 보세요.

1. 몸의 조절

당신 몸의 섬세한 신호를 존중하고자 하는 의식적인 의도를 지니세요. 그 소곤거림을—그것이 고함 소리가 되기 전에—경청해 보세요! 만약 당신의 몸이 목이 마른 듯한 인상을 준다면 물 한 잔을 즐기세요. 만약 당신의 몸이 스트레스를 받거나, 긴장되거나, 피곤하다고 느낀다면 원기를 회복하기 위해 약간의 자기 관리 시간을 가지세요. 특정 종류의 음식, 음료 또는 의상에 직관적으로 끌리는 경우, 당신이 그 메시지를 따라 행동할 때 어떤 느낌이 드는지를 유의해 보세요. 일단 이것이 주의 깊은 일상적 실천이 되면 그것은 곧 제2의 천성이 될 것입니다.

2. 몰입 연습의 시작

기분을 좋게 하고 삶의 흐름 속으로 들어 가기 위해 자주 당신의 몸과 연결하세요. 만약 당신이 생활 속에서 이것을 아직 실천해 보지 않았다면 매일의 몰입 연습은 당신이 스스로에게 줄 수 있는 최고의 선물 중 하나가 될 것입니다. 셀 수 없이 많은 선택지가 있으니 그중에서 당신의 신체적인 재능과 능력에 반향을 일으키는 것을 선택하세요.

성공적이고 지속 가능한 실천의 비결은 당신에게 좋은 느낌을 주는 일을 하는 것입니다. 모든 사람은 다릅니다. 당신의 삶에 어떤 형태의 움직임을 더해야 할지 결정할 때, 무엇이 당신에게 공명을 일으키는지 물어보세요. 동작을 해 나갈 때, 어떤 것이 당신의 몸에 좋게 느껴집니까? 몰입 연습을 잘하면 기분이 좋아질 것입니다. 만약 어떤 것이 당신을 불편하게 하거나 어렵게 느껴진다면 당신의 몸에 귀를 기울이세요. 그것은 당신에게 올바른 연습이 아닐 수도 있습니다.

부상이나 거동이 불편하더라도 최소한의 동작만으로 모든 것이 달라질 수 있습니다. 앉아서 하는 스트레칭이나 운동 교정은 대부분의 연습에 적용될 수 있습니다. 당신의 몸이 원하는 것을 듣고 그대로 따르세요. 여기 몇 가지 좋은 선택지가 있습니다. 라이브 스튜디오 교실이나 온라인상의 지도로 제공되는 여러 가지 수준의 피트니스 연습에 쉽게 접속할 수 있습니다.

- **요가** 인류 역사에서 가장 오래된 연습 중 하나로서 요가 그 자체가 신체, 마음, 심정 그리고 정신을 조화시키기 위해 만들어졌기 때문에 요가는 당신의 신체적 직관을 활성화시키는 훌륭한 방법입니다. 모든 사람을 위한, 모든 연령대 또는 신체 건강 수준에 맞는 요가 유형이 있습니다.
- **기공** 또 다른 아주 오래된 연습 중 하나인 기공은 호흡, 명상, 느린 동작을 통한 중요한 신체 에너지의 조절을 할 수 있는 중국의 운동 및 치유 방법입니다. 무술의 한 형태이기는 하지만, 그것은 어느 나이이든 누구나 연습

할 수 있을 만큼 충분히 유연합니다.

- **춤** 몰입을 하기에 춤을 추는 것보다 더 좋은 방법은 무엇일까요? 우리가 우주의 음악과 하나가 될 때, 우리는 우주적 춤에 빠져 버립니다. 여행 춤, 춤 명상, 그리고 침실에서 좋아하는 음악에 맞춰 춤추는 평범한 옛날 춤은 모두 흐름 속으로 들어가는 좋은 방법입니다.

- **자연** 자연욕(自然浴)처럼 원기를 회복시키는 것은 없습니다. 숲이나 들판을 거닐며 맑은 시골 공기를 마시면 얼마나 기분이 좋습니까. 자연에서 시간을 보내는 것(걷기, 달리기, 말타기, 명상하기)은 삶을 멈추었다가 다시 연결하기에 가장 좋은 방법 중 하나입니다. 평화와 침묵은 우리의 마음에서 혼란을 없애고 우주의 자연스러운 진동에 우리 자신을 열 수 있게 해 줍니다. 역사적으로 매우 많은 위대한 교사들이 천연의 자연 속에서 영적인 계시를 받은 데에는 그럴 만한 이유가 있습니다. 여기에서 우리는 방해 받지 않고 모든 창조의 에너지에 연결됩니다.

3. 정결하게 먹기

높은 진동을 지닌 좋은 음식을 자신의 몸에 선물하세요. 좋은 음식은 기분을 좋게 합니다. 몸에 좋은 채소와 직관적으로 당신과 공명하는 깨끗한 식단을 채택하면 당신의 몸은 최적의 상태로 활동할 수 있습니다. 유행하는 식단은 접어두고 당신의 몸이 원하는 것이 무엇인지 귀를 기울여 보세요.

직관적인 식사

직관적인 식사의 개념은 매우 간단합니다. 어떤 음식은 당신을 끌어당길 것이며, 어떤 음식은 그렇지 않을 것입니다. 당신이 무엇을 먹을지 결정할 때, 당신의 몸이 여러 가지 음식에 대해 말하는 것에 주의를 기울이세요. 먹고 싶지 않으면 먹지 마세요. 당신은 당신의 몸이 어떻게 당신의 시스템이 필요로 하는 영양

소로 당신을 이끄는지에 놀랄 것입니다.

예를 들어, 한 여성이 일생 동안 만성적인 복통으로 고통을 받았고, 과식과 체중 증가로 늘 건강치 못한 느낌을 가지고 살았습니다. 그녀는 다이어트를 하고 또 했지만, 무엇을 하든 체중을 줄이거나 위장 문제를 해결할 수는 없었습니다—그녀가 직관적인 식사를 하려고 하기 전까지는 말입니다. 그녀가 자기 몸의 직관적인 안내를 믿고 따르기 시작하면서 전에는 먹을 생각을 하지 못했던 것들을 먹고 있는 자신을 발견했지만, 이상하게도 그것이 그녀에게 효과가 있었습니다. 그녀는 완전한 식단을 구축했습니다—매우 깨끗하고 건강에 좋은, 그녀의 몸이 필요로 하는 식단을요. 이와같이 그녀에게 맞는 음식을 선택함으로써 그녀는 살을 빼고 만성적인 복통에서 벗어나게 되었습니다!

다음에 장을 보러 갈 때는 직관적으로 음식을 골라 보세요. 당신은 무엇을 하고 싶은 기분입니까? 오늘은 어떤 게 맛있을까요? 우리는 종종 우리 스스로가 의식하지 못하는 식이요법을 하고 있습니다. 우리는 우리가 먹어야 한다고 생각하는 것을 먹느라 우리 몸이 먹고 싶어 하는 것이 무엇인지를 귀 기울여 듣지 않습니다. 최신 유행하는 다이어트를 따르는 대신에 당신 자신에게 귀를 기울여 보세요.

갈망의 극복

직관적으로 어떤 것에 끌리는 것과 자신에게 좋지 않은 것을 갈망하는 것 사이에는 차이가 있습니다. 갈망은 음식에 대한 욕망입니다. 직관적인 선택은 마치 자석에 끌리는 것과 같습니다. 그것은 당신에게 공감을 일으키거나 반발을 일으킵니다.

초콜릿 케이크의 예를 들어 봅시다. 건강한 시나리오에서는 만약 당신이 에너지가 부족하고 당신의 뇌가 약간의 활력을 필요로 한다면, 당신은 초콜릿 케이크를 먹는 직관적인 인상을 받을지도 모릅니다. 건강하지 않은 시나리오에서는 당신이 방금 식사를 했고 배가 불러서 그것이 필요하지 않는데도 그 맛있는 초콜릿 케이크를 먹고 싶을 거예요.

세심한 주의를 기울이면 이 두 시나리오가 다르게 느껴집니다. 첫 번째는 공명적이면서 직관적인 느낌이고, 후자는 정신적인 과정을 통해 도출되거나 합리화되는 생각이나 충동입니다. 첫 번째는 우리 몸이 우리에게 말하는 것이고, 두 번째는 우리의 사고하는 마음이 우리가 원하는 것으로 스스로를 설득하는 것입니다. 그러나 꼭 필요한 것은 아니지요.

이 세 가지 간단한 단계는 신체적 직관과의 연결을 빠르게 시작할 수 있는 좋은 방법입니다. 당신이 기분이 좋고 당신의 몸도 기분이 좋을 때, 당신은 당신의 직관이 성장할 수 있는 발판을 마련하고 있는 것입니다!

명상: 차단 해제 및 재조정

이 간단한 명상은 당신을 당신의 몸과 다시 연결하고 당신이 직관과 활력을 막는 장애물을 돌파하도록 도와줍니다. 당신은 언제든지 당신이 필요로 할 때 그리고 직관적인 작업을 하기 전에 이 명상을 연습할 수 있습니다. 당신의 마음을 침묵시키고 에너지 수준을 올리기 위해서요.

먼저, 방해받지 않을 쾌적하고 조용한 장소를 찾으세요. 사무실이나 뒷마당의 나무 밑, 또는 침대 위에서 베개를 깔고 불편하지 않게 10분 동안 똑바로 앉으세요.

숨을 깊이 쉬세요. 미소를 지어 보세요. 단순한 미소가 당신의 몸 전체의 에너지를 얼마나 힘차게 상승시키는지 느껴 보세요. 그 에너지가 당신을 밝고 찬란한 빛으로 끌어올리도록 해 보세요. 그 안으로 들어가면서 당신 몸의 모든 세포를 관통하는 그 빛의 따뜻함을 느껴 보세요. 따뜻하게 빛나는 그 빛 속으로 깊이 들어가서 그 일부가 되십시오. 당신은 빛 속에 있고, 빛은 당신 안에 있습니다.

빛이 당신의 척추 밑바닥에서 점점 더 강해지고 따뜻해지는 것을 느껴 보세요. 그것이 당신을 지탱하는 것을 느껴 보세요. 당신은 안전하고 건강합니다.

그런 다음에 당신의 척추를 타고 올라가는 빛을 상상해 보세요. 그 빛이 몸의 모든 막힘이나 저항을 해소합니다. 불균형을 재조정하고, 고통을 가라앉히며, 당신 존재의 모든 측면을 활성화시킵니다. 당신은 치유되었습니다.

빛은 당신의 척추 밑에서부터 당신의 중심부를 통해 위로 이동하며, 이 중심부에 내적인 힘을 불어넣으면서 어떤 자기 불신도 (자기 신뢰로) 바꾸어 버립니다. 당신은 힘이 넘칩니다.

빛은 당신의 중심에서 심장으로 올라가며, 심장에 사랑을 불어넣고 (상처 받은) 감정을 치유하여 어떤 고통스러운 감정도 소멸시켜 버립니다. 당신은 사랑 받고 있습니다.

빛은 당신의 심장으로부터 목구멍으로 올라가서 당신을 표현하고 진실을 말하도록 움직이며, 어떤 억제나 저항도 돌파합니다. 당신은 당신 그대로 자유롭습니다.

빛이 목구멍에서 이마까지 올라가 직관적인 시야를 밝히며 당신을 직관에 다시 연결하고 밝은 내면의 지혜를 불어넣습니다. 당신은 깨어났습니다.

빛은 당신의 이마에서 마침내 당신의 정수리까지 올라가서 당신의 의식을 초의식과 연결시킵니다. 당신은 그 이상의 모든 것과 하나가 되어 있습니다. 당신은 하나입니다.

직관의 빛이 방해 받지 않고 당신을 통해 빛나며, 어떤 어두움도 밝히고, 어떤 질병도 치유하며, 당신을 행복의 전체로 끌어올립니다.

이 확언을 조용히, 또는 큰 소리로 말하십시오.

나는 치유자이다. 나는 나 자신을 치유하고, 세상을 치유한다.

당신이 원하는 만큼 이 순간에 머무르세요. 이 평화로운 기분에 흠뻑 젖어 보세요. 만약 당신의 마음이 동요하고 있다면 웃으면서 평화로운 기분을 다시 가져오세요. 고요함에서 오는 통찰에 주의를 기울이세요. 이 고요하고 조용한 곳에서 당신의 직관이 말을 하기 시작할 것입니다.

그러고 나서 당신이 준비가 되었을 때, 당신의 경험에 대한 감사를 표현하면서 끝으로 한번 치유하는 호흡을 하세요. 당신이 어디를 가든, 무엇을 하든 당신을 지지하고, 당신을 둘러싸고 있는 하얀 빛을 상상해 보세요. 명상을 미소로 마무리하고 눈을 뜨세요.

직관 일지에 명상 중에 발생한 통찰이나 의미 있는 경험을 기록합니다.

당신은 스트레스나 내면의 장애를 해소할 필요가 있을 때는 언제든지 이 명상을 실천할 수 있습니다. 이것은 당신의 몸에 자신을 다시 연결하고 직관적 흐름에 들어가는 훌륭한 방법입니다.

신체적 직관 연습: DIY 직관쪽지[2]

이제 당신은 신체적 직관에 대해 알고 적응했으므로 이를 적극적으로 활용할 준비가 되었습니다. 이를 위한 한 가지 방법은 DIY 직관쪽지를 사용하는 것입니다.

이것은 비밀 메시지가 적혀 있는 쪽지를 사용하여 직관을 연습하는 쉬운 방법입니다. 쪽지를 손에 쥐면 당신이 그것을 볼 수 없더라도 이 메시지에 자신을 직관적으로 연결할 수 있습니다. 당신의 의도에 초점을 맞출 때, 당신의 신체적 직관은 더 높은 감각을 통해 당신에게 말하고, 쪽지에 쓰인 것을 바탕으로 통찰과

---

2) [역주] '디 아이 와이(DIY)'는 "네 자신이 직접 만들어라."라는 뜻의 "Do it yourself!"의 준말이다. 따라서 'DIY 직관쪽지'는 '각자가 직접 만든 직관쪽지'라는 뜻이다.

정보를 전달합니다.

비록 당신의 의식은 쪽지 안에 무엇이 있는지 알지 못하지만 당신의 초의식은 알고 있습니다. 이 연습이 신체적 직관 개발에 효과가 있는 이유는 그것이 당신을 사고하는 마음과 멀어지게 하고 통찰의 경로와 직접 연결할 수 있게 해 주기 때문입니다. 당신이 쪽지 안에 무엇이 들어 있는지 모를 때, 당신의 이성적인 마음은 간섭할 수 없습니다. 당신은 순수한 직관에 의존할 수밖에 없습니다. 이 직관쪽지는 당신이 (사고하는) 머리에서 벗어나 직관의 머리 공간으로 들어가기 위한 재미있고 효과적인 연습 도구입니다.

이 연습은 당신이 직관으로 일하기 시작할 때뿐만 아니라 일생 동안 그것을 계속 발전시킬 때 이용할 수 있는 훌륭한 도구입니다. 이 프로세스는 다음과 같은 방식으로 우리에게 도움이 됩니다.

1. **이 연습은 직관을 습관화하는 데 도움이 된다** 당신이 사고하는 마음을 비우는 연습을 할 때, 당신은 더 자연스럽게 사고의 간섭에서 벗어나 직관에 의지하고 신뢰하기 시작합니다.

2. **이 연습은 당신의 직관적 언어를 가르쳐 준다** 당신은 당신의 초감각적 경로를 통해 당신의 신체적 직관을 직접 경험하게 될 것입니다. 이렇게 하면 직관적인 감각을 가지고 능동적인 연습을 할 수 있기 때문에 각각의 감각이 어떻게 작용하는지 배울 수 있습니다.

3. **이 연습은 구체적인 유효성 검사를 제공한다** 만약 의심이 들 경우, (연습에 있어서) 성공적인 부분은 당신이 '모든 것을 지어낸' 것이 아니라는 것을 증명해 줄 것입니다. 당신이 들고 있는 쪽지 안에 무엇이 있는지 알 수 있는 방법이 없기 때문에 이런 종류의 직관의 적중은 계속해서 당신의 직관 능력의 실재를 재확인시켜 줍니다.

4. **이것은 고독한 연습이다** 다른 사람들과 함께 일함으로써 직관을 개발하는

것이 수월하기는 하지만, 우리가 항상 공동체 안에서 이러한 연습을 할 수 있는 것은 아닙니다. DIY 직관쪽지는 당신 스스로 당신의 직관력을 날카 롭게 하고 검증할 수 있게 해 줍니다.

DIY 직관쪽지 만들기

종이 12장을 같은 크기와 모양으로 자릅니다. 크기는 중요하지 않습니다. 종 이에 글을 쓰고 나면, 쓰여진 것이 보이지 않도록 반으로 접거나 4분의 1로 접으 세요. 첫 번째 세트의 경우에 다음의 단어와 구문을 사용할 수 있습니다.

지금 이 순간

미래

과거

나의 목적

나의 도전

희망과 두려움

힘

사랑

번영

건강

여행

참된 자기(true self)

근본적 직관 조언 당신은 다른 사람에게 쪽지에 주제어를 써 달라고 요청할 수 있습니 다. 이렇게 하면 당신은 쪽지에 쓰여 있는 것을 추측하려는 충동에 의해 산만해지지 않습 니다.

당신은 이 쪽지를 재사용하기 위해 특별한 상자나 바구니에 보관할 수 있으며, 다른 단어나 이미지를 사용하여 여러 세트를 만들 수도 있습니다. 원하는 방식으로 쪽지를 맞춤화하고, 직관 연습에 맞게 여러 가지의 버전을 만들어 지속적으로 통찰력을 높이십시오.

- 한 단어, 어구, 그림, 기호, 색상, 이름, 장소 등 거의 모든 것을 쓰거나 그릴 수 있습니다.
- 어떤 것을 선택하든 의미 있는 연결이 있는지 확인합니다. 아무렇게나 쓰지 말고, 중요한 사람, 장소, 또는 당신 삶의 주제를 적으세요. 당신과 연관성이 있는 경우에 직관이 당신과 소통하는 것이 훨씬 수월해집니다.
- 예/아니요 쪽지와 같은 양자택일 콘텐츠는 피하는 것이 좋습니다. 이러한 것은 당신의 직관적 진보 수준이 매우 높지 않은 한 직관적 공명을 제한합니다.

더 많은 연습을 위해 필자의 웹사이트 www.kimchestney.com/toolbox에서 DIY 쪽지 견본을 다운로드할 수 있습니다.

DIY 직관쪽지로 작업하기

쪽지를 작성한 후, 그것들을 바구니에 넣고 섞으세요. 그런 다음 동작을 잠시 멈추고 마음을 안정시킵니다. 당신 자신에 집중하기 위해 깊고 편안한 숨을 쉬세요.

준비가 되었으면 아무 쪽지나 선택한 다음 열어 보지 말고 손에 쥡니다. 눈을 감고 그것에 동조(同調)하세요. 그것을 느껴 보고, 손 안에서 따뜻해지도록 감싸 쥡니다. 그것을 당신의 몸과 연결하세요. 그것을 쥐고 잠시 동안 고요하게 머무릅니다.

당신이 이런 '눈 먼' 쪽지를 사용할 때, 무엇이 쓰여 있는지 정확히 알기를 기대하지 마세요. 쪽지에 무엇이 있는지 '추측'하려고 하지 마세요. 이것은 심령 검사가 아닙니다. 이것은 당신의 직관이 어떻게 당신과 소통하는지를 탐구하는 방법입니다―쪽지 안에 있는 것과 당신을 연결하는 상징, 생각, 느낌 등을 관찰하는 것이죠.

직관 과정을 이용하여 쪽지에 대한 인식을 얻는 방법은 다음과 같습니다.

1. 첫인상

그 쪽지를 손에 쥐고 있는 당신의 첫인상은 어떻습니까? 즉시 무엇이 떠오르나요? 당신이 알아차린 것은 무엇이든 메모해 보세요. 사라지지 않고 머무르면서 공명을 일으키기 시작하는 신체적 직관의 인상이 출발점입니다. 그 인상은 이미지, 색상, 신체적 감각, 문구, 또는 머릿속에서 흐르는 노래일 수도 있습니다―당신의 다섯 가지 초감각 중 하나에서 오는 어떤 인상일 수도 있지요. 그것은 정적(靜的)인 인상일 수도 있고, 무엇인가 이야기를 하려고 움직이는 일련의 인상일 수도 있습니다.

만약 아무것도 오지 않는다면 당신의 마음을 이완시키고 통찰이 도착할 수 있는 (마음속의) 고요한 공간을 열어 보세요. 어떤 한 인상이 당신 마음에 떠오른다면 그것은 당신의 상상력처럼 보일 수도 있지만, 곧 당신은 그것이 머물면서 더 강해지거나 혹은 반복되고 있다는 것을 알게 될 것입니다. 이러한 통찰은 당신에게 말하고 있는 당신의 직관입니다. 당신이 그것에 더 많은 주의를 기울일수록 그것은 더 현실적이 됩니다.

2. 공명

다음으로, 이러한 첫인상은 어떻게 당신을 더 깊이 끌어들일까요? 그러한 것이 어떻게 느껴집니까? 또 다른 것이 오나요? 만약 그렇다면 그것이 당신을 어떤 의미로 데려갑니까? 어쩌면 그것들은 하나의 이야기와 같이 서로 연결될지도 모릅니다—당신의 삶에 교훈이 되는 비유나 우화로서요. 직관은 비선형적이고 종종 상징적으로 말합니다. 당신에게 공명을 불러일으키는 어떤 통찰이라도 기록하세요.

쪽지에 쓰여 있는 것을 추측하고 싶은 유혹을 뿌리치도록 스스로에게 다짐하세요. 단순히 당신과 정보를 공유하기 위한 출발점으로서 쪽지를 이용하도록 당신의 직관적 감각에 맡기세요. 당신이 받은 인상을 모두 기록한 후, 쪽지를 열어 단어 또는 이미지를 드러냅니다.

3. 분별

이 드러냄의 순간에서 보통 두 가지 일 중 하나가 일어납니다. 당신은 자신의 말과 분명히 관련이 있는 통찰과 맞아떨어지는 "아하!" 하는 순간을 맞게 되거나, 아니면 그것을 풀기 위해 당신을 부르는 더 깊고 은유적인 메시지가 있는 경우입니다.

첫 번째의 경우, 당신은 직관이 의식적으로는 알 수 없는 것과 당신을 얼마나 정확하게 연결시키는지에 대해 놀랄 것입니다. 이러한 사례들은 직관에 대한 신뢰를 쌓고 자신을 안심시키는 좋은 방법입니다. 이것은 진짜입니다! 이것이 쪽지로 하는 작업이 검증을 제공하는 방법입니다.

두 번째의 경우에는 통찰이 해명될 필요가 있습니다. 당신이 적어 놓은 것들을 되돌아 보세요. 당신의 인상은 당신의 쪽지와 어떤 관계가 있습니까? 기록한 내용 중에 특히 당신의 관심을 끌거나 더 강한 공명을 일으키는 것이 있나요? 당신이 기록한 인상들로부터 문자 그대로의, 또는 은유적인 이해를 식별할 수 있습니까? 어떤 생각이 떠오르는지 적어 보고 또 어떤 생각이 당신을 통해 흘러가는지를 살펴보세요. 이 과정이 끝나면 안내가 기다리고 있습니다.

당신의 직관이 당신과 나누고자 하는 것이 무엇인지 깨닫게 된다면 당신이 특별한 통찰에 도달할 때까지 직관을 유지하려고 노력해 보세요. 첫째, 당신의 직관은 바구니에서 특정의 쪽지를 꺼내도록 당신을 끌어당기며, 둘째, 그 쪽지를 가지고 직관은 당신을 위한 메시지를 만들어 냅니다.

4. 검증

이 과정 중에 어떤 체험을 하고 그것에 따라 당신이 "와! 이건 확실히 내 직관이야!" 하고 말하게 된다면 그것은 즉각적인 검증입니다. 그렇지 않다면 시간이 흐르면서 삶이 당신의 통찰력을 강화시켜 주는지를 지켜보세요.

DIY 직관쪽지를 사용하여 직관 언어 구축하기

연습을 마치면 이 과정 중에 받은 직관적인 인상을 살펴보십시오. 다섯 가지의 초감각 경로 중 당신은 어떤 것을 연습 중에 사용했습니까? 당신의 인상은 느낌, 이미지, 또는 단어입니까? 답변을 통해 당신은 자신의 가장 강력한 신체적 직관 경로를 파악할 수 있습니다.

당신이 쪽지를 가지고 작업할 때, 당신의 직관이 반드시 쪽지에 있는 그대로의 문자적 인상을 주지는 않는다는 것을 기억하세요. 이것은 중요합니다. 만약 당신이 태양 그림을 뽑았을 경우, 당신은 태양에 대한 직관적인 인상을 받지 못할지도 모릅니다. 대신에 당신의 직관은 당신이 '태양'과 어떻게 관련되는지에 강력하게 연결되는 정보를 줄 것입니다. 만약 당신이 태양의 이미지를 얻는다면 그것은 좋습니다. 그것은 당신의 직관이 문자 그대로 당신에게 말하는 것을 의미합니다. 하지만 당신은 따뜻한 느낌, 태양을 즐겼을 때의 기억, 또는 "여기 태양이 온다"와 같은 노래 가사를 얻을 수도 있습니다. 이런 것들이 당신의 직관이 당신에게 내면의 언어를 가르치는 방식입니다.

다음은 직관의 과정이 어떻게 전개될 수 있는지에 대한 두 가지 예입니다.

시나리오 1 한 사람이 쪽지를 들었을 때 빨간색의 인상을 받고, 그다음에 심장이 쿵쾅거리며 세계로 확장해 나가는 느낌을 받는다. 그의 마음은 그 단어가 말 그대로 사랑이어야만 한다고 추론한다. 그런데 그가 쪽지를 펼쳐 보니 거기에는 일이라는 단어가 적혀 있다. 그는 웃는다. 그는 일에 대한 열정이 대단하기 때문에 그 말은 즉시 공명을 일으킨다. 그는 즉시 (쪽지와 자신과의) 관계를 파악하고, 그의 마음이 일에 있다는 것을 이해한다. 그 쪽지는 그가 일을 더 많이 해야 한다는 것을 상기시키는 역할을 하는 것이다. 신체적 직관의 관점에서 그는 그의 인상이 지배적으로 시각적 감각에 의한 것임을 알아차린다.

시나리오 2 한 사람이 인생의 큰 변화를 겪고 있다. 그는 쪽지 하나를 선택하고는 즉시 추락하는 느낌을 받는다. 이어 〈자유낙하(Free Fallin)〉라는 곡의 가사가 그의 머릿속에서 계속 되뇌이고 강하게 울려 퍼진다. 자유낙하. 그는 쪽지를 펼치고는 '힘'이라는 단어를 발견한다. 그는 '내려 놓으라'는 메시지를 직관적으로 인식하는데, 왜냐하면 진정한 힘은 삶에 대한 신뢰에서 나오기 때문이다. 그는 삶에 자유로이 빠져들기만 하면 되기 때문이다. 그의 신체적 직관에 있어서 그의 인상은 우선적으로 느낌과 청각을 이용했다.

당신의 직관적 언어는 당신과 당신의 생애사에 따른 개인적인 것임을 기억하세요. 당신의 직관은 당신의 독특한 인생 역사의 어휘를 바탕으로 당신과 소통합니다. 예를 들어, 삶이 노래로 당신에게 말한다면 그것은 당신이 알고 있는, 당신의 의식 속에 이미 저장되어 있는 노래일 것입니다.

시간을 갖고 연습함을 통해 당신은 일정한 패턴이 나타나는 것을 알 수 있습니다. 정보 수신을 위한 자신만의 스타일을 볼 수 있게 되는 거죠. 어쩌면 당신은 의미 있는 상징의 패턴을 알아차릴 수도 있고, 노래 가사가 항상 머릿속에 떠오를 수도 있고, 아니면 강한 신체적 느낌을 받을 수도 있습니다. 어떤 경우이든 더 자주 쪽지를 가지고 연습을 할수록 당신은 자신의 직관이 자신에게 말하는 독특한 방법에 대해 더 많이 알게 될 것입니다.

치유자의 도구: 직관 일지

직관과 함께한다면 당신의 통찰은 확실히 100%입니다. 종종 우리는 그것이 이치에 맞는지를 확인하기도 전에 직관을 따라야 합니다. 즉시 마법을 볼 수 없는 경우에도 며칠, 몇 주, 심지어 몇 년이 지난 후에 직관적인 인상을 돌이켜 보면 우리의 통찰력은 정말 신비롭다는 것을 알게 됩니다. 어떤 일이 일어나기도 전에 우리가 그걸 어떻게 알았을까요? 어떻게 우리는 펼쳐진 큰 그림을 보지도 않고 무언가를 하도록 안내 받을 수 있었을까요?

직관 일지를 작성하는 것은 확실한 직관적 검증을 위한 가장 중요한 방법입니다. 우리의 직관 경험에 대한 일지는 사실로 드러나기 전까지는 완전히 이해되지 않는 많은 직관을 추후적으로 확인하게 해 줌으로써 직관적 과정이 얼마나 실제적인지를 증명할 수 있습니다. 당신이 무엇인가가 사실로 드러나기도 전에 이미 그것을 알고 있었다는 것을 깨달을 때마다 당신의 내면의 안내에 대한 신뢰는 더 강해집니다.

이와 같은 일지 쓰기를 통해 당신은 당신의 직관에 대한 구체적인 증거를 계속해서 가지고 있게 됩니다. 당신은 직관적인 언어를 구축하는 것뿐만 아니라―모든 견고한 관계의 기초인―직관에 대한 신뢰도 쌓고 있는 것입니다. 당신은 진정한 당신, 최고의 자기(self)을 신뢰하기 시작하고 있습니다. 일단 당신의 초의식이 당신에게 지속적으로 전달되기 시작하면 당신은 자신감을 가지고 그것을 따르는 법을 배우게 됩니다.

일지를 시작하려면 각 직관적인 감각에 따라 한 페이지를 다섯 개의 열로 나누어 일지나 노트에 다이어그램(표시된 대로)을 설정합니다. 그리고 나서 당신이 직관적인 인상을 받을 때마다 당신이 직관 연습을 하고 있는지, 아니면 하루 종일 자연스러운 인상을 받고 있는지에 대해 간단히 그것의 감각 경로에 해당되는 열에 기록하기만 하면 됩니다.

직관적 시각: 마음의 눈 속의 이미지와 상징	직관적 청각: 마음의 귀에 들리는 소리, 노래, 또는 단어	직관적 감지: 신체적 감각 또는 직감	직관적 미각: 특정 음식 또는 특정 식단에 대한 끌림	직관적 후각: 특정 향 또는 아로마에 대한 끌림

결국 당신은 자신이 다른 열보다 특정 열을 더 많이 사용하는 것을 알게 될 것입니다. 이것은 당신의 직관적인 친화력을 반영합니다. 만약 당신이 이미지와 상징을 많이 얻지만, 소리나 단어는 매우 적게 얻는다면 그것은 당신이 '시각적인' 사람이기 때문입니다. 그 길은 당신에게 자연스럽게 열려 있기 때문에 쉽게 다가옵니다. 다른 직관적인 경로도 마찬가지입니다. 우리는 모두 직관의 특정 표현에 대한 친화력에서부터 시작합니다. 그러나 시간을 갖고 연습을 하면 우리는 모든 경로를 다 열 수 있습니다.

일지를 작성할 때 직관적 언어를 구성하는 패턴이나 반복되는 테마를 찾을 수도 있습니다. 기록한 내용을 되돌아보고 자신에게 묻습니다.

- 같은 메시지로 반복되는 인상이 있는가?
- 나는 어떤 종류의 인상을 가장 많이 받는가?
- 내가 받고 있는 안내에 중심 주제가 있는가?

나중에 참조할 수 있도록 패턴이나 테마를 메모하고, 당신의 인생에서 그것들을 마음에 새기세요. 이것은 당신을 위한 매우 실제적인 메시지입니다. 큰 그림에서 나온 정보이지요.

그리고 적중된 직관을 반드시 강조해 놓으세요. 그것은 중대 사건입니다. 각각에 대해 다음과 같은 작업을 수행했음을 기억하세요. 당신은 세상이 불가능하다고 말하는 것을 해냈습니다. 세상이 알 수 없는 걸 알고 있었고요. 여기에서 직관의 마법이 시작됩니다. 처음에는 직관의 작은 적중으로 시작되지요. 그로부터의 발전 가능성은 무궁무진합니다.

CHAPTER 9

알아차림 직관: 당신의 내면의 지혜

> 생각하는 것은 인간의 가장 높은 능력이 아니다. 그것은 단지 발달의 한 단계일 뿐이다.
> 우리가 본능을 뛰어넘어 이성을 키울 수 있었던 것처럼,
> 우리는 언젠가는 논증적인 사고를 넘어 앎의 더 높은 방식으로 진입해야 한다.[1]
>
> —에크나트 이스와란(Eknath Easwaran)

　진정한 혁명은 당신이 자신의 마음을 자유롭게 할 때 시작됩니다. 자유는 당신이 외부 세계에 바치던 충성을 당신의 내면 세계로 옮기는 순간에 시작됩니다. 사회의 조건화보다 개인적인 진리를 믿겠다는 의지를 갖는 것이 자유를 향한 참된 첫걸음입니다.

　우리는 종종 자신의 정신적인 한계를 알지 못합니다. 사회적 판단과 기대는 어린 시절부터 무의식적으로 우리 안에 깊이 스며들어 있어서 우리가 무엇이고 세상이 우리에게 무엇이 되라고 했는지 구별하기 어려울 정도입니다. '우리가 누구인지'에 대한 우리의 이해가 얼마만큼 자신의 자각에 따른 것일까요? 그리고 얼마나 우리 가족, 친구, 선생님, 상사 그리고 세계 전체가 우리에게 무엇이 되라고 말해준 것에 근거하고 있을까요?

---

1) "생각은 최고의 인간 능력이 아니다": Eknath Easwaran, Words to Live By: Daily Inspiration for Spiritual Living (Tomales, CA: Nilgiri Press, 2010), p. 387.

그 차이를 알기 위해서는 우리가 생각하는 방식을 바꾸면 됩니다. 우리는 내면에서 삶을 시작해야 합니다. 지금 당장 당신의 삶에서의 선택을 '외부' 사회 시스템 대신에 당신 내면의 안내 체계에 따라 실행해 보세요. 당신이 성장하면서 들은 것, 동료들이 말하는 것, 또는 당신이 생각하는 자신의 삶에 대한 기대 등에 근거하여 선택을 하는 대신에 참된 당신 자신이 말할 수 있도록 그 외의 다른 목소리들을 모두 침묵시켜 보세요.

당신은 삶에서 무엇을 원합니까? 세상에서 무엇을 할 작정입니까? 만약 당신이 당신의 삶에서 자신을 다른 사람이나 다른 어떤 것과도 비교하지 않는다면 행복은 어떻게 보일까요? 이것은 우리가 생각하는 것보다 더 큰 질문이 될 수 있습니다. 우리 중 많은 사람은 우리가 처해 있는 자연적 · 사회적 질서에 대해 전혀 의문을 갖지 않고 단지 거기에 빠져서 살고 있습니다. 우리는 태어나고, 학교에 가며, 성장하고, 직업을 갖고, 결혼하고, 아이들과 손자들을 두고, 은퇴하고, 그것이 전부입니다.

하지만 우리가 직관적으로 살 때, 우리는 우리 삶의 길을 자주적으로 만들어 갈 수 있습니다. 전통이 우리에게 말하는 것이 아니라 우리 내면의 목소리가 말하는 것에 기초한 삶의 길을 말입니다. 어쩌면 우리는 독신 생활로 불려 갈지도 모르고, 아이를 갖는 것을 원치 않을지도 모릅니다. 어쩌면 삶은 우리가 우리의 목적을 위해 봉사하고 성취할 수 있는 다른 방식을 마련해 놓고 있을지도 모릅니다. 우리의 소명을 듣고 우리의 진정한 길을 찾는다면 우리는 우리에게 맞지 않는 삶을 구하고, 찾으며, 시도하는 데 들이는 많은 시간을 절약할 수 있습니다.

당신이 당신의 직관과 일치된 삶을 오래 살아갈수록 당신의 내면과 외부의 현실은 더 많이 일치할 것입니다. 이상적인 상황이라면 당신의 선택은 직관과 지성 둘 다와 일치할 것입니다. 예를 들어, 당신이 훌륭한 사람과 사랑에 빠진다면 당신의 직관과 이성적인 정신은 둘 다 청혼에 청신호를 보낼 것입니다. 당신은 당신의 내면의 진리를 반영하는 삶의 상황을 만든 것이지요. 반면에 당신이 결혼할 사람과 무조건적인 사랑에 빠지지 않는다면 당신은 갈등을 겪습니다. 이 경우, 당신은 자신의 길을 재평가하고 직관이 당신을 어떻게 인도하고 있는지 들어 볼 시간이 필요합니다.

당신의 배우자가 될 사람이 똑똑하고 성공적이라고 가정해 봅시다. 그리고 당신을 매우 사랑하지만, 당신의 내면에는 무엇인가 **찜찜한 느낌**이 있습니다. 그것에 대해 어떻게 할 것입니까? 당신은 찬성-반대 리스트를 만들어서 당신의 제한된 인식에 근거해서 옳은 것처럼 보이게 함으로써 자신을 설득할 건가요? 아니면 큰 그림을 아는 당신의 직관이 당신에게 보내는 정보를 받아들일 것인가요? 상황이 아무리 옳은 것처럼 보여도 **찜찜한 느낌**이 있으면 뭔가 잘못되어 있다는 것을 기억하세요. 당신은 아직 그것이 무엇인지 모를 수도 있지만, 당신이 자신의 직관을 믿는다면 어려운 길을 (직접 겪고 나서야 뒤늦게 진실을 알게 되는 경우를) 피할 수 있을 것입니다.

우리가 직관에 귀 기울이지 않고 공명을 일으키지 않는 길을 계속 간다면 고통을 받게 되는 것은 시간 문제일 뿐입니다. 우리의 진실과 일치하지 않는 삶은 고통스럽게 느껴집니다. 우리는 막연하게나마 우리 자신의 잠재력에 부합하는 삶을 살고 있지 못하다는 것을 압니다. 종종 우리가 걷고 있는 길이 잘 풀리지 않기 때문에 우리는 의기소침함, 좌절감, 패배감을 느낍니다. 이것은 우리가 우리에게 다른 길을 보여 주려고 했던 내면의 안내를 따르는 대신에, 고통스러운 상황으로부터 배우기로 선택했기 때문입니다.

❀ 근본적 통찰

당신이 직관으로부터 배우지 않는다면 상황을 통해 배워야 한다.

알아차림 직관은 무의식적이고 조건화된 마음의 제한된 공간 대신에 무제한적이고, 더 높은 의식의 직관의 위치에서 선택을 하도록 변화를 만드는 작업입니다. 알아차림 직관은 당신의 통찰로부터 배우는 것이기 때문에 당신은 자신의 실수를 통해 배울 필요가 없습니다. 알아차림 직관은 당신을 지각된 한계로부터 해방시킵니다. 당신이 아는 것이 불가능하다고 세상이 당신에게 말했던 것을 알 수 있는 것 그리고 세상이 당신에게 불가능하다고 말했던 그런 존재가 되는 것이 100% 가능하다는 것을 당신이 이해할 수 있게 함으로써 말입니다.

세상은 당신이 어떤 존재여야 하는지 말해 주지만, 당신이 실로 누구인지는 전혀 알지 못합니다. 오직 당신만이 자신의 내면에 무엇이 있고, 당신이 무엇이 되어야 하는지 알 수 있습니다.

세상은 당신이 미래를 알 수 없다고 말합니다. 하지만 그것은 틀렸습니다. 당신은 공명에 대한 연결을 직관적으로 사용하여 앞으로 나아가는 최상의 경로를 느낄 수 있습니다.

세상은 당신이 다른 사람들과 이야기하거나 가까이 있지 않고서는 의사소통을 할 수 없다고 당신에게 말합니다. 하지만 당신은 그렇게 할 수 있습니다. 당신 내면의 어떤 부분은 다른 사람들과 직관적으로 연결되어 있으며, 그 사람에 대한 당신의 내면적 연결이 강할수록 당신의 직관적인 연결도 강해집니다.

세상은 당신이 어떤 결정을 내리기 위해서는 결정에 필요한 모든 사실이 확보되어야 한다고 말합니다. 그러나 실제로 당신은 아무것도 필요 없습니다. 그리고 때로는 확보된 사실이 적을수록 더 좋습니다. 우리가 사실에 관한 생각에 갇혀 있을 때, 사실은 오히려 우리의 주의를 산만하게 합니다. 최선의 앎은 생각함이 없이 옵니다.

🌸 근본적 통찰
직관은 생각하지 않고 아는 것이다.

생각하지 않고 아는 것이 알아차림 직관의 비밀입니다. 무의식적인 생각의 판단을 넘어서 우리의 내면의 앎과 확신을 의식적으로 존중하는 것은 우리의 생각하는 방식에 있어서 급진적인 패러다임 전환입니다. 그것은 우리 자신에 대한 무지와 비진리의 속박으로부터의 해방입니다. 알아차림 직관을 통해 우리는 결국 우리의 머릿속에 있는 프로그래밍에서 벗어나 내면의 진리의 자유로움으로 나아갑니다.

직관과 마음

당신의 (사고하는) 마음은 당신에게 분별할 수 있는 능력을 주고 당신의 자유의지를 사용하여 결정을 내리도록 합니다. 질문은 다음과 같습니다. 누가 당신의 마음을 떠맡고 있습니까? 누가 당신의 선택 뒤에서 지휘를 하고 있습니까? 무의식적인 '당신'입니까, 아니면 완전히 의식적인 당신입니까? 당신의 직관적인 안내가 최종 결정권을 행사합니까? 아니면 당신은 '상식적인 생각' '다른 사람들이 어떻게 생각하는지' 또는 '무의식적 마음의 합리화'에 판단을 맡깁니까?

지성은 단지 그가 미치는 곳까지만 우리를 데려다줄 수 있습니다. 하지만 직관은 지성이 미치지 못하는 곳을 지배합니다. 직관을 통해서만 우리는 천재성에 접촉할 수 있으며, 이 직관적인 천재성의 영역은 우리의 합리적이고 비판적인 사고 과정의 한계를 초월합니다. 우리의 사고방식은 불완전한 체계이며 오류를 일으키기 쉽습니다. 그래서 우리는 종종 논증적 사고만으로 인생의 문제를 해결하려고 노력하지만, '계산이 똑 떨어지지 않으면' 우리는 어떻게 해야 할까요? 올바른 해결책을 찾는 데 필요한 모든 정보가 없을 경우에는요? 아니면 상충되는 데이터들 때문에 혼란을 겪는다면요? 여기에서 우리는 직관의 천재성에 의지해야 합니다.

알아차림 직관은 당신의 내면의 지혜에 대한 비범한 통찰로 당신 지성의 합리적인 사고를 보완하는 능력을 배양합니다. 그것이 당신의 일상적 사고 과정의 일부가 되고 늘 당신과 함께 있을 때 당신은 인생에서 최고의 선택을 하기 위해 필요한 모든 앎을 갖게 되는 것입니다. 이것은 가장 '실제적인' 형태의 직관으로, 가장 평범한 상황들과 가장 숭고한 상황들을 동시에 관리합니다. 오늘 출근할 때 어느 쪽으로 가야 하는지에 대해 궁리 중인가요? 당신의 알아차림 직관이 도움이 될 수 있습니다. 당신이 그 새로운 직업을 선택해야 할지, 또는 그 새로운 관계로 더 깊이 들어가야 할지 결정하는 중인가요? 이 모든 것이 당신의 알아차림 직관의 영역입니다.

여기에 알아차림 직관을 체험하는 몇 가지 길이 있습니다.

- 알아야 하거나 알 수 있는 근거가 없음에도 불구하고, 당신은 무언가를 알고 있다.
- 해결 불가능한 문제를 해결할 수 있는 방안이 뜬금없이 떠오른다.
- 생각 사이의 고요함이나 '틈새' 속에서 강력한 통찰이 떠오른다.
- 가까운 사람들과 정신적으로 연결되거나 동시성(동시적 발생)의 순간을 경험한다.

속도를 늦추고 침착하게 생활하는 것은 알아차림 직관에 매우 도움이 되는 환경을 조성합니다. 당신의 달력에 더 많은 여백을 만들고, 침묵 속에 머무는 고요한 순간들을 즐길 수 있도록 자신에게 허락해 주세요. 당신의 직관이 당신에게 말하는 것을 들을 수 있는, 잔잔하고 맑은 정신을 가질 수 있는 장소에서 더 많은 시간을 보내도록 해보세요.

🌸 근본적 통찰

고요함 속에서 당신의 직관은 크고 분명하게 말한다.

직관은 결코 틀리지 않으며 모든 것을 알고 있음을 당신이 받아들이면 당신은 쉽게 직관의 인도를 따를 수 있게 됩니다. 당신의 삶에 대하여 당신(에고, ego)보다 당신의 초의식적 직관이 더 높은 (그래서 큰 그림을 보는 데) 유리한 지점에 서 있다는 것을 받아들일 때, 그것이 볼 수 있는 것을 신뢰하는 것은 어렵지 않지요.

예를 들어, 당신은 특정한 장소와 시간에 삽니다. 의식적으로는 당신은 오직 당신의 눈앞의 현실로부터 정보를 처리할 수 있습니다. 당신의 한계는 경험의 한계입니다. 하지만 당신의 초의식적인 직관적 연결은 큰 그림, 전체 사진에서 유래된 정보를 처리할 수 있습니다. 우리는 개인으로서 단지 그림의 한 조각, 우리와 관련된 그 조각만을 지각합니다. 당신이 카누를 타고 강물을 따라 내려가면서 물, 나무 그리고 경로의 바로 앞과 뒤만을 볼 수 있다고 상상해 보세요. 하지만 초의식의 관점에서는 당신은 강 전체를 볼 수 있고 그것이 전 세계와 어떻게 관련되는지를 볼 수 있습니다. 당신은 진행 방향은 물론이고 뒤에 두고 있는 출발점 그리고 그 사이에 놓여 있는 모든 것을 볼 수 있습니다.

우리는 삶의 모든 것을 스스로 알아내려고 끊임없이 애쓰는 대신에 우리의 삶을 직관으로 전환함으로써 삶에서 엄청난 불안을 제거합니다. 우리는 우리의 성공이 우리에게만 달려 있는 것이 아니라는 것을 인지합니다. 우리는 우리보다 더 똑똑하고, 더 크고, 더 잘 알고 있는 무언가의 지원을 받고 있으므로 우리 자신을 거기에 맡길 수 있습니다. 우리는 이제 우리가 이 인생에 혼자가 아니라는 것을 믿을 수 있습니다.

이 고요함 속에서—이 고요함에 맡김 속에서—당신의 직관은 번창합니다. 당신이 분주하게 돌아다니고 많은 생각으로 가득 차 있을 때, 삶의 소음은 당신 내면의 안내를 매몰시킵니다. 직관은 침묵을 필요로 합니다. 그것의 본고장은 당신의 생각들 사이의 틈새에 있습니다. 알아차림 직관은 이러한 틈새와 이 틈새를 통해 오는 비범한 통찰에 초점을 맞춥니다. 당신이 결정을 내리거나 무언가를 알아내야 할 때, 끝없는 생각의 흐름에 집중하는 대신에 그것들 사이의 공간에 집중하세요. 그 좁고 단순한 길을 통해 최고의 지혜가 자유롭게 흐릅니다.

현자 원형: 생각 없이 앎

당신이 현자 원형(The Sage archetype)이거나 알아차림 직관을 지닌 사람이라면 당신은 현명한 사람입니다. 당신은 당신의 인생과 다른 사람들을 이끌기 위해 당신의 초의식적인 지혜에 동조(同調)할 수 있는 타고난 능력을 가지고 있습니다. 당신은 타고난 지도자, 교사, 상담가 그리고 혁신의 안내자입니다. 당신은 직관의 실제적인 응용에 대해 친화력이 있으며, 직관을 통해서 일상적인 결정과 판단 요청에 잘 대처합니다. 당신은 종종 텔레파시, 선견지명 그리고 다른 형태의 통찰과 같은 초의식적인 앎을 경험할 수 있습니다. 이런 종류의 직관의 목적은 당신이 당신의 삶과 삶의 진실을 이해하도록 하며, 또한 이 높은 지혜와 진리를 세상과 공유하도록 하는 것입니다.

알아차림 직관은 위대한 계몽자이다.

당신은 당신 자신과 다른 사람들을 깨우치기 위해 알아차림 직관의 내적 안내를 사용할 수 있습니다. 당신은 다른 사람들이 자신들의 빛을 밝힐 수 있도록 도와주는 타고난 능력을 가지고 있을지도 모릅니다. 당신의 직관의 역할은 단지 당신의 삶을 밝히는 것이 아니라 전 세계를 밝히는 것입니다. 당신이 자신의 직관의 빛으로 들어가면 그것은 자연스럽게 당신을 통해서 그리고 세상을 향해서 빛을 발합니다. 우리는 우리가 따르는 직관의 빛과 동일한 등불이 되는 것입니다. 우리가 이 빛을 따라갈 때, 우리는 다른 사람들을 위한 빛이 됩니다.

알아차림 직관의 예
• 강한 첫인상

- 무언가에 대한 설명할 수 없는 확실성
- 어떤 일이 일어나기 전에 미리 알고 있음
- 누군가의 거짓됨을 아는 감각
- 깨달음(epiphany) 또는 갑작스러운 해결책
- 무언가를 시작하기 전에 결과에 대한 생각을 가지고 있음
- 통찰의 섬광
- 두 사람이 동시에 서로를 생각할 때
- 느닷없이 떠오르는 생각

알아차림 직관은 기억처럼 느껴질 수 있지만 현재 또는 미래의 상황으로 느껴질 수도 있습니다. 그것은 우리가 우리의 삶에서 정보를 기억하는 것과 같은 방식으로 떠오를 수 있지요. 우리의 사고하는 마음은 과거의 학습이나 경험에서 오는 인상을 불러올 수 있습니다. 그러나 현재와 과거의 데이터에 접속하는 것은 제한적입니다. 하지만 직관을 통하면 우리는 영원한 기억의 클라우드에 저장된 우주적 '기억'의 데이터에 접근할 수 있습니다.

직관적인 사고를 강화하고 성장시키기 위해서는 알아차림 직관이 번창할 수 있는 환경을 만들어야 합니다. 우리는 우리의 과잉 사고와 일 중독을 깨뜨려야만 합니다. 우리가 속도를 늦추고 현재의 순간으로 이완할 때, 우리는 우리 삶에서 통찰력 있는 문화를 창조할 수 있는 토대를 마련할 수 있습니다.

우리가 조사를 하든, 진리를 추구하든 알아차림 직관은 우리에게 거짓을 확실하게 꿰뚫어 볼 수 있는 힘을 줍니다. 진실은 직관과 공명합니다. 거짓과 속임수는 훈련된 직관적 정신에 쉽게 인식될 수 있는 일종의 불협화음을 만들어 내지요. 우리가 직업적인 면에서나, 개인적인 면에서나 어떤 상황에서도 우리의 직관에 의존할 때 그 과정은 똑같습니다. 우리가 그것을 더 많이 존중하고 신뢰할

수록 그것은 우리에게 더 도움이 될 것입니다.

합리적 마음을 넘어선 직관적 마음에 대한 신뢰 구축

직관을 신뢰하는 것이 편해지려면 시간이 걸릴 수 있습니다. 신뢰는 지속적인 확실성을 통해 구축됩니다. 내면의 안내 체계에 대한 신뢰를 어떻게 쌓을 수 있을까요? 첫째로 그리고 가장 중요한 것은 당신의 직관과 합리적 사고 사이의 차이를 배우는 것입니다. 당신이 알아차림 직관을 이용하여 삶에서 선택을 할 때, 다음과 같은 간단한 기준을 사용하면 당신의 머릿속에 갇히는 일을 피할 수 있습니다.

직관적 마음	합리적 마음
• 100% 수용적	• 100% 능동적
• 선사고적(先思考的) 과정	• 사고 과정
• 노력이 필요 없는 즉각적인 앎	• 시간이 걸리는 의도적 정보 처리

항상 당신의 마음에 떠오르는 첫 번째 것에 세심한 주의를 기울이세요. 힘들이지 않고 즉각적으로 떠오른 생각을 '별 것 아닌 것' 혹은 '상상'으로 치부해 밀어내는 대신에 그것을 신성하게 여기세요. 만약 당신의 첫 번째 생각이 '위험'이라면, 당신의 (사고하는) 마음이 그 생각을 무시하도록 놓아두지 마세요. 어떤 경우이든 잊지 마세요. 당신의 직관이 당신 자신보다 당신을 더 잘 알고 있다는 것을 말입니다. 그리고 직관은 항상 당신의 최대 관심사를 염두에 두고 있습니다.

당신의 직관은 항상 당신을 인도하기 위해 존재합니다. 그것은 절대로 '사라지지' 않습니다. 때때로 직관은 다른 때보다 더 크게 말하는 경우도 있지만, (그렇지 않은 경우에도) 직관은 당신이 필요로 할 때를 위해 항상 대기하고 있습니다. 당신이 산꼭대기의 수도자이든, 가족을 가진 부모이든, 아니면 그 사이에 있는 어떤 사람이든 간에 직관은 당신을 위해 있습니다. 지구 위를 걷는 가장 거룩한 존재인 우리는 이 신성한 힘을 다른 모든 사람과 똑같이 지닐 수 있습니다.

직관으로 우리는 모두 연결되어 있습니다. 사람 사이에도, 시간이나 공간 사이에도 칸막이는 존재하지 않습니다. 여기에는 특별한 것과 평범한 것을 분리하는 계급도 없습니다. 직관은 우리의 의식적인 존재에게 공통으로 주어진 선물입니다. 우리가 그것을 얻기 위해 부, 학위, 특권이 필요하지 않으며, 지구 끝까지 여행할 필요도 없습니다. 우리 자신의 내면을 들여다보는 지혜 외에는 아무것도 필요하지 않습니다.

나날의 통찰

다음은 온종일 알아차림 직관을 사용하여 일상생활에서 직관 문화를 만들 수 있는 몇 가지 방법의 예입니다.

- **기상** 아침에 침대에서 서둘러서 나오는 대신에 천천히 일어나세요. 그 날의 첫 통찰은 종종 당신에게 가장 좋은 아이디어를 줍니다. 당신의 사고하는 마음이 당신을 데려가기 전에 말입니다.
- **샤워** 당신의 마음이 이완되어 있고 조용히 샤워하는 중에 당신은 가장 좋은 아이디어를 얻을 수도 있습니다. 이러한 밝은 아이디어에 주의를 기울이는 연습을 하세요!
- **옷 입기** 직관적으로 그 날 입을 옷을 고르세요. 무엇이 그 날의 에너지에 알맞게 느껴지는가? 당신이 그것에 대해 생각할 기회가 있기 전에 어떤 옷들이 당신에게 '뛰어오릅니까'? 당신의 직관은 다가올 날씨 상태와 당신이 편안함을 느끼게 될 것을 미리 알고 있습니다.
- **식사하기** 당신의 직관을 이용하여 당신의 몸에 가장 좋은 음식을 고르세요. 어떤 것이 당신의 마음에 듭니까? 뭐가 맛있게 느껴지나요? 직관적으

로 먹도록 하세요.

• **주행** 운전하는 곳, 직장으로, 아이를 데려다 주기 위해, 상점으로 가는 중 어디든지 이동 중에 '찾아오는' 아이디어나 안내에 주의를 기울이세요.

• **다른 것과 관련해서** 당신이 하루 중에 다른 사람들과 이야기할 때, 그들의 동기, 감정, 생각 그리고 목표와 직관적으로 연결하세요. 사람들이 문제를 해결하고 문제를 극복할 수 있도록 당신의 알아차림 직관을 이용하세요.

• **업무** 하루 중에 결정을 내릴 때, 당신의 직관이 모든 문제에 대한 최종 결 정권을 가지고 당신의 지성을 보완하도록 하세요. 새로운 프로젝트나 안 건에 대한 질문이 생기면 당신의 직관으로 점검을 하면서 공명이 일어나 는지 확인합니다. 반드시 배에서 청신호가 나오는지를 확인하세요.

• **창조** 당신의 직관은 크고 작은 모든 창조적 프로젝트 뒤에 숨겨진 비밀의 뮤즈(그리스 신화에 나오는 예술과 학문의 여신)입니다. 창의적 흐름에 동조 하고, 창의성에 대한 장애를 돌파하며 창의적 천재성을 활용하십시오.

• **문제 해결** 하루 중에 어려움에 직면할 때, 해결책을 찾기 위해 머리를 짜내 는 대신에 당신에게 다가오는 새로운 아이디어에 자신을 '개방'하세요. 이 성적인 마음의 소음이 생길지라도 당신 내면의 지혜의 속삭임에 귀를 기 울이세요.

• **운동** 당신의 몸을 강하고 건강하게 만드는 활동들을 직관적으로 선택함으 로써 당신의 하루를 마무리하세요. 오늘 당신의 몸은 어떤 활동을 원했습 니까? 신체의 어떤 부위가 막히거나 굳어진 것처럼 느껴집니까? 스트레스 를 풀고 균형 잡힌 건강 상태로 돌아가기 위해 당신의 몸을 직관적으로 움 직이세요.

• **취침** 당신의 직관은 잠자는 동안에 뒷문으로 몰래 들어와 당신의 무의식 속에서 은유와 상징을 통해 당신에게 말합니다. 잠에서 깨면 스스로에게 물어보세요. '이 꿈에서 내 직관이 나에게 말하려는 것은 무엇인가?'

이 목록은 끝없이 계속될 수 있습니다. 우리는 하루 종일 마주치는 거의 모든 상황에서 직관을 사용할 수 있지요. 통찰을 연습함에 있어서 우리는 우리가 하는 모든 일에 직관을 제공하도록 의식적인 의도를 지닙니다.

이것이 바로 현자의 특징입니다. 그는 자신의 내면의 지혜에 따라 살아가는 사람이지요. 현자로서 당신의 역할은 그 진리를 지키며 세상과 나누는 것입니다. 이것이 바로 당신이 세상을 위해 봉사하는 방법입니다. 그리고 이것이 세상의 환상의 지배력에서 벗어나 당신만의 삶을 살 수 있는 유일한 방법입니다. 자신의 가장 높은 직관적인 안내에 이끌려 살아갈 때만이 당신은 진정으로 자유롭기 때문입니다.

비범한 사람들, 탁월한 통찰력

미친 게 아니라 통찰력이 있는 것이다

선구자가 되기 위해서는 자신의 길을 가야 한다. 모든 사람이 당신에게 미쳤다고 말할지도 모르지만, 종종 그것은 당신이 올바른 방향으로 나아가고 있다는 것을 의미한다. 당신이 좋은 아이디어를 가지고 있다는 명백한 징후가 없을지도 모른다. 하지만 내면에서 당신은 알고 있다.

사실 사람들이 종종 반직관적이라고 부르는 것도 실제로는 직관적인 것이다. 조너스 소크(Jonas Salk)는 그 시대의 의학적인 정통성을 무시하고 그의 동료들과 완전히 다른 방향으로 나아가면서 세계 최초의 소아마비 백신을 만들었다. 장기이식의 아버지인 토마스 스타즐(Thomas Starzl) 박사는 논란이 되고 있는 그의 의학 연구에 회의적인 비평가들을 무시한 채 의학의 한 분야를 발전시켰다. 그는 세상에 대해서는 반직관적인 어떤 것에 대한 대단한 신봉자였다.

하나의 공동체로서 우리는 더 많은 사람이 그것을 할 수 있고, 더 잘할 수 있도록 지속 가능한 방식으로 직관적인 일을 지원해야 한다. 위대한 일을 하려면 새로운 아이디어의 육성을 허용하고 위험을 감수해야 한다. 지금 당장은 미친 제안처럼 보일 수 있는 일에 투자를 하고 그들이 성장할 수 있는 공간을 만들어야 한다.

그렇기 때문에 근본적인 직관이 무엇인지를 파악하고, 그것에 대한 우리의 이해를 분열시키는 꼬리표들을 제거하는 것이 매우 중요하다. 스티브 잡스와 같은 파괴적인 사상가들은 우뇌와 좌뇌를 결합시킬 수 있었다. 만약 우리가 미래에 어떻게 의사소통할 것인지를 사람들에게 가르치지 않는다면—만약 우리가 직관적인 과정을 부인하고 그것에 대한 새로운 언어를 찾지 않는다면—우리는 과거의 틀에 박힌 생각에 빠져들게 되고, 이것은 공동체인 우리를 더욱 갈라놓을 것이다. 우리가 이 새로운 에너지를 활용할 수 있다면 세상을—그 어느 때보다도—진정으로 변화시킬 수 있는 잠재력을 가지게 될 것이다.

— 칼 컬랜더(Carl Kurlander), Burden of Genius의 제작자,

St. Elmo's Fire의 공동 각본가

최초의 지능

이제 직관적으로 생각하기 위해 우리의 뇌를 다시 훈련시킬 때입니다. 과거에 우리의 지성은 자신이 모든 해답을 가지고 있다고 믿도록 우리를 속였습니다. 지성은 많은 일을 하면서 문제들을 계산하고 해결했지만 한 부분이 빠졌기 때문에 우리를 실패하게 만들었습니다. 지성의 동업자인 직관이 우리 마음의 시스템에 균형을 맞추는 일에 개입하지 않았기 때문이지요.

어린 시절에 우리는 학교에 가서 똑똑해지는 방법을 배웁니다. 하지만 우리는 똑똑한 것 그 이상이 될 수 있습니다. 우리는 비범해질 수 있는 것입니다. 그렇다면 왜 우리는 불완전한 정보 프로세스를 중심으로 우리의 전체 문명을 구축했을까요? 왜 우리는 직관에 대한 더 높은 접근 능력의 발전을 간과해 왔을까요?

왜 우리는 인지 능력의 절반만을 사용하여 스스로를 제한했을까요? 우리는 마치—바깥에 실제적이고 참여적인 세계가 있는데도—비디오 게임 속의 세상에 정착한 아이들처럼 행동해 왔습니다.

🌸 근본적 통찰

인류는 지성에 너무 몰두해서 우리의 '최초의 지성'이며 모든 사고에 앞서는 직관의 섬광을 간과해 왔다.

무엇보다도 먼저 직관적으로 사고하도록 우리 자신을 훈련함으로써 우리는 마침내 인간 정보 처리에 있어서 심각한 오작동을 시정할 수 있습니다. 우리는 처음으로 우리의 참된 의식적인 자기에 완전히 적응할 기회를 갖게 되었습니다. 우리가 우선적으로 직관을 가지고 사고하게 되면 우리는 자신의 직관을 무의식적인 생각, 감정, 두려움, 소망, 욕구, 욕망보다 우선시하게 됩니다. 직관이 우리의 인지 기능 피라미드의 꼭대기에 있을 때, 그것은 진리의 가장 높은 곳에서 우리를 안내합니다. 우리가 우리의 직관을 제대로 확보하게 되면 다른 모든 것은 제자리로 돌아갑니다.

직관적으로 생각하는 것의 이점을 이해하기 위해서 먼저 직관적으로 생각하지 않을 때 삶이 어떻게 보이는지 알아보기로 하겠습니다.

알아차림 직관의 결여

직관의 네 가지 경로가 우리 안에 존재하지만, 만약 우리가 어떤 한 유형이나 다른 유형에 대한 자연적인 친화력이 부족하거나 혹은 그것들 안에 심리적 장벽을 만든다면 우리는 직관이 부족해질 수 있습니다. 흐름이 멈추고 에너지가 통과하지 못하는 것입니다.

신체적 직관의 결핍은 질병, 부상, 또는 허약함 등으로 나타납니다. 알아차림 직관이 결여된 경우에 나타나는 고유의 증상이 있는데, 그중 일부는 다음과 같습니다. 당신은 이것들 중에서 관련되는 것이 있습니까? 만일 그러한 경우라면 알아차림 직관에 귀를 기울이는 것이 도움이 됩니다.

- 불안
- 혼자 있는 시간의 결여
- 강박적 사고
- 과로
- 걱정
- 너무 바쁜 느낌
- 우유부단함
- 삶의 방향성 결여

이러한 각각의 시나리오는 알아차림 직관이 차단되어 있음으로 나타나는 증상입니다. 당신의 마음은 막혀 있습니다. 많은 양의 정보를 쌓아 놓고도 문제를 해결하거나 결정을 내릴 수 없습니다. 그래서 당신은 결국 두려움이나 혼란 때문에 앞으로 나아갈 수 없는 이러한 정신적인 무인도로 들어가게 되는 것입니다. 당신은 당신이 의도한 대로 성장하고 발전할 수 없습니다.

이것은 직관을 따르지 않는 데에서 발생하는 진정한 비극입니다. 우리는 스스로의 성장을 방해하며 기회를 놓치고 있습니다. 직관은 우리가 깨어 있고, 우리의 빛을 세상에 비추기를 원합니다. 그래서 우리는 다른 사람들에게 위대한 봉사를 할 수 있는 것입니다. 우리가 내면의 지혜를 위한 공간을 만들려고 할 때, 우리는 무의식적인 사고의 마법을 깨뜨릴 수 있습니다. 직관은 우리를 두려움에서 벗어나게 하고, 혼란에서 벗어나 참된 힘의 원천인 우리의 중심부(Self, 초의식)로 다시 돌아오게 합니다.

통찰력은 심리적 고통에 대항하는 가장 큰 무기입니다. 해답, 길 그리고 아이디어는 항상 당신 안에 있습니다. 당신이 그것들을 의식적으로 받아들이기를 기다리고 있을 뿐입니다. 당신이 세상에 귀를 기울이면 당신은 세상의 집단적 망상에 속아 넘어갈 위험에 처하게 됩니다. 직관을 따라가는 것이 때로는 위험하거나 불편하게 느껴질 수도 있지만, 진짜 위험은 그것을 따르지 않을 때 일어납니다. 과도한 사고는 불만의 씨앗을 뿌립니다. 당신의 정신적 행복을 위협하는 모든 것을 말입니다. 그 대신에 당신의 내면의 지혜를 믿는 것은 궁극적인 치료입니다.

정신적 웰빙을 위한 직관

만약 우리가 우리의 정신적 행복을 회복, 유지, 또는 증진시키고 싶다면 직관이 그 열쇠입니다. 어떤 도전, 어려움, 고통에 직면하더라도 우리가 우리 자신을 근본적으로 신뢰한다면 그것을 극복할 수 있습니다. 우리가 경험하는 모든 것이 우리의 성장과 진화를 위한 배움의 과정이라는 깨달음이 확고하다면 우리는 깨뜨릴 수 없는 존재가 됩니다.

우리가 내적 힘의 중심에 서 있을 때 그 무엇도 우리를 막을 수 없습니다. 우리는—우리를 통해서 그리고 세상 안의 우리의 행동을 통해서 흐르는—우리 내면의 생명 자체의 무한한 가능성을 느낍니다. 이를 감당하기 위해서 우리는 우리의 개인적인 의지를 넘어서서 더 높은 곳으로 완전히 전환해야 합니다. 우리는 우리의 주관적인 마음이 헤아릴 수 있는 것보다 훨씬 더 많은 것이 작용하고 있다는 것을 인식해야 하고, 그러한 미지의 것에 발을 들여놓아야 합니다. 아이러니하게도 이 불확실성 안에 있는 미지의 존재가 모든 불안, 고통 그리고 불확실성에 대한 두려움을 치유합니다.

다음에는 당신이 지금 바로 당신의 알아차림 직관을 사용하여 (부정적 감정을 일으킬 수 있는) 마음의 고리를 떨쳐 버리고 당신의 삶을 평화로운 통찰력의 고요로 채울 수 있는 몇 가지 방법이 있습니다.

알아차림 직관 vs. 걱정, 불안 그리고 집착하는 생각

이 모든 증상은 우리 자신에 대한 신뢰 결여가 나타내는 특성입니다. 내면의 안내를 믿고 따르는 대신에 우리는 스스로 문제를 해결해야 한다고 생각합니다. 우리는 해결책이 자연스럽게 다가오도록 하는 대신에 강박적으로 사고합니다. 우리는 우리 삶의 자연스러운 직관적 흐름을 따라가는 대신에 걱정하고 두려워하는 것입니다. 우리가 자신을 신뢰하고, 삶이 우리의 제한된 의식으로는 이해할 수 없는 많은 것을 우리를 위해 저장해 두고 있다는 것을 받아들이면 두려움과 통제에 대한 필요성은 저절로 녹아 없어집니다.

알아차림 직관 vs. 스트레스, 과로, 혼자만의 시간 부족

바쁘다는 건 직관에 대해서는 크립토나이트[2]입니다. 삶의 분망함은 우리의 순수하고 단순한 직관이 결코 우리에게 도달할 수 없도록 과도한 사고 문화를 만들어 냅니다. 비록 우리가 모든 일을 진행시키고 있다고 생각하지만, 우리는 중요한 통찰을 놓치고 있기 때문에 정말로 큰 불이익을 받고 있습니다. 우리는 직관적인 안내가 거의 없이 매일을 살아가며 선택해야만 합니다. 그래서 우리는 머릿속에서 길을 잃고 최고의 길에서 멀어지는 것입니다. 오직 우리 시대의 질주를 늦추고 더 많은 여백을 찾는 것만이 우리의 정신 안에서 직관이 발언하는 상태로 되돌릴 수 있습니다. 그렇게 되면 우리는 직관과 일치하게 되어 궁극적으로 스트레스를 줄이고 시간 낭비를 막을 수 있는 더 나은, 더 빠른 선택을 할 수 있습니다. 이렇게 우리가 직관적으로 일을 할수록 우리는 더 많은 일을 할 수

---

2) [역주] 영화 〈슈퍼맨(Superman)〉에 나오는 가상의 화학 원소.

있습니다!

알아차림 직관 vs. 우유부단, 혼란 및 방향 부재

우리가 우리 머릿속에서 길을 잃고 우리의 삶을 구하기 위한 결정을 내리지 못한 경우가 얼마나 많았습니까? 우리는 우리 주위에서 너무 많은 목소리를 들어서 우리 자신의 목소리를 거의 식별할 수가 없습니다. 우리는 혼란에 빠져 있습니다. 왠지 우리의 직관의 신호는 우리를 외면합니다. 왜 그런 것일까요? 신호가 없는 것은 아닙니다. 어쩌면 우리가 그것을 알고 싶어 하지 않을 수도 있습니다. 혹은 직관이 우리에게 무엇을 말하고 있는지 알면서도 우리가 그것을 듣고 싶어 하지 않을 수도 있겠지요. 아니면 무의식적인 장벽이 우리가 그것을 듣지 못하게 하는 것일 수도 있습니다.

이런 상태에서 우리의 현재나 과거에 대한 집착이 우리를 망설이게 합니다. 우리가 직관의 신호를 경청하기로 의식적인 선택을 하고, 이러한 내면의 안내를 따르기 전까지 우리는 곤경에 빠져 있을 것입니다.

현자
"나는 안다."

■ **요소**: 공기

■ **경로**: 정신(사고하는 마음)

■ **키워드**: 앎, 분별, 지혜

■ **힘**: 깨우는 의식

■ **장애**: 불안, 우유부단함, 과잉 사고, 의심

■ **도움이 되는 실천**: 명상, 혼자 있는 시간, 알아차림

■ **직업**: 상담사, 교사, 과학자, 철학자, 작가, 장관, 코치, 정치인, 변호사, 정보 장교, 탐정, 언론인, 심리학자, 법의학자

■ **즐길 거리**: 알아차림 명상, 조용한 시간, 독서, 글쓰기, 지혜 공유, 세상 개선, 연구, 철학, 문제 해결

CHAPTER 10

현자의 연수: 내면의 안내의 이해

> 현자는 생각과 마음, 지성과 직관이 동시에 작용하는 사람이다.[1]
>
> —무지(Mooji)

내면의 진리에 눈뜸에 따라 우리는 내면의 지도력을 의식하게 됩니다. 직관의 앎을 지니면 우리는 지극한 마음의 명료함을 가지고 살 수 있습니다. 현자의 워크숍에서는 당신 내면의 지혜의 목소리를 명료하게 하기 위한 세 가지 중요한 실습을 제시합니다. 워크숍은 세 부분으로 나뉘어 있으며, 순서대로 완료되어야 합니다.

1. **알아차림 직관 조율** 우리의 알아차림 직관을 '활성화'하기 위해 우리는 삶에서 침묵이 우리에게 말할 수 있는 고요한 공간을 만드는 것으로 시작합니다.

2. **알아차림 직관 명상** 먼저, 직관적으로 사고하는 습관을 기르기 위해 우리는 만트라(mantra, 진언) 명상 연습을 할 수 있습니다. 당신은 이 명상을 당신의 정신을 맑게 하고 싶거나 직관적으로 사고하기 위해 '뇌를 재훈련하는'

---

1) 현자란 마음과 심정을 가진 사람이다": Mooji, Writing on Water: Spontaneous Utterances, Insights, and Drawings (Mumbai, India: Yogi Impressions Books, 2010), p. 114.

일을 하고 싶을 때 사용할 수 있습니다.

3. **알아차림 직관 연습** 통찰카드는 알아차림 직관과 함께 작업하기 위한 가장 좋은 도구 중 하나입니다. 이 연습은 당신의 직관을 개발하며, 당신의 삶에 대한 높은 통찰을 얻기 위한 직관의 절차를 사용하는 방법을 가르쳐 줍니다.

근본적 직관을 위한 조언 당신의 첫인상, 직관적인 공명, 분별 그리고 검증은 일생 동안 당신을 인도하기 위해 일합니다. 당신은 통찰카드를 사용하여 이러한 요소들이 당신의 내면에서 어떻게 작동하는지 알아보는 연습을 할 수 있습니다.

알아차림 직관 조율

첫째, 일상생활에서 여백의 공간을 만드세요. 우리의 삶이 얼마나 분주한지 생각해 보세요. 우리는 눈을 뜨자마자 하루를 준비하기 위해 서두르고, 하루 일을 시작하며, 음식을 먹고, 잠자리에 들고, 이 모든 것을 다시 반복하면서 쉴새 없이 움직입니다. 우리의 직관이 어떻게 이러한 혼란의 소용돌이를 헤쳐 나갈 수 있을까요?

심호흡을 하고, 속도를 줄이세요. 당신의 하루를 위한 공간을 만드세요. 외부 세계와 단절하고 당신의 내부 세계와 연결하는 시간을 만들어 보세요. 이 간단한 행동은 당신의 직관의 수문을 열 수 있습니다. 다음은 당신의 내면의 안내에 맞추기 위해 지금 바로 실천할 수 있는 작업 단계입니다.

1. 일정 관리에 공백 추가하기

이제 혼자만의 시간을 정하세요. 달력에 실제로 이것을 표기하고 그것에 우선 순위를 두세요. 매일 고요히 머물 수 있는 공간을 만들고 당신의 일상 활동의 틈새에서 숨을 쉬세요. 이를 위한 몇 가지 쉬운 방법은 다음과 같습니다.

• 하루를 시작하기 전에 20분 일찍 일어나 조용한 시간을 갖는다.

• 약간의 여가 시간을 위해 산책이나 휴식을 취할 수 있는 긴 점심시간을 정해 놓는다.

• 일을 마친 후, 특별히 오랜 샤워나 아로마테라피 목욕을 한다. 화장실은 종종 당신이 방해 받지 않는 유일한 장소이기 때문에 이것은 어린 아이를 둔 엄마들에게 특히 좋다.

• TV를 시청하는 대신에 저녁 산책을 하거나 시간을 내어 일기를 쓴다.

• 20분 일찍 잠자리에 들고 영감을 주는 잠자리 독서나 명상을 한다.

2. '당신'을 우선시하기

우리가 과로하게 되는 이유 중 하나는 우리 자신을 과도하게 확장하기 때문입니다. 최우선적으로 당신 자신을 위한 시간을 내겠다는 의도를 가지고 그 주위에 있는 다른 활동들을 이 의도에 맞추세요.

우리는 개인적인 성장 과정을 중심으로 우리의 생활을 설계해야 하는데도 불구하고, 많은 경우에 생활을 중심으로 개인적인 성장 과정을 설계합니다. 이것은 우리가 빠져드는 가장 큰 함정 중 하나입니다. 당신의 웰빙과 깨끗한 부엌 중 무엇이 더 중요합니까? 모든 일에는 시간과 장소가 있지만, 자신의 가치를 우선시하는 것은 지속 가능한 성장의 중요한 부분입니다. 당신을 우선시하기 위해 시작할 수 있는 몇 가지 방법은 다음과 같습니다.

• **약속을 최소화한다** 어떤 사회 활동에 대해서는 '아니요'라고 말할 수 있도록 스스로에게 허락하세요. 당신의 개인적 성장을 저해하는 활동에 당신의 시간과 에너지를 낭비하지 않는 것은 아주 중요한 일입니다.

• **에너지 소진을 방지하기 위해 생활을 간소화한다** 매일 당신 자신에게 에너지를 공급하는 활동들을 위한 시간을 만드세요. 당신이 좋아하는 일이 있다

면, 적어도 매일 조금씩은 그것을 하도록 하세요.

• **'자신의 시간'을 신성하게 만든다** 가능한 한 당신 자신을 중심에 두는 행사를 위주로 당신의 삶을 계획하세요. 만약 당신의 삶에서 자기 성장이 최우선이라면 당신의 일상생활에서 그것을 최우선 순위로 삼으세요.

3. 두뇌의 재훈련

직관의 기술은 당신이 생각하는 방식을 재프로그래밍하는 것입니다. 직관을 먼저 사용하고 지적인 마음이 이를 따르도록 하는 것은 완전히 새로운 사고방식입니다. 처음에는 약간의 연습이 필요할지도 모르지만, 곧 자연스럽게 느껴질 것입니다. 결국 이것이 우리가 자연스럽게 '생각하도록' 디자인된 방식이기 때문입니다. 당신은 몇 가지 쉬운 단계로 직관적으로 생각하도록 두뇌를 다시 훈련시킬 수 있습니다.

• **첫인상에 주목하라**

• **강박 사고의 순환을 중단하라** 걱정, 불안, 강박관념 등 당신이 '머리에 갇혀' 있을 때 의식적으로 몰두하는 그러한 생각들을 멈추세요. 삶은 항상 당신을 지원하며 포옹하고 있다는 것 그리고 당신이 정신적인 소음을 꺼 버릴 때 답이 더 쉽게 온다는 것을 기억하세요.

• **알아차려라** 현재 순간에 존재하며 사려 깊게 생활하는 것은 직관을 언제나 당신 마음대로 처리할 수 있는 단계를 마련할 것입니다.

• **당신의 통찰을 자각하라** 하루 종일 들어오는 빠른 통찰들을 무시하지 않고 포착하면 강력한 혁신, 해결책 및 성공으로 이어질 수 있습니다!

명상: 통찰을 위한 만트라와 확언

이 강력한 명상을 통해 당신의 마음을 침묵시키고 내면의 안내로 개방하세요.

마음을 침묵시키는 것으로 시작하세요. 숨을 들이마시면서 평화와 고요를 들이마시는 상상을 하고, 숨을 내쉬면서 모든 스트레스, 불안, 근심 그리고 쓸데없는 생각들을 내보내는 상상을 해 보세요.

차분하고 편안해질 때까지 이 들숨 날숨의 리듬을 반복하세요.

이 고요함 속에서 숨 쉬며 그 순간에 머물러 있으세요. 호흡을 느껴 보세요. 주변의 모든 공간을 경험해 보세요. 그리고 그것의 일부가 되세요. 당신의 존재를 지금 이 순간에 초점을 맞추어 보세요.

만약 엉뚱한 생각이 떠오르면 그것을 그냥 풀어 놓아 주고 다시 지금 이 순간으로 돌아오세요.

준비가 되었으면 마음속으로 또는 큰 소리로 다음과 같은 확언을 반복하십시오. 이 주문을 당신의 직관과 연결을 심화시키기 위해 사용하세요.

나는 내 삶에 영감을 불어넣고 이끌어 주는 통찰의 지혜를 믿는다.

명상을 끝낼 준비가 될 때까지 이 확언을 얼마든지 반복하세요.

이 명상 중에는 말라 구슬 팔찌나 목걸이를 사용할 수도 있습니다(『현자의 도구: 말라』 199쪽 참조). 당신이 마음을 가라앉히고 스트레스와 걱정을 풀어 놓을 때, 또는 당신의 직관과 다시 연결될 필요가 있을 때 언제든지 이 명상을 연습하세요.

알아차림 직관 연습: 통찰카드

통찰카드는 내면의 안내 체계와 함께 작업하는 가장 계발적이고 즐거운 방법 중 하나입니다. 통찰카드가 다른 유형의 카드와 다른 점은 이 카드가 단순히 이야기를 들려 주는 그림이라는 점입니다. 즉, 통찰력과 당신을 연결하는 은유적이고 상징적인 정보를 전달하는 상세 이미지입니다. 통찰카드는 단순한 예측 도구가 아니라 당신이 직관적 감수성에 익숙해지도록 도와주는 개발 도구입니다.

이 책의 197쪽에 있는 통찰카드의 견본 이미지를 사용하여 이 과정을 학습할 수 있습니다. 실습을 더 심화하려면 본인의 웹사이트(www.kimchestney.com/toolbox)를 방문하여 자신만의 통찰카드 한 벌을 다운로드하거나 근본적인 직관 대화형 e-deck를 가지고 작업을 하세요. 이 카드들은 특히 직관을 발달시키기 위해 만들어졌습니다. 본인의 통찰카드에는 '좋은' 카드나 '나쁜' 카드가 없습니다. 각 카드는 단순한 정보로서 당신 직관의 활용을 연습할 수 있는 무대를 제공하는 일상적인 대상, 상황 및 심상(心象)입니다. 통찰카드에는 선입견적 지식 시스템이 포함되어 있지 않습니다. 당신은 카드가 지닌 의미를 밖에서 찾으려고 애쓸 필요가 없습니다. 왜냐하면 당신만이 그 의미를 당신 안에 지니고 있기 때문입니다.

통찰카드는 다음과 같은 여러 가지 이유로 가장 좋은 직관 개발 도구 중 하나입니다.

- **그것은 당신의 생각을 뛰어넘는 데 도움이 됩니다** 잠시 멈춰서—잠시 마음속의 생각들을 끄고 자신을 직관적인 안내에 맞추면—당신은 직관이 자신에게 전달될 수 있는 공간을 만들 수 있습니다.
- **그것은 당신의 직관을 인지하도록 연습시킵니다** 통찰카드에 직관적으로 반응하는 연습을 하면 실제 직관이 어떤 느낌인지 인지하는 데 도움이 됩니다.

연습을 많이 하면 할수록 이 과정을 통해 더 편안해집니다.

• 그것은 직관 언어를 보여 줍니다　당신이 직관의 절차에 능숙해짐에 따라 당신은 직관적인 인상들이 나름의 언어를 창조하기 위해 어떻게 서로 맞추어지는지를 직접 경험하기 시작할 것입니다. 이것이 당신의 직관이 당신에게 말하는 개인적인 방식입니다.

통찰카드로 작업하기

통찰카드를 사용하면—직관 절차를 모든 카드에 적용함을 통하여—내면의 안내를 사용하여 어떤 선택을 하거나, 상황을 이해하거나, 문제를 해결하는 연습을 할 수 있습니다. 당신은 당신의 직관이 말하는 것을 발견할 것입니다. 당신의 카드를 외부의 어떤 지침을 통해 해석하는 대신에 당신 자신의 내면의 지혜를 따라감에 의해서 말입니다.

1. 의도를 정한다　통찰카드 사용을 시작하기 위해 당신이 찾고 있는 안내나 지혜에 대한 당신의 의도를 (원하는 바를 명확하게) 정할 수 있는 조용한 순간을 찾으세요. 펜과 종이를 준비해 두는 것이 좋습니다. 그러면 그 과정에서 당신에게 떠오르는 모든 아이디어를 기록할 수 있습니다. 시작하기 전에 잠시 명상을 하고, 사고하는 마음을 끄고 진동이 높은 직관적인 상태로 올라갑니다.

   당신의 생각을 침묵시키고 직관적인 통찰에 마음을 열어 보세요. 이 평온하고 고요한 공간에서 당신은 삶의 어떤 주제, 즉 당신이 내리는 어떤 결정이나 더 많은 이해가 필요한 어떤 상황에 대한 안내를 요청할 수 있습니다. 또는 당신이 지금 당장 필요한 통찰을 달라고 그냥 삶에게 요청하세요.

2. 카드를 뽑는다　카드를 선택할 준비가 되면 당신의 직관이 카드를 뽑도록 당신을 움직일 것입니다. 인쇄된 한 벌의 카드를 사용하는 경우에 지금 당

신에게 끌리는 카드를 바로 선택할 수 있습니다. 전자 데크로 작업하는 경우에는 데크를 클릭하면 올바른 카드가 제공됩니다.

3. 카드에서 통찰을 발견한다 카드가 드러나면 가장 먼저 눈에 띄는 것이 무엇인지 살펴보세요. 카드에서 무엇이 당신의 마음을 끕니까? 이것이 당신의 첫인상입니다. 당신의 카드가 가지고 있는 직관적인 메시지를 위한 출발점이지요. 거기서부터 카드의 의미를 드러내는 당신의 직관을 따라가세요. 공명, 분별 그리고 검증을 사용하여 그것이 당신에게 제공하는 특별한 통찰을 발견하세요.

근본적 직관을 위한 조언 통찰카드의 내용은 직관적으로 인식하는 방식만큼 중요하지 않습니다. 자신만의 고유한 직관과 삶의 상황에 따라 카드를 사용합니다. 여러 사람이 동일한 카드를 보고 여러 가지 상이한 직관적인 해석을 내릴 수 있습니다.

직관 절차를 사용하면 카드의 이미지를 보는 것만으로도 탁월한 통찰을 얻을 수 있습니다. 이 연습이 어떻게 작동하는지 설명하기 위해 다음의 통찰카드를 사용했습니다. 당신은 그것을 당신 자신의 연습에도 사용할 수 있습니다.

1. 첫인상 카드를 보면서 처음 눈에 띄는 것에 주의를 기울이세요. 이것이 당신의 출발점이며, 당신의 직관적인 안내를 위한 발판이 됩니다. 예를 들어, 제시된 통찰카드에서는 가장 먼저 중앙에 있는 눈을 예로 들어 보겠습니다. 이것이 당신의 첫 통찰, 즉 당신의 직관으로부터 온 입문적 메시지일 것입니다.

통찰카드의 활용

2. **공명**　다음으로, 당신의 관심은 어디에 쏠려 있나요? 또 무엇이 눈에 띄죠? 그리고 그것이 당신의 첫인상과 어떻게 관련이 있나요? 당신은 카드의 기호를 풀면서 카드 안에 펼쳐지는 상징적인 이야기가 떠오르나요? 당신이 인지한 것에 대해 어떤 통찰이나 직관적인 인상이 당신에게 다가옵니까? 예를 들어, 이 카드에서 당신이 중앙에 있는 눈 다음에 본 것을 말해 봅시다. 오른쪽 새의 눈 그리고 그다음에는 왼쪽 새의 눈이라고 합시다. 이 과정에서 '세 개의 눈'이라는 문구가 떠오릅니다. 카드에 있는 세 개의 눈은 당신의 주의를 끌며, 의미 있는 방법으로 서로 들어맞는 것처럼 보입니다.

3. **분별**　이제 남은 것은 조각들을 조립하는 것입니다. 당신은 알아차림 직관을 사용하여 당신 삶에 있어서 특정의 안내를 위한 상징의 의미를 식별할 수 있습니다. 카드의 세 눈을 관찰하고 그들과 더 깊이 공명하면서 어쩌면 그 통찰이 당신 자신의 '세 눈'을 사용하기 위해 당신에게 다가오고 있는지도 모릅니다. 카드가 당신에게 은유적이고 직관적으로 말하듯이, 카드의

의미를 자신에게 적용되는 것으로 '읽으세요'. 글쓰기는 종종 직관적인 흐름을 열어 주기 때문에 지금이 저널 쓰기를 시작하기 좋은 시점입니다.

당신이 뽑은 카드에 관한 일지를 작성할 때 생각이 흘러나오는 한 계속 쓰십시오. 약간의 안내(guidance)가 '클릭'되는 '아하'의 순간이 올 때까지 카드에 대한 공명과 상징을 가지고 계속 진행하세요. 카드가 의미 있게 닿을 때까지 계속 진행하십시오.

다음은 이 모든 것이 어떻게 결합될 수 있는지에 대한 예입니다.

나는 눈이 두 개 이상입니다. 큰 그림을 볼 수 있고, 나의 시야를 가리는 산 너머를 볼 수 있는 것은 오직 세 개의 '눈'을 사용함을 통해서입니다. 가운데에 있는 제3의 눈은 가장 크고 넓게 열린 눈이며, 이것은 지혜의 기회를 가장 많이 가지고 있다는 것을 의미합니다. 이것(=제3의 눈)은 지금으로서는 일종의 암흑 상자 속에 있는 것처럼 보이는데, 나는 빛나는 태양으로 상징되는 한낮의 빛 속에 그것을 내어 놓는 것이 중요하다고 느낍니다.

나는 삶이 나의 직관을 발달시키고 세상을 보는 더 큰 방법에 눈을 뜨도록 격려하고 있다는 것을 깨닫습니다. 내가 이렇게 하면 나의 길이 한낮의 빛 속에서 더욱 분명해질 것입니다.

4. 검증 현재 당신의 삶에서 무언가를 확인하거나 연결시켜 주는 것이 카드 안에 있나요? 많은 경우, 카드에 있는 어떤 것이 사물, 사람, 또는 우리 삶의 최근 경험과 직접 연결될 것입니다. 이것은 우리의 경험이 진실임을 강하게 알려 줍니다.

때때로 우리는 즉각적인 검증을 받지만 때로는 이것은 며칠 또는 몇 주 후에야 사실로 밝혀지기도 합니다. 예를 들어, 이 경우에 카드를 꺼낸 후 즉시 창 밖의 비둘기 두 마리가 보이는 검증을 얻을 수도 있습니다. 자연,

또는 TV나 표지판, 책 등 어디에서나 비둘기를 보게 되는 것은 장기간에 걸친 검증이 되겠지요. 당신이 받은 직관적인 안내를 진지하게 받아들이라는 것을 눈에 띄지 않게 상기시켜 주는 것입니다.

이러한 방식으로 카드를 사용하는 연습을 계속하면 직관의 절차가 더 쉬워지고 검증이 보다 명확해집니다. 이 방법은 직장에서의 프로젝트, 새로운 관계, 직업 경력의 선택, 육아에 관한 결정 등 당신 삶의 거의 모든 분야에서 사용할 수 있습니다. 어떤 경우이든 당신은 직관 과정에 대한 인식을 형성해 나갈 것이며, 당신의 직관은 당신에게 더 명확하게 말하기 시작할 것입니다.

결국 당신은 카드를 잘 사용하게 되어 나중에는 카드를 전혀 필요로 하지 않게 될 것입니다. 일단 당신이 당신의 직관 언어를 배우면 당신의 마음 자체가 카드가 됩니다. 실제로 직관 개발 도구는 당신의 마음 자체입니다. 요컨대, 통찰카드 연습의 목표는 당신의 마음이 직관과 매우 밀접하게 연결되어 당신이 어떠한 도구도 없이 언제 어디서나 직관을 사용할 수 있게 되는 것입니다.

현자의 도구: 말라

말라(Mala), 또는 기도 구슬은 현자의 도구입니다. 그것은 당신의 마음을 가라앉히고 당신의 두뇌가 먼저 직관적으로 생각하도록 훈련시킵니다. 말라는 기원전 10,000년 전으로 거슬러 올라가는 인류 역사상 가장 오래된 장식품 중 하나입니다. 그것은 전 세계의 문화에서 오랜 시간을 거쳐 명상과 기도 도구로 사용되어 왔습니다. 그것은 18개에서 109개의 구슬, 씨앗, 또는 조개껍데기로 구성되어 있습니다—그것은 정신을 집중시키고 침묵시키기 위해 단어 또는 주문의 반복을 지속하는 데 사용되는 팔찌나 목걸이입니다.

직관적 작업에서 우리는 우리의 직관의 상층 공간에 효과적으로 동조하기 위해 말라를 사용합니다. 명상을 하는 동안, 또는 당신이 내면의 지혜와 다시 연결될 필요가 있을 때마다 당신은 직관의 흐름 속으로 들어가거나, 침묵에 들어가거나, 혹은 통찰의 길을 열기 위해 말라 구슬을 사용할 수 있습니다.

가장 좋은 방법은 당신이 그 순간에 하고 싶은 변화나 당신이 구현하고 싶은 새로운 에너지를 나타내는 단어나 짧은 구절을 선택하는 것입니다. 만약 당신이 불안을 느낀다면, 당신은 '신뢰'라는 단어나 '나는 삶을 믿는다'라는 문구를 선택할 수 있습니다. 만트라는 스스로 선택한 단어나 구절로서 만트라를 집중하여 반복적으로 암송하면 평화, 사랑, 기쁨, 힘, 건강, 조화 등 고진동적인 특성의 구현에 도움이 됩니다. 힌두교와 불교의 수행에서 만트라는 종종 신성한 소리, 말, 또는 깊은 보편적 힘이 깃든 구호로 여깁니다. 우리의 목적에서 만트라는 직관적으로 울려 퍼지는 어떤 구절이 될 수 있습니다.

다음은 몇 가지 중요한 확언입니다.

- 모든 것이 잘될 것이다.
- 나는 치유되었다.
- 내 마음은 고요하다.
- 내 마음은 열려 있다.
- 나는 나의 직관을 믿는다.
- 나는 내 안의 빛을 초대한다.
- 나는 생명의 포용 안에서 안전하게 머물고 있다.
- 나는 무한하다.
- 진실은 내 안에 있다.

당신은 또한 직관적으로 자신만의 것을 만들 수 있습니다. 말라를 손에 쥐고 묻습니다. 균형을 재조정하고 완전해지기 위해서는 무엇이 필요한가? 나는 무슨 힘을 갖고 싶은가? 무엇을 끌어들이고 싶은가? 그것을 기록하고—큰 소리로 혹은 마음 속으로—반복하세요. 당신이 확언을 반복할 때마다 당신은 말라의 구슬을 하나 씩 앞으로 끌어당깁니다. 계속해서 조용히 앉아 말라와 함께 단어 또는 구절을 반복하세요. 당신이 그것에 더 많은 에너지를 쏟을수록 당신의 확언은 당신의 의식의 일부가 될 것입니다.

당신은 혼잡한 교통 상황이나 항공 여행과 같은 스트레스를 받는 상황에 처해 있는 동안에도 직관 개발 확언에서부터 마음을 안정시키는 것에 이르기까지 모든 것에 당신의 말라와 만트라를 사용할 수 있습니다. 이러한 확언들은 우리가 더 높은 의식의 에너지를 구현하는 데 도움이 되는 특별한 힘을 가지고 있습니다. 그것들은 무의식적인 생각의 패턴을 깨뜨리고 우리가 조용한 통찰의 장소에 서 우리의 마음을 재설정할 수 있게 해 줍니다. 이처럼 말라와 함께 만트라, 혹은 확언을 사용할 때 당신은 마법을 만들 수 있습니다. 말라는 아름다운 보석으로 정교하게 만들어진 장식품일 뿐만 아니라, 당신의 삶에서 명상과 통찰의 문화를 창조하는 데 도움을 주는 휴대용 도구입니다.

통찰력을 위한 말라의 활용 방법

1. **자신에게 공명을 일으키는 말라를 찾으라** 당신은 전 세계의 신성한 장소에서 온 수공예 목걸이와 팔찌들 중에서 당신이 원하는 것을 말라로 사용할 수 있습니다. 말라는 나무, 원석, 또는 씨앗과 같은 다양한 재료로 만들어지며, 당신이 원할 때 언제든지 그것을 착용하거나 소지할 수 있습니다.

2. **지금 이 순간 자신에게 맞는 만트라를 직관적으로 선택하라** 만약 당신이 신체적으로 건강하지 않다면, 당신의 신체적 직관 경로를 열기 위해 치유하는 만트라를 만드세요. 만약 당신이 길이 막혔다고 느끼고 통찰을 찾고 있다면, 더 많은 영감을 받고 직관적으로 될 수 있도록 도와주는 통찰 만트라를 만드세요. 당신의 목적이 무엇이든지 간에 당신의 전체 자기(whole self)에

다시 동조(同調)하는 만트라를 만드세요. 결여나 불균형의 상태에서 벗어나 직관이 번창하는 조화로움의 장소로 들어가도록 돕는 만트라 말입니다.

3. **말라를 사용하면서 평안을 얻으라** 원하는 손에 말라를 쥐고 엄지손가락과 검지손가락 사이에 말라가 걸릴 수 있도록 합니다. 엄지손가락을 사용하여 말라를 당기고 구슬을 하나씩 자기 자신을 향해—당신의 만트라를 한 번 반복할 때마다, 또는 각각의 호흡마다 하나씩 구슬을 당기십시오. 말라를 한바퀴 돌렸거나 또는 다른 연습으로 넘어갈 때까지 이 절차를 계속하십시오.

4. **명상적인 통찰에 주의를 기울이라** 말라 연습 중이나 직후에 나오는 모든 통찰을 기록하거나 메모해야 합니다. 종종 당신의 말라 연습의 침묵 속에서 통찰이 자연스럽게 흐릅니다. 마음을 가라앉히고 에너지를 끌어올림으로써 당신은 내면의 지혜가 말할 수 있는 공간을 만듭니다.

CHAPTER 11

CHAPTER 11

창조적 직관: 당신의 더 높은 소명

> 세상이 무엇을 필요로 하는지 묻지 마라. 무엇이 당신을 살아나게 하는지를 묻고, 그것을 행하라. 왜냐하면 세상이 필요로 하는 것은 참으로 살아 있는 사람들이기 때문이다.[1]
>
> —하워드 서먼(Howard Thurman), 미국의 작가, 철학자.

오직 당신만이 당신의 삶을 계획할 수 있습니다. 당신은 당신 자신에게 영감을 주고, 당신을 움직이게 하며, 삶의 목적을 달성해야 하는 더 높은 소명을 가지고 있습니다. 창조적 직관은 그 소명을 뒷받침하는 힘입니다. 그것은 당신의 삶을 창조할 수 있는 비전을 줍니다. 창조적 직관은 당신의 꿈과 포부를 통해서 당신이 무엇을 할 수 있는지를 보여 줍니다. 당신은 세상이 불가능하다고 말한 것들을 할 수 있습니다. 창조적 직관은 당신이 태어난 날부터 당신의 귀에 대고 속삭였습니다. 너는 이 일을 위해 태어났단다.

이러한 소명과 큰 꿈은 단지 희망 사항들이 아니며 환상이 아닙니다. 당신이 진정한 창조적 직관에 맞춰져 있을 때, 당신은 이 삶에서 무엇을 해야 하는지에 대한 내면적 감각과 그 삶을 현실로 만드는 길을 얻게 됩니다. 이 창조적인 힘은 작은 것에 머물거나 명예에 안주하는 것에 만족하지 않습니다. 그것은 당신이

---

1) "세상이 무엇을 필요로 하는지 묻지 마라": Howard Thurman, Sermons on the Parables (Maryknoll, NY: Orbis Books, 2018), ebook, ch. 5.

당신의 최고 자기(self)에 부합하는 삶을 살면서 세상에 가장 큰 영향을 미치도록 밀어붙입니다.

창조적 직관은 연금술입니다. 그것은 꿈을 현실로 바꿉니다. 아이디어를 사물로, 영감을 열정으로, 당신의 삶을 예술 작품으로 바꿉니다. 당신의 창조적 직관을 사용하는 법을 배우는 것은 본질적으로 당신 꿈을 직관적으로 현현하는 일입니다. 당신의 의식에 도달하는 직관적인 갈망과 새로운 생각들은 어떤 이유가 있어서 당신에게 오는 것입니다. 이들은 당신을 불러내기 위해 존재하며, 그다음 단계로 나아가기 위해 당신을 성장시키고 당신의 고유한 목표를 향해 발전시킬 수 있습니다.

이제 당신 자신의 길을 따라갈 시점입니다. 만약 당신이 다른 사람들과 사회의 지시를 따르고 있다면 어떻게 정직하게 당신의 직관을 따를 수 있겠습니까? 그럴 수는 없습니다. 다른 사람의 진실을 따르는 한 당신은 당신의 진실을 따르는 것이 아닙니다. 당신이 찾고 있는 해답을 가지고 있는 것은 (다른 이들이) 거의 다니지 않는 길, 전인미답의 길입니다. 거기서 마법을 찾을 수 있습니다. 거기서 당신의 직관의 진정한 목소리를 들을 수 있습니다.

오늘이 당신의 지구상에서의 마지막 날이라고 상상해 보세요. 당신이 평생을 살아온 삶과 당신이 행한 모든 선택이 당신을 바로 이 결정적인 순간으로 데려오기 위한 것이라고 상상해 보세요. 시련과 승리, 사랑과 상실, 아름다움과 추함을 돌아보면서 자신에게 다음과 같이 물어보세요. 만약 내가 다르게 해야했을 것이 하나 있다면 그것은 무엇일까?

당신은 당신의 인생을 최선을 다해 살았나요? 무엇이 당신의 삶을 더 좋게 만들었을까요? 만약 당신이 삶을 처음부터 다시 살 기회가 있다면 당신은 그것을 어떻게 바꿀 건가요? 이를 위해 호주 간호사인 브로니 웨어(Bronnie Ware)는 생애 말기에 있는 사람들을 대상으로 가장 후회되는 것이 무엇인지를 조사하여 기록했는데, 그것은 "다른 사람들이 내게 기대하는 삶이 아니라 나 자신에게 진실

된 삶을 살 수 있는 용기를 가지지 못했던 것"이었습니다. [2]

　모든 것이 끝나면 우리는 다음과 같이 말합니다. 나 자신에게 진실되게 살았으면 좋았을 텐데. 나의 내면의 목소리와 소명을 신뢰할 수 있을 정도로 강했더라면 좋았을 텐데. 남들이 시키는 대로 하지 말고 내면의 지혜와 영감에 귀 기울이는 데 더 많은 시간을 보냈으면 좋았을 텐데.

　이제 만약 당신이 그런 날들을 살았다면 당신의 삶이 어떻게 변했을지 상상해 보세요. 만약 당신이 그 꿈을 좇았다면요—당신이 꿈꾸어 온 미래에 대해 더 크게 말하고 기회를 잡았다면 말입니다. 또한 지금 당신이 자신에게 진실하게 살기 시작한다면 당신의 삶은 어떻게 보일지 상상해 보세요. 이것이 창조적 직관의 사업입니다.

직관과 심정

　당신의 직관은 세상에 필요한 것을 주기 위해 당신을 부르고 있습니다. 그리고 그 부름과 함께 그것을 가능하게 하는 재능이 따라옵니다. 당신의 소명은 무엇입니까? 내면의 깊은 곳에서 당신은 알고 있습니다. 그것이 당신을 살아나게 하는 것이기 때문입니다. 당신은 자신에게 주어진 재능들을 보고 자신의 소명을 느꼈고, 그 소명이 당신의 열망 속에서 속삭이는 것을 느꼈으며, 운명의 열린 문을 통해 그것으로 인도되었습니다. 당신은 위대한 우주적 전개에서 당신의 역할을 행하도록 만들어졌습니다. 당신의 직관은 당신만이 현실로 가져올 수 있는 마술을 열기 위해 특별히 제작된 열쇠와 같습니다.

　이것은 우리를 각자의 방식으로 특별하게 만들어 줍니다. 때때로 삶이 우리가

---

2) "생애 말기에 호주의 간호사인 브로니 웨어는 다음과 같이 기록했다": Bronnie Ware, "Top 5 Regrets of the Dying Huffington Post, January 21, 2012, https://www.huffpost.com/entry/top-5-regrets-of-the-dying_b_1220965.

생각하기에는 너무 커 보이기도 하지만, 진실은 우리가 각자의 인생 임무에 특별하게 전문화되어 있다는 것입니다. 지금 이 순간 당신의 삶에서 당신이 할 수 있는 일은 다른 누구도 대신할 수 없습니다. 당신이 접촉할 수 있는 사람들을 (동일하게) 접촉할 수 없으며, 아무도 당신이 당신의 독특한 재능과 삶의 경험에서 영감을 받아 창조할 것들을 대신 창조할 수도 없습니다.

당신의 재능을 발견하고 소유하는 것은 당신의 창조적 직관의 소관 사항입니다. 이것은 당신이 꿈을 향해 열정적으로, 힘차게 움직이도록 하기 때문에 심정의 직관이라고 불립니다. 우리는 욕망이나 감정이 아니라 최고 선(the highest good)에 대한 끌림의 힘인 창조적 직관에 의해 강요됩니다. 우리는 오직 우리 자신이 되고, 최선의 삶을 살고자 하는 욕망만을 가지고 있으며, 타인을 도와서 함께 일어설 수 있도록 모든 힘을 다해 일합니다.

이것이 우리의 일이 '심장을 가지고 있다'고 말하는 그토록 의미심장한 이유입니다. 우리가 온 마음으로 무언가를 할 때, 우리는 우리의 모든 것을 바쳐 사랑으로 그것을 행합니다. 우리는 그것으로부터 무엇인가를—돈, 성공, 명예, 물질적인 편안함 등—원해서가 아니라 오직 그 일을 사랑하기 때문에 행합니다. 그것이 우리의 소명이기 때문에 하는 거죠.

당신의 소명을 따르면 기분이 좋습니다. 당신의 목적에 부합하고 당신을 앞으로 그리고 위로 데려가는 중대한 삶의 흐름을 경험하는 것은 기분 좋은 일이지요. 그 보상은 행함 안에, 당신이 세상에서 창조하는 아름다움 안에 있습니다. 당신이 내면의 진리를 표현할 때 말입니다. 이것이 진정한 창조의 정신입니다.

✿ 근본적 통찰

창조성은 단지 예술을 창조하는 것이 아니라 당신의 삶을 창조하는 것이다.

창조적이 되기 위해서 당신은 예술가, 음악가, 또는 시인이 될 필요가 없습니다. 당신은 자신이 '창의적'이라고 생각하지 않을지 모르지만, 창조성은 모든 사람에게 장착되어 있는 직관 경로입니다. 우리는 창조자가 되기 위해 창조되었습니다. 우리가 예술을 창조할 때, 사업을 일으킬 때, 새로운 제품을 발명할 때 우리는 창조를 하는 것입니다. 우리가 세상을 변화시키기 위해 새로운 세대의 인간을 기를 때에도 우리는 창조하고 있는 것이지요.

그리고 우리는 단지 물건을 창조하지 않습니다. 우리는 에너지를 창조합니다. 우리는 사랑을 창조하고, 추진력을 창조하며, 변화와 자기실현의 기회를 창조합니다. 창조적 직관은 움직임에 관한 것입니다. 그것은 변화와 변환 그리고 우리 인류의 진화에 관한 것입니다. 우리가 우리 내면의 (창조적) 충동의 통로를 열어서 (이 충동이) 더 강해지고 활동적이 되도록 한다면 우리는 창조적 직관이 더 높은 에너지를 세상에 드러낼 수 있는 경로를 여는 것입니다―우리의 연금술을 사용하여 생각을 현실로 가져오고, 낮은 에너지를 높은 에너지로 변환시키는 것이지요.

우리가 창조적 직관을 지닐 때, 우리는 우리 자신의 능력에 발을 들여놓는 것입니다. 우리는 우리 내면의 강력한 힘을 이용하여 세상을 변화시킬 수 있습니다. 그 힘은 지금 당신 곁에 있습니다. 당신이 해야 할 일은 그 힘을 당신 자신의 것으로 만드는 것입니다. 영감이 떠오르면 그것에 따라 행동하세요. 새로운 아이디어가 떠오르면 그것을 마음에 새기세요. 내면의 열정적인 충동을 생명 그 자체에서 오는 신성한 부름으로 알고 존중하세요. 이렇게 하면 당신은 자신이 살아나는 것을 느낄 수 있을 것입니다.

직관의 심정

당신이 진정으로 살아 있다고 느끼는 순간은 당신이 온 마음을 가지고 살고 있는 순간입니다. 당신 전체가 함께하는 거죠. 당신은 당신의 영혼에 불을 붙이는 어떤 것에 대한 열정으로 불타오르고 있습니다. 당신은 창조적 직관의 에너지가 당신에게 영감을 주고 당신의 소명을 강요하는 것을 느낍니다.

🌸 근본적 통찰

무엇이 당신의 심장을 노래하게 하는가? 이것이 세계 안에서 당신의 진정한 길과 목적을 향한 소명이다.

창조적 직관의 구속 안에 있는 것은 사랑에 빠져 있는 것과 다르지 않습니다. 당신은 당신이 사랑하는 것에 대한 유일하고 열정적인 비전을 가지고 있습니다. 이것은 인간의 작은 감정의 사랑이 아니며, 지고한 것에 대한 위대한 사랑이고, 당신의 진정한 자기를 알고 그것이 되고자 하는 열정입니다. 그것은 두려움과 욕망으로 가득 찬 우리의 작고 이기적인 마음의 사랑이 아니며, 진리에 대한 깨달음에 의해 추동되는 우리의 보편적 심정의 사랑입니다.

직관은 우리를 움직이는 것에 깊게 연결되어 있기 때문에 종종 우리의 '심장'이라고 불립니다. 우리가 '심장에 귀 기울인다'고 말할 때, 우리는 우리의 크고 직관적인 심정을 생각하고 있는 것입니다. 우리는 개인적인 욕망, 두려움 그리고 자기중심적인 애착의 작은 심정 대신에 우리의 더 높은 심정에 귀를 기울입니다.

다음은 '큰 심정'과 '작은 심정'을 구별하는 특질들의 목록입니다.

작은 심정	큰 심정
자기중심적	상위 자기(higher self) 중심
에고에 기반한 집착	무조건적인 사랑
야망	열정
망상	비전
소유욕	자유
욕구에 기반함	권한 위임에 초점을 둠
두려움에 의해 동기 부여됨	신뢰에 의해 동기 부여됨

확장적 성장에 저항	확장적 성장의 창조
무의식적	의식적/초의식적

　당신은 어느 심정을 쓰시나요? 당신은 사랑할 때 확장적 성장의 장소에서 사랑합니까? 당신과 당신의 연인 사이에 자유와 가능성의 바람(風)이 함께 춤추고 있는 곳에서요? 아니면 두려움과 통제가 있는 곳에서 사랑하나요? 마치 당신이 가장 소중히 여기는 것을 잃어버릴까 봐 놓아 주는 것을 두려워하나요? 꿈을 꿀 때 당신은 세상을 위해 선을 창조하기를 열망합니까, 아니면 당신 자신의 이익을 얻기를 열망합니까? 자신의 진정한 동기가 무엇인지 자문해 보십시오. 당신의 열정 뒤에 숨은 힘은 무엇입니까? 당신의 대답은 당신의 심정에 대해 많은 것을 말해 줄 것입니다.

큰 심정 vs. 작은 심정

　큰 심정의 생각과 작은 심정의 생각의 차이에 대한 이해를 위해 예를 들어 보겠습니다. 두 명의 여성 사업가가 동시에 사업을 시작합니다. 둘 다 자신의 비전을 세상과 공유하는 데에 열정적입니다. 첫 해 동안에 둘 다 사업 계획을 세우고, 로고를 디자인하며, 회계장부를 만들고, 새로운 제품을 디자인합니다. 그러나 이들은 각자 업무를 확장하기 위해 근본적으로 다른 접근 방식을 취합니다.

　첫 번째 여성은 자신의 브랜드 이미지에 에너지를 쏟아붓습니다. 그녀는 전문적인 사진 촬영에 수천 달러를 투자하고, 인스타그램과 블로그에 매일 3~4시간씩 자신의 이야기와 인생 모험에 관한 글을 올리며, 사진과 함께 그녀의 사업을 위한 아름다운 패키지를 만듭니다. 하지만 몇 달이 지나도 그녀는 여전히 어떠한 성공적인 제품이나 서비스도 내놓지 못합니다. 그녀는 비록 인상적인 내용을 많은 사람들과 공유하긴 하지만 개인적인 차원에서는 누구와도 거의 교류하지 않기 때문에 그녀는 고립되고 지역 사회와 단절된 느낌을 받습니다.

다른 여성은 다음과 같은 물음으로 시작합니다. 내가 다른 사람들을 위해 봉사하도록 어떤 부름을 받고 있을까? 그녀는 즉시 자신의 독특한 적성과 재능을 구현한 일련의 서비스를 개발하기 시작합니다. 그녀는 어떤 서비스가 고객에게 반향을 일으키는지 알아보기 위해 포커스 그룹과 현장 테스트를 합니다. 이 과정에서 그녀는 자신이 봉사하는 사람들과 더 깊이 연결될 수 있는 신뢰와 기회를 제공하는 전문적인 브랜드 정체성을 구축합니다. 그녀의 커뮤니티는 그녀를 더 잘 아는 충성도 높은 고객들로 번창하고 있습니다.

그해 말에 첫 번째 여성은 자신의 열정을 접고 사업을 포기합니다. 지속 가능하지 않다고 생각하면서요. 두 번째 여성은 천천히, 그러나 확실히 그녀의 열정 프로젝트를 그녀가 사랑하는 직업으로 성장시킵니다.

직관적인 내면의 소명을 따르고 있는 이 두 여성의 차이를 나타내는 것은 무엇일까요? 왜 한 사람은 성공하고, 다른 한 사람은 성공하지 못했을까요? 그 대답은 그들이 어느 심정을 따르는지와 관련이 있습니다.

첫 번째 여성은 매우 열정적이지만, 그녀의 에너지는 그녀가 봉사하는 사람들보다 자신에게 더 집중됩니다. 그녀는 자신이 가치 있다는 것을 세계에 증명하고 싶은 욕심이 커서 사업의 가장 중요한 부분인 고객과의 관계를 놓치고 있었습니다. 그녀의 작은 심정에 자극을 받아 그녀는 성공을 거두기도 전에 성공의 이미지를 만들어 냅니다. 그녀는 실제로 의미 있는 방법으로 다른 사람들을 섬기기 전에 다른 사람들의 숭배를 구합니다.

반면에, 두 번째 여성은 모든 것이 그녀의 고객들에 관한 것입니다. 그녀는 자신이 사회적으로 인정 받는 것보다는 사람들의 삶에 긍정적인 영향을 산출하는 것에 우선적인 관심을 기울입니다. 이 사심 없는 관점은 그녀만의 독특한 방법으로 다른 사람들을 돕는 가치 있는 제품을 만들 수 있는 비전을 그녀에게 제공합니다. 그녀는 자신의 큰 심정을 따르고 있는 것입니다. 이 마음은 우리를 성장하고 창조하라고 부릅니다. 두 번째 여성은 — 내부의 실제 자기와 외부의 실제

공동체를 연결하면서—생명과 공동 창조를 합니다.

어떤 일이든 성공하기 위해서는 큰 심정을 따를 필요가 있습니다. 비록 당신이 두려움이나 의심을 가지고 있다고 할지라도, 성공은 그러한 것들을 치워 버리고 당신이 부름받은 큰 그림을 신뢰함으로써 옵니다. 당신이 세상에 미치는 영향—삶의 개선, 삶의 문제의 해결 그리고 당신이 세상에 가져오는 사랑—이 창조적 직관의 진정한 힘입니다. 당신이 진리를 따라 살며 당신 내면의 창조력을 열어젖힘으로서 오는 분출은 진정으로 살아 있음의 극치입니다. 당신의 심장이 가장 높고 직관적으로 안내된 목적을 가지고 뛸 때, 당신은 자기실현이 되고 있는 것입니다.

창의성은 응용된 직관이다

내가 창의적인가 하는 질문 대신에 다음과 같은 질문을 할 수 있습니다. 나는 무엇을 창조하고 있을까? 내가 세상에 어떤 에너지를 가져오고 있는가? 내가 다른 사람들을 돕고 있나? 다른 사람을 사랑하고 있나? 다른 사람들에게 영감을 주거나 이끌어 주고 있는가? 세상을 더 나은 곳으로 만들고 있나? 그리고 만약 당신이 이러한 일들을 스스로 원하는 만큼 하고 있지 않다면 무엇이 당신을 망설이게 하고 있는 것일까요? 두려움인가요? 방도나 시간이 부족해서 인가요? 아니면 당신의 직관에 대한 신뢰가 부족한 것이 아닐까요? 왜냐하면 당신의 직관은 당신이 정말로 그것을 믿기만 한다면 그 모든 장애물을 처리하는 방법을 당신에게 보여 줄 수 있기 때문입니다.

🏵 근본적 통찰
모든 사람은 자신들의 직관의 정도 만큼 성장하고 진화한다.

창의적이 됨으로써 우리는 직관을 세상에 적용하게 됩니다. 이것이 창의성이 사고하는 마음에 근거한 우리의 문화에서 직관의 거점으로 남아 있는 이유입니다. 창의력은 부정할 수 없을 정도로 강력한 힘입니다. 세상은 창조성의 신비와 천재성을—그것이 무엇인지 이해하지 못하는 경우에도—높이 평가하는데, 그 까닭은 그것이 실제 사물과 가시적인 성과를 만들어 내기 때문입니다. 창의력을 통해 우리는 세상을 만듭니다. 우리는 스스로를 표현하고, 문제를 해결하며, 혁신하고, 함께 모여 우리의 삶을 변화시킵니다. 창의력은 직관을 현실로 만듭니다.

우리의 상상력은 검증되지 않은 창의력입니다. 우리는 창조적인 과정을 통해 검증되지 않은 아이디어를 현실로 끌어낼 수 있도록 영감을 받습니다. 우리는 능동적으로 우리의 창조적인 아이디어를 세상에 내놓음으로써 이것을 행합니다. 또한 우리는 에너지가 넘치는 차원—이를 우리의 생각의 힘으로 자석처럼 끌어당김으로써—위에서 우리의 삶을 창조합니다. 우리가 무언가를 상상할 때, 우리는 그것을 현실로 창조하는 첫걸음을 내딛습니다.

다음은 창조적 직관을 경험하는 몇 가지 방법입니다.

- 특정의 직업이나 재능으로 이끌린다.
- 이전에는 생각지도 못했던 아이디어가 떠오른다.
- 다른 것 또는 새로운 것을 시도하도록 영감을 받는다.
- 무언가가 자신을 통해 창조되는 것처럼 '흐름 속에 있음'을 느낀다.

비록 당신이 자신을 창조적인 사람이라고 생각하지 않더라도, 당신은 매일 창조적인 직관을 사용합니다. 삶을 꾸려 나가면서 당신의 내면의 힘은 삶의 경험을 심화시키고, 의식을 확장시키게 될 새로운 것들을 창조하고 행하도록 당신을 자극하고 있습니다.

궁극적으로 당신은 무언가를 창조하지 않습니다. 당신은 당신 자신을 창조하고 있습니다.

당신은 당신 삶의 예술가입니다. 각각의 선택, 도전, 시련, 혹은 승리는 당신의 존재를 당신 자신의 걸작으로 조각합니다. 당신은 걸작이 되기 위해 화려한 학위를 얻거나, 세계를 여행하거나, 유명해질 필요가 없습니다. 당신은 이미 걸작입니다. 당신이 창조적 직관에 더 많이 접근할수록 진정한 당신, 즉 당신의 가장 좋은 버전이 더 많이 드러납니다.

비전가 원형: 천재의 문턱

만약 당신이 강한 창조적 직관을 가지고 있다면 당신은 비전가 원형과 관련되어 있습니다. 당신은 타고난 선각자이자 창조자 중 한 사람입니다. 당신은 환상적인 새로운 것들을 상상하고 그것들을 현실로 만들 수 있는 힘을 가지고 있습니다. 당신은 리더들의 리더입니다. 왜냐하면 당신은 다른 사람들을 따르는 대신에 자기 자신을 따르니까요. 당신은 무엇보다도 당신 내면의 독특한 천재성의 추진력에 이끌리게 됩니다. 당신의 특별한 비전은 당신에게 변화를 일으키고 세상을 더 나은 곳으로 만들 수 있는 힘을 줍니다.

변혁은 창조적 직관을 통해 진동하는 에너지입니다.

당신에게 영감을 주고, 당신을 추동하는 이런 종류의 직관의 목적은 당신의 의식의 진화를 통해 직관을 현실로 구현하는 것입니다. 당신은 생명과 우주의 팽창적인 흐름과 일치하여 당신의 외부 현실을 성장시키고 변화시키며, 확장시킬 수 있습니다. 당신은 당신 주위의 세상과 아름답게 공동 창조를 합니다. 문은 열려 있고, 당신은 제 시간에 적절한 장소에 있습니다. 동시성이 충만합니다. 당신의 비전과 행동은 창조된 세계에서 우주적인 에너지가 나타나는 통로가 됩니다.

당신은 무한한 구현 능력을 가지고 있고, 인생에서 당신이 원하는 것을 쉽게 끌어당기고 만들 수 있습니다. 가끔은 당신이 해야 하는 모든 것이 마치 마술처럼 당신의 삶에 나타나는 것처럼 느껴지기도 합니다. 당신이 직업을 바꿀 준비가 되었을 때, 갑자기 취업 기회가 나타나는 것은 놀라운 일이 아닙니다. 당신은 등산을 시작하려고 꿈꿀지도 모릅니다. 그런데 그것은 새로운 친구를 사귀기 위한 것일 수 있습니다. 그 친구가 로키산맥에서 주말을 보내자고 당신을 초대할 수도 있겠지요.

창조적 직관을 통해서 우리는 부동의 원동자(the unmoved Mover)[3]에 의해 움직입니다. 창조적 직관은 우리 내면의 자기와 현실화된 자기 사이의 접촉점입니다. 이곳은 우리의 창조력이 우주의 창조력과 만나는 마법의 지점입니다. 우리는 살고, 창조합니다. 우리는 예술을 만들고, 물건을 만들며, 사업, 제품, 서비스를 만들고, 꿈과 운명을 만듭니다. 우리는 인간관계를 만들고, 심지어 서로를 만들기도 합니다. 우리는 모두 창조자입니다.

직관적 비전의 독창성

창조적 직관은 우리에게 비범한 창조 능력을 줍니다. 창조적 직관은 다른 사람들이 만드는 것을 만들라고 말하지 않습니다. 그것은 단지 세상을 추종하는 일일 뿐이니까요. 창조적 직관의 진정한 마술은 당신만의 잠재력으로 창조하는 방법을 보여 준다는 것입니다.

당신의 내면의 천재성을 따라가는 이 방향 전환은 비전가의 표식입니다. 진정한 비전가는 그들 주위의 세계를 볼 수 있을 뿐만 아니라, 앞과 뒤의 세계도 볼 수 있습니다. 이들은 직관적으로 진보와 변혁의 문턱으로 안내됩니다. 그들은 더 나은 미래를 위해 싸우는 얼리 어답터, 개척자, 혁명가들입니다.

비전가들은 사물을 처음으로 (다른 사람들이 보지 못한 방식으로) 봅니다. 그들은 지각력이 있고 게임을 5단계는 앞서서 볼 수 있는 선견지명도 지니고 있습니다. 그

---

3) [역주] '부동의 원동자'란 스스로는 움직이지 않으면서 다른 모든 것을 움직이게 하는 근원적 실체를 의미한다. 이것이 우주 운행의 최고 원리라고 아리스토텔레스는 『형이상학』에서 말했다[Aristoteles 저/조대호 역 (2018). 『형이상학』. 서울: 도서출판 길, p. 477].

리고 또한 그들은 자신의 비전을 삶을 변화시키는 행동으로 옮길 수 있는 열정과 동기를 가지고 있습니다.

근본적 통찰

직관은 리더들을 이끌도록 되어 있다. 왜냐하면 그들은 직관의 문턱에 와 있기 때문이다.

우리가 새로운 개척지에 도착하면 따라갈 사람이 아무도 없습니다. 우리가 창조의 문턱에 서 있을 때, 따를 수 있는 유일한 것은 우리 자신뿐입니다. 작업할 청사진도 없고, 벤치마킹할 시나리오도 없으며, 가르침을 청할 다른 사람도 없습니다. 우리는 우리 내면의 창조력의 공명적인 안내만 가지고 있습니다. 여기 이 장소에서는 놀라운 일들이 일어납니다.

창조의 문턱에서 우리의 마음은 자유롭습니다. 그러므로 우리는 세상의 영향에서 벗어나서 순수하게 창조하고 구현할 수 있습니다. 창조적 직관을 통해 우리는 저 너머로 이동하게 됩니다. 최초이자 새롭고, 진화적인 모든 것은 직관의 광대한 변경(邊境)에서 비롯됩니다.

당신이 따를 것은 오직 당신 내면의 진실뿐입니다. 위대한 리더들은 그들 자신 안에 있는 구루(guru)를 따르며, 이로부터 아이디어와 영감을 직접 얻습니다. 위대한 교사들은 단지 그들 앞에 있는 사람들의 생각을 앵무새처럼 흉내 내는 것이 아니라 '심장으로 가르치며', 그들만의 독특한, 직관적으로 영감을 받은 메시지를 세상에 내보냅니다.

당신은 당신이 하는 일에서 최고가 되고 싶습니까? 그렇다면 당신의 직관이 당신을 한 걸음씩 안내하도록 하세요. 당신의 관심을 다른 사람들이 하고 있는 방식이 아니라 그들이 할 수 없는 독특하고 다른 방식으로 전환하세요. 그것이 성공의 비결입니다. 세상에 대한 당신의 독특한 봉사는 어떤 특정한 길을 걷는 것이 아니라 당신만의 길을 만드는 것입니다.

익숙한 구역 밖에서 편안하게 지내기

자신만의 길을 걷는 것은 두려울 수 있습니다. 익숙한 길을 걷는 것이 훨씬 더 쉬워 보일지 모르지만, 다른 사람들이 안전하게 걸어온 길은 진정한 당신을 향한 길이 아닙니다. 그 길은 아직 아무도 걷지 못한 길이며, 당신말고는 그 길을 걸을 수 없습니다.

그 길은 당신을—미지의 위험과 보상이 있는—황야를 지나게 할 수도 있지만, 그것은 진정한 자기 발견의 길입니다. 당신의 편안한 영역 밖에 있는 이곳은 당신이 더 많은 것을 이룰 수 있는 곳입니다. 새로운 것을 시도하면서 새로운 삶의 방식을 탐구해야만 우리의 의식을 확장할 수 있습니다. 이것은 안전지대에서는 일어나지 않습니다. 우리는 소파에 앉아서 TV를 보는 것으로는 진화하지 않습니다. 우리는 점점 더 발전하기 위해 자신에게 도전함으로써 진화합니다.

우리 모두는 우리가 우리 것이라고 부르는 이 삶을 창조하는 예술가입니다. 우리가 하는 모든 선택은 삶이라는 거대한 캔버스에 한 획씩을 긋는 일입니다. 당신은 무엇을 창조하고 있습니까? 각각의 결정이 직관에 의해 인도된다면 모든 삶은 걸작이 될 수 있습니다. 우리가 실수를 하더라도 그러한 결심들은 우리의 캔버스에 깊이와 차원을 더합니다. 어떤 그림도 완벽한 필치로 그려지지 않지요. 그것은 창조와 파괴의 과정입니다. 우리의 실수는 종종 우리를 예상치 못한 발견으로 이끌고, 우리는 '실패하면서' 마법을 만들어 냅니다. 우리가 배우고 있는 한 실패는 없습니다. 포기하지 않는 한 우리는 여전히 그 걸작을 창조하고 있는 것입니다.

우리가 우리의 삶을 창조해 나갈 때, 우리를 삶의 흐름 속에 머물게 하기 위해서는 너무 경직되지 않는 것이 중요합니다. 만약 우리의 걸작의 일부가 잘 맞아들지 않는다면—만약 어떤 것이 해결되지 않거나 옳다고 느껴지지 않는다면—그것을 고치는 것은 우리 자신에게 주어진 의무입니다. 우리는 약간의 위험을 감수하며 한 번도 해 본 적이 없는 것을 시도해야 할지도 모르지만, 결코 우리 자신을 위태롭게 하지 않았다는 것을 알게 될 것입니다.

근본적 통찰

타협을 하고 사는 것보다 파멸을 감수하는 것이 낫다.

　당신의 직관은 온전한 당신 자신이 되기를 원합니다. 그것은 당신이 당신의 원칙에 대해 타협을 하거나 반쪽짜리 삶에 안주하는 것을 원하지 않습니다. 화가가 그림을 창조할 때 그 대부분이 아무리 아름다울지라도, 그것의 일부가 미완성이거나 결함이 있는 채로 남아 있다면 그림은 불완전한 것입니다. 예수는 이렇게 말했습니다. 완전하라! 이것이 직관의 메시지입니다. 우리가 최고의 자기가 되는 것이 아니면 만족하지 않을 때, 우리는 (평범한) 예술 작품과 걸작의 차이를 알게 됩니다.

　창조적 직관은 좋은 삶과 위대한 삶 사이의 차이를 만듭니다. 그것 없이도 살 수 있지만, 그것으로 당신은 비범해질 수 있습니다. 그러나 비범한 삶은 비범한 척도를 요구합니다. 당신은 기꺼이 당신의 심정을 따라 미지의 영역으로, 당신이 자신의 한계를 뛰어넘을 수 있는 미개척지로 그리고 거대하고 한계가 없는 미지의 잠재력에 도달해야 합니다.

비범한 사람들, 탁월한 통찰력

직관으로 하여금 당신이 신비를 통과해 가도록 이끌게 하라

　직관의 소명은 당신이 들어야만 하는 무엇이다. 삶 자체가 직관에 대한─우리를 나아가도록 부르는 '다른 무엇'에 대한─충실한 경청이다. 때때로 이것은 도전적일 수 있다.

왜냐하면 우리는 항상 우리가 무엇을 향해서 부름을 받고 있는지를 알지 못하기 때문이다. 삶에는 많은 수수께끼가 있고, 많은 불확실성이 있으며 모험적이다. 그러나 우리는 결과를 알지 못할 때에도 (직관의 소명에) 충성스러워야 한다.

우리가 직관, 창조력, 천재성에 관해 이야기할 때, 우리는 미지의 것에 대해 다루고 있는 것이다. 우리는 불가사의 속에 있다. 그러면 어떻게 해야 그 불가사의 속에서 잘살 수 있을까? 직관적이며, 용감하고, 품위를 지니는 것, 정체되어 있거나 예상되는 어떤 것에 익숙해지지 않는 것이다. 직관은 사물이 끊임없이 변화하고 있음을 인지하는 것이며, 우리의 소명은 우리가 그 변화와 어떻게 관계되는가 하는 것이다. 의식(儀式)과 아름다움은 그 순간들을 나타낼 수 있고—그 순간들을 장식할 수 있고—그리고 우리가 그것과 함께 변화하는 것을 도울 수 있다.

아름다움, 경이로움, 일시성—이것들은 우리를 살아 있게 한다. 살기 위해서 우리는 직관을 경청해야 한다. 우리는 믿고 용기를 내야 한다. 인생은 실패를 허용하고 다시 일어서는 것이다.

— 데이 실드크렛(Day Schildkret), 『아침 제단: 자연, 예술, 의식을 통해 당신의 정신을 기르기 위한 7단계 실천』의 저자

의식적 공동 창조: 직관의 두 가지 경로

우주는 창조성에서 생겨났습니다. 1막은 창조의 장이었지요. 창조적인 우주 속에서 사는 우리 역시 창조자라는 것이 딱 들어맞는 말입니다. 우리가 이미 현존해 온 존재 자체의 창조적 힘에 우리 자신의 상상력의 에너지를 불어넣을 수 있다는 것은 얼마나 흥미로운 일인가요!

당신의 개인적 의식은 우주적 의식에 맞추어 조율되며, 이를 통해 실재에 대한 비전을 공유합니다. 당신은 의식적으로 매일 생명과 함께 공동 창조를 합니다. 당신의 생각, 관념, 상상 그리고 의도는 당신의 삶의 리듬을 나타냅니다. 당신의

창조적 직관은 그 모든 것의 연결고리입니다.

당신의 창조적 직관을 통해 삶은 당신을 부르며, 당신을 움직입니다. 그것은 당신에게 영감을 주고, 흥분시키며, 당신이 꿈꾸는 삶을 창조할 수 있는 문을 열어줍니다. 뭔가 할 생각이 떠올랐고, 그것을 해내기 전까지는 쉴 수가 없었던 적이 있었나요? 아니면 당신이 오랫동안 무시했음에도 어떤 행동을 하라고 계속 당신을 자극하며 압박하는 부름을 느꼈던 적이 있습니까? 이것이 바로 당신의 창조적 직관이 당신을 부르는 것이며, 상위 버전의 당신이 길을 안내하는 것이고, 더 높고 선견지명이 있는 관점에서 그 일을 행하라고 권하고 있는 것입니다.

이것이 바로 새로운 아이디어가 세상에 들어오는 방법입니다. 천재적인 아이디어와 창조적인 비전은 우리가 그것들을 현실로 만들기 위해 취하는 행동을 통하여 생각에서 현실로 이동합니다. 만약 우리가 책에 대한 좋은 아이디어가 있다면, 우리는 책을 쓰고 세상과 공유하면서 공동 창작합니다. 만약 우리가 새로운 사업을 시작하도록 영감을 받는다면, 우리는 그 사업을 현실화할 때 공동 창조를 합니다. 창조적 직관을 통해 우리의 생각, 관념 그리고 상상력이 현실이 됩니다.

우주와 더불어서 우리는 이런 방식으로 공동 창조를 합니다. 우리는 초의식적 영감의 장소로부터 (비전과 아이디어를 받아서) 건설하고, 제작하며, 디자인하고, 창조합니다. 우리의 최고 자기는 우리의 최고 가능성의 아름다움을 보며, 우리 삶에서 그 에너지를 표현하기 위해 우리를 움직이고 있습니다. 이런 종류의 창조성은 우리의 참된 자기와의 깊은 결합―알 수 있는 자기와 알 수 없는 자기의 합일―에서 생겨납니다. 창조자와 피조자가 함께 세계의 더 큰 선을 위해 공동 현현의 과정을 공유하는 것입니다.

직관의 두 가지 실천은 다음과 같습니다. 우리는 직관적인 인상을 받고, 그것을 따릅니다. 우리는 고요함과 활동의 양면에서 우리의 최고 자기와 연결될 수 있습니다. 우리는 고요함 속에서 영감을 받고, 삶 속에서 그 고요함에 따라 행동합니다. 이처럼 직관은 두 단계 모두가 아니면 충족되지 못한 채로 남아 있게 됩니다. 통찰력을 얻는 것은 강력한 일이지만, 우리가 올바른 행동을 통해 그 지혜에 경의를 표하지 않는다면 무슨 소용이 있겠습니까?

근본적 통찰

직관의 과정은 두 부분으로 되어 있다. 첫째, 우리는 그것을 인지하게 되며,
그다음에 그것을 따른다.

역사상 가장 오래되고 가장 강력한 아이콘 중 하나는 음(陰)과 양(陽)입니다. 그것을 통해 우리는 우리 세계의 이중성을 인정한 것입니다. 빛과 어둠, 에너지와 물질, 여성적이고 남성적인 상징 이상으로, 우리는 매일 음과 양의 이중성 속에서 살아갑니다. 우리는 생각하고 표현하며, 주고 받으며, 영감을 얻고, 창조합니다. 이것은 우리 세계 안에서 직관적으로 존재함과 직관적으로 생성함의 과정입니다.

인간의 생명은 우주의 에너지를 수용하고 표현하는 상호작용입니다. 입력과 출력이지요. 음(陰)에서 우리는 생명으로부터 에너지, 영감 그리고 안내를 받습니다. 양(陽)에서 우리는 우리의 행위를 향한 자유 의지를 통해 그 에너지를 가져옵니다. 직관은 우리의 성장과 진화에 힘을 실어 주는 이 순환의 이면에 있는 발전소입니다.

직관은 우리를 통해 생명을 창조할 수 있게 합니다. 우리에게 영감을 주죠. 그것은 창조적인 행동을 하는 우리를 통해 흐릅니다. 우리가 우리의 열정을 따를 때, 우리는 창조적인 힘의 온전한 지배를 받습니다. 자기인식에서 자기실현에 이르기까지 우리는 우리의 진리를 인식하게 되고, 우리는 그 진리와 하나되어 살아갑니다. 통찰력은 우리가 더 높은 지혜를 이용하고 그것에 따라 살 수 있게 해주는 완전하고 직관에 기초한 삶의 실천입니다.

창조적 직관의 예

- 새로운 시도를 할 수 있는 영감을 얻음
- 예술, 음악, 시, 또는 음식의 창작
- 새로운 또는 성공적인 비즈니스 구축
- 세상의 변화에 대한 옹호
- 새로운 또는 혁신적인 아이디어의 획득
- 예술적 천재성에 대한 접근
- 새로운 트렌드의 설정
- 새로운 해결책 개발
- 길을 선도함
- 최고의 인생 표현

창조적 직관은 구현(구체적 현실로 실현시킴) 과정과 깊이 연관되어 있습니다. 끌림의 법칙(the law of attraction)을 통해 당신의 생각, 의도 그리고 상상력은 당신의 삶에 에너지를 끌어당깁니다. 우리는 그것을 끌어들이기 위해 우리가 원하는 삶을 시각화하도록 가르침을 받습니다. 만약 우리가 번영을 원한다면, 우리는 우리의 꿈인 풍요로운 삶을 상상합니다. 우리가 진정한 사랑을 원한다면, 우리는 의식적으로 그러한 사랑을 위한 (마음의) 공간을 확보합니다.

당신의 생각은 자석과 같습니다. 당신에게 오는 모든 것은 어찌 되었든 이미 당신 안에 있습니다. 당신의 삶의 모든 상황과 사람은 당신의 내면에 있는 자석과 같은 힘에 의해서 끌려온 것입니다. 욕망, 두려움, 갈망, 또는 무의식적인 학습 경험의 필요성 등에 의해서 말입니다. 당신이 사랑을 하게 되면 사랑을 끌어들이고, 당신의 행동으로 성공을 구현하면 당신은 성공을 하게 됩니다. 에너지는 우리의 의식을 따라서—에너지적 실재에서 신체적인 실재로 움직이면서—현실화됩니다. 우리의 사랑에 관한 생각은 사랑하는 관계를 만들며, 우리의 열정은 우리의 목적인 성공적인 삶을 실현합니다.

이것은 강력한 진실입니다. 그러나 더 큰 진실은 직관 없이는 모든 것이 무의미하다는 것입니다. 우리가 '어떤 것이든 구현(具現)하기 위해' 결정할 수 있지만, 우리가 옳은 것을 구현하고 있다는 것을 어떻게 알 수 있을까요? 우리는 새로운 직장을 얻거나 새로운 곳으로 옮기는 일에 관해 마음을 정할 수 있습니다. 하지만 그것이 우리의 최선의 길이라는 것을 어떻게 알 수 있을까요? 우리가 무엇을 구현해야 하는지를 어떻게 알 수 있을까요?

답은 간단합니다. 우리는 직관에 귀를 기울입니다.

직관은 우리가 원하는 것과 우리가 의도하는 것의 차이를 보여 줍니다. 우리는 랜드로버를 비전 보드에 올릴 수 있고, 랜드로버를 매일 운전하는 것을 시각화할 수 있습니다. 우리는 랜드로버가 상징하는 번영에 대해 명상할 수 있습니다. 그러나 그것이 우리의 참된 자기와 직관적으로 일치하지 않는 한 우리는 에너지를 낭비하고 있는 것입니다. 우리는 우리의 진정한 길과 잠재력의 빛을 잃게 만드는 반짝이는 것들에 정신이 팔려 있는 것입니다.

🌸근본적 통찰

직관은 구현에 관한 것이 아니다. 그것은 당신에게 맞는 것의 구현에 관한 것이다.

에너지는 당신의 주의(注意, attention)가 향하는 곳으로 흐릅니다. 그리고 당신의 창조적 직관은 당신에게 주의를 기울일 만한 가장 좋은 지점을 보여 줄 것입니다. 창조적 직관은 당신 앞에 열려 있는 가능성의 장으로 당신을 밀어 넣습니다. 그것은 공명을 통해 당신을 그것의 흐름으로 끌어당깁니다. 당신의 목표가 당신에게 공명을 일으키나요? 아니면 다른 사람의 길을 따라가고 있는 것입니까?

당신이 내면의 안내와 일치하지 않을 때, 미묘한 불협화음이 당신이 하는 일에 스며듭니다. 뭔가 이상하게 느껴지지요. 당신이 하는 일이 바라거나 기대했던 대로 되는 것 같지 않습니다. 당신은 길이 막히고, 좌절하고, 또는 소진된 것으로 느껴집니다. 그리고 다음에 어디로 가야 할지 모릅니다. 당신은 세상과 다른 사람들이 하는 일을 따라가느라 너무 바빠서 당신 자신의 바른길에 집중하지 못한 것입니다.

우리가 내면의 안내를 더 오래 무시할수록 길을 잃기 쉬워집니다. 우리는 모든 '올바른' 선택을 하고 있고, '올바른' 일을 하고 있는데도 어쩐지 우리의 진실과 백만 마일 만큼 떨어져 있다고 느낄 수 있습니다. 당신의 친구, 가족, 소셜 미디어 그리고 교육은 당신에게 많은 길을 제공할 수 있지만, 내면 깊숙한 곳에서는 오직 당신만이 어떤 길을 택해야 할지 알고 있습니다. 세상은 당신에게 많은 길을 보여 주지만, 직관은 당신 자신의 길을 보여 줍니다.

당신 자신의 열정을 따르고 있나요

행동이 없으면 아무런 변화도 없습니다. 변화가 없으면 성장도 없지요. 진정한 지혜를 알기 위해서는 그것을 배우는 것으로는 충분하지 않습니다. 우리는 그것을 경험해야 합니다. 진실을 아는 것만으로는 충분치 않습니다. 우리는 그것을 우리의 삶에서 실현해야 합니다. 우리는 사랑, 아름다움, 기쁨, 진실에 관해서 읽거나 생각한다고 해서 그것을 이해할 수 없습니다. 우리는 그것을 직접 경험해야 합니다.

직관이 커지고 최고의 진리를 인식하게 되면서 우리는 그것을 존중해야 할 책임을 갖게 됩니다. 직관의 높은 요구에 대답하는 것이 우리의 의무입니다. 우리의 임무는 삶의 진리를 발견하는 것 이상을 하는 것입니다. 우리는 진리에 따라 살아야 합니다. 개인적인 진리에 따라 사는 것이 인생에서 당신의 임무입니다.

나의 진리는 당신의 진리와 같지 않습니다. 어떤 사람은 물질적 소유를 버리고 정신적으로 '부자'가 되는 진리의 삶을 살지만, 다른 사람의 진리는 번영을 위한 공간과 그것이 세계에 선을 가져다주는 능력을 갖추고 있습니다. 어떤 사람의 진리는 고독한 삶을 사는 것에 바탕을 두지만 다른 사람의 진리는 인간관계를 통해 다른 사람을 섬기는 것에 바탕을 두고 있을 수 있습니다. 우리의 직관은 우리 각자가 의식의 보편적 확장에 완전히 참여하기 위해 배우고, 균형을 잡으며, 성장하는 데 필요한 것을 알고 있습니다.

당신의 진리가 무엇인지와 상관없이 진리에 따라 살기 위해서는 헌신과 용기가 필요합니다. 당신의 진리는 쉬운 길이 아닐지도 모릅니다. 그러나 그것은 올바른 길이며, 깨어 있는 행위의 길입니다. 이것은 자기실현의 과정입니다. 우리가 직관을 진정한 우리 자신인 참된 자기(the real self)와 일치시킬 때, 우리는 온전히 실현됩니다. 순간적인 진리가 현실이 되고, 아이디어가 형태를 갖추게 되고, 없던 것이 새롭게 창조됩니다. 직관은 이러한 현실화의 과정을 뒷받침하는 힘입니다.

🌸 근본적 통찰

당신의 진정성은 당신의 직관적 각성의 척도이다.

직관과 함께 의식적인 삶의 가장 귀중한 특징 중 하나가 바로 진정성(authenticity)입니다. 우리가 진정한 자신이 되는 역량은 개인적인 성장의 징표입니다. 우리 안에 있는 사람이 우리가 세상에 보여 주는 사람과 같은 사람일까요? 우리는 우리의 진정한 존재를 표현하는 것이 두렵지 않은가요? 우리는 다른 사람들의 판단에 맞추어 자신의 일부를 숨기거나 억압하지 않습니까? 직관에 의해 사는 것은 우리가 만나는 모든 사람에게 100% 진실하게 대할 수 있도록 우리의 진정한 자기(true self)를 양성합니다. 우리는 어머니, 배우자, 상사, 선생님, 친구, 또는 세상 누구와 함께함에 있어서도 자기 자신에게 충실할 것입니다.

당당하게 우리 자신이 되는 것보다 더 자유로울 수 있는 것이 있겠습니까? 이것은 직관의 가장 큰 능력 중 하나입니다. 직관적인 진정성과 함께 오는 자신감과 자기 긍정은 우리가 가진 최고 생명에 대한 긍정입니다. 직관에 충실하게 사는 것은(자기 내면의) 최고 권위에 대한 자신감을 가지고 사는 것입니다. 당신이 진짜 자기에게 진실할 때, 당신은 부끄러움도 없고 변명도 하지 않으며 당신이 선택한 일들을 소신을 갖고 행할 것입니다. 이것이 직관적인 삶의 본질입니다.

퀴즈: 당신은 자기를 실현했나요

진리를 얼마나 일관성 있게 살아가는지 평가하기 위해 짧은 자기 평가를 해 봅시다. 그러면 창조적 직관을 사용하는 자신의 방식(또는 그렇지 않은 방식)에 대한 일반적인 생각을 얻을 수 있습니다.

여기 또는 저널에서 다음의 문장을 0에서 5까지의 척도로 평가하는데, 5는 강한 동의를 나타내며, 0은 동의가 없음을 나타냅니다. 그러고 나서 모든 숫자를 합산하여 총계를 적으세요. 최대 점수는 100점입니다.

등급(0~5)

_____ 1. 나는 창의적인 아이디어가 떠오르면 그것을 실행하기 전에는 쉴 수가 없다.

_____ 2. 나는 내 인생에서 많은 꿈을 이루었다. … 그리고 더 많은 것이 앞에 놓여 있다!

_____ 3. 만약 내가 오늘 죽는다면, 나는 나의 삶을 잘 살았다고 느낄 것이다.

_____ 4. 나는 정확히 내가 되고 싶은 사람이다.

_____ 5. 나는 나의 아이디어를 다른 사람들과 공유하면서 잘 지내고 있다.

_____ 6. 내 친구들은 나의 진짜 모습을 사랑한다.

_____ 7. 나는 내가 아닌 것처럼 행동할 필요를 느끼지 않는다.

_____ 8. 나는 매일 하는 선택에 저항하는 일이 거의 없다.

_____ 9. 나는 내 인생에서 모든 사람에 대하여 나 자신, 즉 한결같이 진정성 있는 사람이 될 수 있다.

_____ 10. 난 내가 하는 일이 좋다.

_____ 11. 나는 변화를 두려워하지 않는다.

_____ 12. 나는 삶을 신뢰하는 것이 어렵지 않다.

_____ 13. 나는 새로운 것을 창조하는 데 열정적이다.

_____ 14. 사람들은 나를 정말 있는 그대로 본다.

_____ 15. 나는 항상 더 나아지기 위해 노력하고 있다.

_____ 16. 나는 나 자신보다 더 크고 위대한 무언가의 일부가 된 것 같이 느낀다.

_____ 17. 나는 내면적으로 평화롭다(내적 갈등이 없다).

_____ 18. 나는 내가 있어야 할 바로 그 자리에 있다.

_____ 19. 나는 내 인생의 우선순위를 스스로 정한다.

_____ 20. 나는 충족감을 느낀다.

합계 _____

결과를 평가하는 방법은 다음과 같습니다.

50이하: 잠재적 자기실현—당신의 직관이 부르고 있습니다!

당신은 당신 안에 깊고 강력한 소명을 가지고 있습니다. 그것은 당신이 지금 이 순간에도 완전히 알지 못하거나 듣지 못한 것일 수도 있습니다. 만약 당신이 길을 잃었다고 느끼거나 당신이 아닌 것처럼 느낀다면 당신의 창조적 직관에 동조(同調)하세요. 이것이 당신을 다시 정상 궤도로 돌아오게 하고 삶에 대한 열정을 불러일으킬 수 있습니다!

50~69: 자기실현의 출현―당신의 창조적 직관의 길이 열리고 있습니다

당신은 당신의 직관에 귀를 기울이고 있었군요! 당신은 당신 안에서 소명을 듣고 그것을 성취하기를 갈망합니다. 당신은 진리를 사는 것이 얼마나 강력한지 알고 있고, 당신의 힘에 완전히 발을 들여 놓기 위해 특정한 변화를 해야 한다는 것을 알고 있습니다. 당신의 창조적 직관의 경로는 조수처럼 밀려왔다 밀려갔다 하면서 당신이 자신의 직관을 존중할 때마다 더 강해집니다.

70~89: 자기실현 되어 가기―당신의 창조적 직관은 번창하고 있습니다

당신의 직관은 당신의 삶에서 강력한 부분입니다. 당신은 자주 그것에 의지하고, 그것의 창조적인 에너지에 의지합니다. 이제 그 어느 때보다도 당신은 당신이 누구인지 알고 있고, 당신의 삶에서 진실되게 당신 자신이 되기 위해 필요한 조치를 취하고 있습니다. 창의적 직관 경로는 잘 개발되어 있으며, 그것은 남아 있는 모든 장애를 돌파하는 데 도움이 될 것입니다.

90 이상: 고도로 자기실현적인 당신은 창조적인 천재성을 가지고 있습니다

축하합니다! 당신은 창의적 직관을 마스터하고 있습니다. 당신은 매우 잘 조율되어 있어서 천재적인 순간들을 맞이할 수 있습니다. 당신은 당신이 누구인지 정확히 알고 있습니다. 다른 사람들의 의견은 당신을 정의하지 않습니다. 자신의 생각과 비전을 굳게 신뢰하고, 아무도 당신의 존재 방식을 방해하지 못하게 하세요.

당신의 창조적 직관이 더 잘 흐를수록 당신은 삶에서 더 많은 성취를 경험하게 됩니다. 자신이 누구인지 그리고 자신의 재능으로 어떻게 세상에 봉사할 수 있을지를 알게 되면 행복과 성취감은 건강한 창조적 직관의 자연스러운 부산물로 얻어집니다.

🌸 근본적 통찰
행복은 직관적인 삶의 부산물이다.

창조적 흐름에 들어가기

당신의 인생에서 자신이 **불협화음** 속에 있다고 느낀 적이 있나요? 마치 자신의 꿈이 아닌 다른 사람의 꿈을 사는 것처럼 느껴지던 때가 있었습니까? 되돌아보면 당신이 정말로 자신의 길과 일치한다고 느꼈던 '좋은 시간'과 당신이 허우적거리거나 길을 잃었다고 느낀 다른 시기를 알아챌 수 있을 것입니다.

창조적 직관이 흐르지 않을 때는 어떤 느낌이 드나요? 창조적 직관의 길이 막히거나 에너지가 부족할 때, 우리는 우리 자신처럼 느껴지지 않고 우리의 내면의 창조적 힘에 의해 활기 있게 움직일 수도 없습니다.

다음은 창조적 직관이 결여된 몇 가지 징후입니다.

- '틀에 갇힌' 느낌
- 자신의 것처럼 느껴지지 않는 삶을 사는 것
- 창의성이 차단된 느낌
- 삶의 목적과 방향성의 결여
- 영감이 없는 느낌
- 두려운 느낌

이러한 막히고 정체된 직관의 경로를 여는 열쇠는 직관에 대한 저항을 푸는 것입니다. 당신의 직관이 당신을 움직이게 하세요. 직관적으로 '흐름을 따라감'을 통해 자연스럽게 창조적 직관의 결핍 상태에서 벗어나게 됩니다.

우리가 여행에 있어서 우회를 하는 것은 통상적인 일입니다. 때때로 우리는 개인적인 의무에 의해 우리의 길에서 벗어나기도 합니다. 또한 우리는 안일함으로

인하여, 혹은 변화로부터 자신을 차단함으로써 우리의 시야를 잃기도 합니다. 그것은 우리가 그러한 경우마다 우리의 흐름을 벗어났기 때문입니다. 삶이 우리를 더 이상 잘못된 길로 가도록 내버려 두지 않기 때문에 우리는 곤경에 빠지게 됩니다.

근본적 통찰

곤경에 처하는 것이 항상 나쁜 것은 아니다. 우리가 궤도를 이탈할 때, 곤경은 우리의 속도를 늦춰서 우리가 다시 정상 궤도로 돌아오는 데 도움이 될 수 있다.

곤경에 처하는 것은 매우 좌절감을 줄 수 있습니다. 우리는 앞으로 나아가고 싶지만 그럴 수가 없습니다. 우리는 수단이나 동기를 갖지 못하고 있습니다. 우리에게 문이 열려 있지 않습니다. 우리는 직관적으로 다른 길로 인도되고 있는 것입니다. 곤경은 직관에 의한 방향 설정을 무시하지 말라는 신호입니다. 그것은 우리가 내면의 안내와 진실에 대한 저항에서 유래하는 부작용입니다.

우리가 직관을 무시하면 할수록 우리는 더 많은 틀에 갇히게 되고, 하향 곡선에 휘말릴 위험이 있습니다. 우리는 모두 거기(직관에 열린 상태)에 있었습니다. 한 가지가 잘못되고, 그다음에 또 다른 것들이 줄줄이 잘못됩니다. 우리가 주파수가 낮은 두뇌 공간에 빠졌다는 것을 알게 될 때까지 말입니다. 우리는 패배 당하고, 왜소하고, 무력하다고 느낍니다. 세상 자체가 견디기에 너무 벅찬 것처럼 보일 수도 있겠지요. 심지어 우리가 어떤 꿈을 가졌던 것 자체가 어리석은 일이라고 생각할 수도 있습니다. 우리는 바닥에 내려와 있는 것입니다.

하지만 그렇다고 해도 우리의 어떤 부분은 우리가 이런 상태보다 나은 존재라는 것을 압니다. 그런데 어떻게 이런 일이 일어났을까요? 어떻게 우리가 생명과 조화를 이루지 못했을까요? 우리는 한때 깨어 있었지만, 지금 이 순간 우리의 마음은 흐릿하고 혼란스럽습니다. 우리는 한때 그렇게 살아 있다고 느꼈지만, 이제 삶에 대한 우리의 열정은 두려움, 좌절, 혹은 우리 자신에 대한 의심으로 인해 희미해집니다. 우리가 한때 그렇게 높았는데 어떻게 이렇게 낮아졌을까요? 답은 간단합니다. 우리가 우리의 내면의 지혜를 신뢰하는 것을 그만두었기 때문입니다.

우리는 두려움, 조건화, 또는 개인적인 기대를 바탕으로 선택을 했습니다. 우리는 내면의 안내가 가리키는 진정한 북쪽(궁극적 목표)을 잃었습니다. 아마도 우리가 너무 많이 생각했거나 너무 많이 느꼈을 것입니다. 또한 무언가를 내려놓기가 두려웠겠지요. 어쩌면 우리는 우리 자신의 가장 깊고 고유한 흥미와 부합하지 않는 어떤 계획을 믿었을지도 모릅니다. 우리가 이 모든 것을 머리로 계산해 내려고 노력할 때, 우리는 우리의 시야를 훨씬 능가하는 직관적인 공동 창조적인 파트너가 있다는 것을 망각하게 됩니다.

하지만 절망하지 마세요. 가장 어둡고 깊은 곳에서도 우리의 직관은 우리를 부릅니다. 우리가 듣고자 하기만 한다면 직관은 항상 우리 자신에게 되돌아오는 길을 일러 줍니다. 우리가 기꺼이 그것을 받아들이려고 한다면 그것은 언제나 준비되어 있고, 기다리고 있으며, 우리를 첫 번째 단계로 향하도록 자극합니다. 직관은 항상 우리를 다시 살아나게 할 것입니다. 만약 우리가 세심한 주의를 기울인다면 우리는 그것이 정말로 우리에게 필요한 것을 가져다준다는 것을 알게 될 것입니다. 그것을 받아들이는 것은 우리에게 달려 있습니다.

당신의 삶이 어떻게 전개되든지 간에 창조적 직관의 무한한 힘은 당신 안에 살아 있습니다. 좋은 날에는 그것은 날개 밑의 바람이 되고, 그렇지 못한 날에는 그것은 당신을 다시 집까지 데려다주기 위해 기다리는 산들바람이 됩니다. 어느 쪽이든 당신이 삶의 흐름 쪽으로 몸을 돌릴 때, 당신이 높이 부상하는 것은 시간문제일 뿐입니다.

비전가

"나는 변환한다."

■ **요소**: 불

■ **경로**: 정서(심정)

■ **키워드**: 열정, 영감, 창조성

■ **능력**: 진화적 변화

■ **방해물**: 두려움, 미루기, 무기력, (규칙이나 집단에 대한) 순응, 창조성의 차단

■ **도움이 되는 실천**: 자기 표현, 위험 감수, 창조적 프로세스

■ **직업**: 아티스트, 기업가, CEO, 기술 혁신자, 창조적 지도자, 동기 부여 연설가, 블로거, 커뮤니티 리더, 사회 활동가, 영화 제작자, 작가, 제조업자, 인테리어 디자이너, 전략가, 게임 디자이너

■ **즐길 거리**: 시각화 명상, 예술과 음악 만들기, 관념 구성하기, 여행, 모험, 아이디어 공유, 사물을 개선하기, 큰 꿈 꾸기, 새로운 것 배우기, 사랑에 빠지기

CHAPTER 12

비전가 워크숍: 열정을 따르기

> 당신의 시간은 한정되어 있으니 다른 사람의 인생을 사는 데 낭비하지 마라. … 다른 사람의 의견의 소음이 당신 자신의 내면의 목소리를 잠식하게 하지 마라. 그리고 가장 중요한 것은 당신의 심장과 직관을 따를 용기를 가지라는 것이다. 그들은 이미 당신이 무엇이 되고 싶은지 알고 있다.[1]
>
> —스티브 잡스(Steve Jobs)

우리의 직관이 우리가 누구인지에 대한 더 선명한 그림을 보여 주듯이, 그것은 또한 우리가 해야 할 일에 대한 더 뚜렷한 길을 보여 줍니다. 직관의 부름을 따라 우리는 우리의 열정이 우리의 목적이 되는 것을 보게 됩니다. 비전가 워크숍에서는 당신의 삶을 당신의 진리와 일치시키고, 당신의 재능을 세상에 가져가기 위한 세 가지 중요한 실천 방법을 제시합니다. 워크숍은 세 부분으로 나누어져 있으며, 순서대로 완료되어야 합니다.

1. **창조적 직관 조율** 우리의 창조적 직관을 '활성화'하기 위해 우리는 우리의 개인적인 진화와 최고의 자기표현을 가능하게 하는 직관적 흐름에 들어가

---

1) "시간이 한정되어 있으니 헛되이 살지 마십시오.": Steve Jobs, Stanford University Commencement Address (June 12, 2005), Stanford News, June 14, 2005, https://news.stanford.edu/news/2005/june15/jobs-061505.html

는 것으로 시작합니다.

2. **창조적 직관 시각화 명상** 이 특별한 '통찰' 명상은 당신의 명상 연습을 새로운 아이디어와 영감을 위한 계시적 공간으로 바꿀 것입니다.

3. **창조적 직관 연습** 의식-흐름-저널 쓰기는 초의식으로부터 창의적인 아이디어와 안내를 의식적 인지로 전달하는 것을 가능하게 하는 연습입니다.

근본적 직관을 위한 조언 새로운 아이디어, 영감, 통찰은 창조적 직관을 통해 자연스럽게 흘러나옵니다. 이성적인 마음으로 통찰을 편집하지 않겠다는 의도를 지니세요. 단순히 그것들이 흐르도록 놓아 두세요.

창조적 직관 조율

다음은 당신이 오늘 취할 수 있는 세 가지의 행동 단계입니다. 당신의 창조적 직관의 불을 밝히고, 틀에 박힌 삶에서 벗어나 당신의 꿈의 삶을 표현하기 시작하는 것입니다. 당신은 신체적 직관 조율 연습으로 신체에 활력을 불어넣었으며, 알아차림 직관 조율 연습으로 마음을 침묵시킨 후, 당신에게 영감을 주고 직관적 행동으로 인도할 창조적 직관을 위해 열린 길을 만들었습니다.

1. 통찰력 개발의 의도를 정하라

창조적 사고의 습관을 만드세요. 당신은 내면을 들여다보는 연습을 함으로써 '통찰력 있는' 삶으로 전환하게 됩니다. 당신이 삶을 꾸려 갈 때, 친구들의 조언에 의존하거나 주변의 다른 사람들이 행하고 있는 것을 따라 하지 말고 먼저 당신 자신에게 의지하세요. 다음은 직관의 습관을 만드는 일에 착수할 수 있는 몇 가지 방법의 예입니다.

- 무엇인가 새로운 것을 만들 때는 다른 사람이 하는 것과 같은 일을 하지 말고 다음과 같이 자문해 보세요. 새롭고 색다른 이 일에 내가 무엇을 가져올 수 있을까?

- 당신의 삶이 어떠한지에 대한 선입견을 중심으로 미래를 계획하는 대신, 삶이 당신에게 영감을 주고 당신의 상상을 넘어서는 곳으로 이끄는 문을 열도록 하세요.

- 당신이 자신의 (직관적) 진실을 (행동으로) 나타낼 때, 당신의 행동을 제약하는 외부 세계의 목소리에 귀를 기울이지 마십시오. 오직 당신만이 당신이 진정 누구인지 그리고 당신이 이 삶에서 무엇을 해야 할 지를 알고 있습니다. 당신이 꿈을 꿀 수 있다면, 당신은 그것을 해낼 수 있어요!

- 자문해 보십시오. 무엇이 내 심장을 노래하게 만드는가? 가서 그것을 행하세요.

2. 익숙한 구역 밖에서 편안하게 지내라

당신의 직관적이고 창조적인 에너지를 새로운 영향력으로 되살리십시오. 당신의 편안한 구역은 함정입니다. 막힌 느낌이 드시나요? 그 정체된 에너지에서 벗어나는 가장 좋은 방법은 움직이는 것입니다. 새로운 것을 시도해 보세요. 무언가를 자극하고 당신의 삶에 새로운 에너지를 불어넣기 위해 다른 것을 시도해보세요.

통계에 따르면, 편안한 구역을 벗어나서 자신과 다른 사람들 및 다른 상황들과 당신을 연결하는 것이 성공의 비결이라고 합니다.[2] 당신이 새롭고 다른 에너지를 당신의 삶에 더 많이 불어넣을수록 당신은 더 많은 진화의 힘에 불을 붙이게 됩니다. 당신이 창조적인 수문을 열기만 하면 좋은 기운이 흐르기 시작할 것입

---

2) "통계들은 당신의 안전지대를 벗어나는 것을 보여 준다": Pittsburgh Technology Council, Inclusion, Innovation, and Integrative Design: Pittsburgh's Creative Clusters, February 2014, p. 6.

니다. 이를 위한 몇 가지 방법은 다음과 같습니다.

- 전에 한 번도 해 보지 않았던 것을 시도해 보십시오.
- 새로운 사람들과 협업 프로젝트를 준비해 보세요.
- 일어나서 움직이세요. … 글자 그대로요. 당신의 환경을 변화시키는 것은 당신의 기분을 바꾸기 위한 가장 강력한 방법 중 하나입니다.
- 창의적이거나 새로운 것을 배우기 위해 강좌를 수강하세요.
- 소셜 미디어에서 영감을 주는 사람들을 팔로우하세요.
- 흥미로운 사람들과 친하게 지내세요.
- 당신이 사는 방식과 다르게 사는 사람들이 모이는 행사에 참여하세요.

비록 당신의 안락한 구역 밖으로의 움직임이 처음에는 부담스럽게 느껴질지 모르지만, 당신은 그렇게 함으로 인해 행복해질 것입니다. 당신이 미지의 영역에 참여할 때, 당신은 당신의 삶을 바꿀지도 모르는 예상치 못한 것들을 가져오는 존재의 공간을 열어젖히는 것입니다.

3. 창조하라!

당신이 하고 싶은 창조적인 일이 무엇이든지 간에 그것을 조금 더 자주 하세요. 당신이 매일 연습하는 작은 창조적인 의식은 당신의 삶에서 나타나는 좋은 진동을 유지하도록 도와줍니다. 창조적 직관의 근육을 매일 조금씩 유연하게 하는 것이 중요합니다. 그렇게 함으로써 당신은 그 변혁적 통로를 열어 놓고 삶의 상승적 흐름에 자신을 일치시키는 것입니다. 당신이 예술가라면 당신의 예술을 하고, 당신이 제작자라면 아름다운 것들을 만드세요. 자신이 '창의적'이 아니라고 생각하더라도 여기에 누구나 창의적 흐름에 참여할 수 있는 두 가지 방법이 있습니다.

통찰 저널 쓰기

창조의 샘물이 흐르게 할 수 있는 방법으로 펜이나 키보드를 통해 통로를 열어 주는 것보다 나은 것이 있을까요? 무엇이든지 당신을 움직이는 것에 대해 쓰세요. 당신의 영적인 성장 과정, 직관, 인간관계, 희망과 꿈, 실망 그리고 그 사이의 모든 것에 대해 쓰세요. 시를 쓰거나, 낙서를 하거나, 당신을 감동시키는 노래 가사를 기록하세요.

저널 쓰기는 당신을 큰 일이 일어날 수 있는 '창조적 영역'으로 안내합니다. 일지를 다 쓴 뒤에 이를 폐기할 수도 있습니다. 어떤 결과에도 연연할 필요가 없습니다. 창의성이 세계로 흘러 들어갈 수 있도록 하는 즐거움은 직관적 과정을 위한 값진 연습입니다.

만다라 만들기

가장 오래되고 강력한 창조적 수련 중의 하나는 만다라입니다. 누구나 만다라를 만들 수 있습니다. 그리고 당신이 만들 수 있는 만다라의 종류는 매우 많습니다. 당신 자신의 친화력을 바탕으로 말이죠. 그것들은 그림을 그리거나, 채색하거나, 또는 당신이 좋아하는 모래, 돌멩이, 막대, 구슬, 꽃과 잎 등의 재료로 만들 수 있습니다. 명상적이고 창조적인 만다라 제작은 당신을 창조의 경이로움을 경험할 수 있는 현존의 순간으로 데려갑니다.

창조적인 행위는 우리가 받은 선물입니다. 진정한 창조는 자신을 순간적으로 놓아 버리면서 사심 없이 모든 사물의 최고 통일성에 연결하는 행위입니다. 이러한 자아(ego) 및 자아가 지니고 있는 모든 산만함의 부재는 저 너머에서 오는 아름다움, 지혜, 창조적 정신을 향한 문을 열어 줍니다.

명상: 창조적 시각화

이 명상은 당신에게 영감을 주고 당신의 창조 정신을 활성화시킬 것입니다.

창조를 위해서 먼저 마음의 눈에 고요한 내적 성역을 만드는 것으로 시작합니다. 태양이 밝게 빛나고, 행복하고, 생기가 넘치는, 아름답고 빛나는 언덕 꼭대기에 서 있는 자신을 시각화해 보세요.

활짝 열린 하늘 위에서 태양이 강렬히 빛나고 있고, 그 생명의 에너지가 당신의 존재 깊숙이 주입되는 것을 보세요. 따뜻하고 치유하는 빛을 만끽하고, 그것과 깊이 연결되어 있음을 느끼며, 그 빛이 어떻게 당신의 내면의 빛에 접촉하면서 힘을 실어 주는지 느껴 보세요. 잠시 그곳에 머무릅니다.

그다음에 당신이 발을 딛고 있는 땅을 인식하세요. 생명들—동물, 식물 그리고 바다—과 함께 살아 있는 창조의 아름다움을요. 맨발 밑의 부드러운 대지—당신을 부드러운 포옹으로 떠받치고 지원해 주고 있는—를 느껴 보세요. 잠시 그곳에 머무릅니다.

다음으로, 자기 자신으로 돌아가세요. 이 아름다운 두 세계 사이에 존재하는 자신을 보세요. 자신이 지구와 하늘, 물질과 비물질, 창조와 아이디어를 연결하는 연결 고리라고 상상해 보세요.

저 위에 있는 빛의 폭포에서 당신 위로 쏟아지는 창조적 에너지가 당신을 통과하여 당신의 발밑에 있는 세상으로 흘러 들어가는 것을 시각화해 보세요. 창조적인 잠재력, 새로운 아이디어, 영감 그리고 천재성이 당신의 존재를 관통하는 빛의 소나기에 들어 있다고 상상해 보세요.

이 에너지의 홍수가 창조를 막는 장애물을 해체한다고 상상해 보세요. 당신 안에 있던 무거운 에너지가 씻겨 나가는 것을 느끼나요?

이것이 당신을 움직인다고 느껴 보세요. 이것이 최고 버전의 당신이 될 수 있는 곳으로 당신을 데려가도록 해 보세요. 당신의 직관은 당신을 어디로 데려갑니까? 최고 버전의 당신은 어떻게 생겼나요? 당신이 그 사람이라고 상상해 보세요.

여기에 고요히 머무릅니다. 이 장소에서 잠시 쉬세요. 자신의 최고 자기와 그에 수반되는 모든 지혜, 힘, 치유 및 사랑을 구현하는 것을 느껴 보세요.

고요함 속에서 당신에게 오는 어떤 통찰력, 아이디어, 또는 영감에 대해서도 열려 있으세요. 이 고요한 순간에 무엇이 떠오르나요? 어떤 아이디어가 떠오르나요? 당신은 어떤 느낌을 가지고 있습니까? 무엇을 알게 되었나요? 여기 이 공간에서 당신의 직관이 당신에게 말할 수 있습니다. 그것은 당신이 될 수 있는 모든 것을 보여 줄 수 있고, 당신을 당신의 진리로 안내할 수 있습니다.

명상을 통해 얻은 통찰이나 흥미로운 암시들은 그것들이 마음속에 생생할 때 즉시 기록을 하는 것이 좋습니다. 꿈의 경우와 마찬가지로, 명상 중의 통찰은 이성적인 의식의 빛 속에서는 신속하게 해체되어 버립니다. 더 깊은 의미를 파악하려면 당신의 통찰에 대해 계속 기록하는 것이 좋습니다.

창조적 직관 연습: 통찰 저널 쓰기

우리가 본 것처럼, 저널 쓰기는 창조적 직관의 길을 여는 가장 강력한 방법 중 하나입니다. 통찰 저널 쓰기는 당신이 생각할 시간을 갖기 전의 직관적 안내가 드러나게 하는 일종의 의식 흐름 '속도'의(의식의 흐름을 따라가며 그대로 기록하는) 저널 쓰기입니다.

절차는 다음과 같습니다. 당신이 필요로 하는 통찰에 관한 질문을 한 다음, 그에 대한 응답으로 떠오르는 '첫인상'을 기록합니다. 이렇게 함으로써 당신은 생각하는 마음이 개입되지 않은 본래적 통찰을 얻게 됩니다. 진정한 직관을 알 수 있는 열쇠는 사고하는 마음을 멀리하는 것입니다. 당신이 흐름 속으로 들어감에 의해서—또는 초의식적 통찰이 당신의 의식으로 바로 흘러 들어갈 때 이 흐름 속으로 들어감에 의해서—당신의 생각하는 두뇌가 당신의 질문에 답변을 시도하기도 전에 당신은 언뜻 답을 알아챌 수 있습니다.

시작하려면 일지를 펴고 긴장을 푸세요. 미소를 지어 봅니다. 그러고 나서 가장 높은 존재의 진리와 연결하려는 의식적인 의도를 정하세요.

다음으로, 질문 목록을 적거나 당신의 삶이나 현재의 상황에 대한 통찰을 얻기 위하여 다음 목록의 일부를 사용하세요. 질문을 적을 때 질문에 대한 답을 예상하지 않도록 하세요. 각 행 다음에 답변을 작성할 수 있는 공간을 남겨 두면서 일지에 단어를 기록하기만 하면 됩니다.

그것들을 적은 후에 당신의 머리를 맑게 하고 마음속의 모든 문제 해결 충동을 내려놓는 시간을 가지세요. 눈을 감고 마음의 눈을 통해 폭포처럼 쏟아지는 통찰을 시각화하세요. 존재의 가장 높은 지혜가 이 순간에 자신을 드러내고 있다는 것을 상상하고 눈을 뜨세요.

목록에 있는 각 질문에 3초 이내에 답하세요. 아무것도 나오지 않으면 다음 질문으로 넘어가세요. 마지막으로, 당신의 직관이 흐르게 되면 답변하지 않았던 질문으로 돌아가세요. 마음속에 즉시 떠오르는 단어, 생각, 아이디어, 느낌을 분석하거나 의미를 이해려고 애쓰지 말고 그대로 기록하세요. 가장 위대한 통찰은 종종 예상치 못한 방법으로 온다는 것을 기억하세요!

다음은 당신의 경로 및 목적에 대해 자세히 알아보기 위해 사용할 수 있는 몇 가지 통찰 저널 쓰기 멘트입니다.

- 나의 최고의 특질 또는 재능 세 가지는 무엇인가?
- 나의 가장 큰 인생 과제 세 가지는 무엇인가?
- 나는 이 삶에서 무엇을 하기 위해 태어났는가?
- 내가 발전하려면 무엇을 배워야 하나?

- 무엇이 나를 망설이게 하는가?
- 나는 나의 장애들을 어떻게 돌파할 수 있는가?
- 어떻게 해야 나는 이 세상에서 나의 소명을 완수할 수 있을까?

답변을 마친 후, 당신이 '흐름 속에서' 고요히 머무는 동안에 잠시 시간을 내어 답변에 대해 더 자세히 일지를 쓰세요. 질문을 되돌아보고 당신의 답변에 대해 생각해 보세요. 당신에게 온 것(= 답변)에 대해 놀랐나요? 당신은 당신의 답변에서—당신이 어떤 수준에서는 항상 알고 있었던—그 진리를 감지합니까?

이 저널링 기술을 실천하면 당신의 삶에서 발생하는 모든 상황에 대한 통찰을 얻을 수 있습니다. 이를 효과적으로 만드는 것은 첫 번째 통찰, 즉 당신의 사고하는 마음보다 앞서서 도달한 첫 번째 아이디어에 어떻게 당신 자신을 맞추느냐에 달려 있습니다.

비전가의 도구: 직관적 비전 보드

때때로 '드림 보드'라고 불리는 비전 보드는 당신의 삶의 포부를 나타내기 위한 가장 가치 있는 도구 중 하나입니다. 당신의 의식적인 의도의 힘은 당신이 자신의 삶에서 창조하는 상황을 위한 자석이 됩니다. 당신이 자신의 꿈 안에서 더 오래 버틸수록 그리고 당신이 당신 꿈의 에너지와 더 많이 연결하고 더 일치할수록 그것을 현실로 만들 가능성이 더 커집니다.

하지만 우리는 비전 보드만 만들고 싶지는 않습니다. 직관적 비전 보드를 만들고자 합니다. 당신의 목표는 당신이 원하는 것을 드러내는 것이 아니라 당신이 필요로 하는 것을 드러내는 것입니다. 예를 들어, 당신이 살고 있는 곳을 옮기라고 직관적으로 부름을 받는다고 가정해 봅시다. 당신의 친구들은 모두 플로리다로 이사할 것이고, 아마 당신도 플로리다로 이사하고 싶다고 생각할 것입니다.

날씨는 연중 내내 따뜻하지요. 하지만 좋은 일자리 제안이나 새로운 관계가 다른 도시에서 당신을 기다리고 있다면 어떨까요? 아직 모르지만, 당신의 직감이 그럴 경우예요.

따라서 플로리다로 이사하는 것과 같은 특정한 결과에 대한 비전 보드를 만드는 대신, 당신이 찾고 있는 실제 결과를 구체화하는 직관적인 비전 보드를 만드세요. 당신이 찾고 있는 것은 플로리다 그 자체가 아니라 플로리다가 당신의 삶에 가져올 수 있는 것입니다. 건강, 행복, 성장, 새로운 삶이죠. 목표는 돈이나 물질적인 소유가 아닙니다. 당신은 실제로 움직임이 가져다줄 수 있는 자유, 자주성 그리고 편안함을 찾고 있습니다.

우리가 직관적인 비전 보드를 만들 때, 우리는 가능성을 열어 놓습니다. 우리는 우리의 직관이 우리와 공명을 일으키는 미래의 부분으로 우리를 끌어당기게 합니다. 직관이 우리를 우리의 길로 이끌도록 허락하는 거죠. 그 길에 대한 비전 보드를 만듦으로써 우리는 우주의 공동 창조적인 힘에 조력합니다.

당신은 당신이 생각하는 대로 됩니다. 비전 보드는 당신의 생각과 의도를 가장 중요한 것에 집중하도록 끊임없이 상기시키는 것입니다. 당신이 그것을 보고, 즐기고, 감상할 때마다 당신의 생각은 이것들을 자석처럼 당신에게 끌어오는 활력 있는 불꽃을 만듭니다. 날이 가고 해가 가면서 당신이 보드에 적힌 아이디어를 실현하기 시작할 때, 당신은 당신의 꿈이 현실이 되는 것을 볼 수 있습니다—때로는 거의 마술적인 방법으로요!

다음은 직관적 비전 보드를 만드는 몇 가지 조언입니다. 종이 또는 마분지로 보드를 만들거나 컴퓨터에 가상의 전자 비전 보드를 만들 수 있습니다. 이것이 훌륭한 데스크탑 화면 보호기가 됩니다!

1. 통찰 저널 쓰기 당신의 성장과 진화의 다음 단계를 밟기 위해 당신이 지금 당장 무엇을 끌어당겨야 하는지, 당신이 정말로 찾고 있는 것이 무엇인지

자문해 보세요. 당신의 가장 좋은 미래가 어떻게 보이는지 자문해 보세요. 당신의 최초 통찰들을 목록화하고 더 깊이 있는 발견을 위해 저널을 쓰세요.

2. 비전의 조립 당신이 가장 좋아하는 잡지를 뒤지거나 인터넷을 검색해서 1단계에서 발견한 아이디어를 나타내는 사진을 수집하세요. 당신의 삶에 가지고 싶은 에너지—건강, 행복, 사랑, 가족, 번영, 성공—를 나타내는 다른 일반적인 이미지들도 함께요. 그림, 단어, 또는 어구 등 관련되는 모든 항목을 포함할 수 있습니다. 당신을 올바른, 올바르게 느껴지는 이미지로 안내하는 당신의 내면의 공명을 이용하세요. 직관이 당신을 인도하도록 하세요. 새로운 아이디어나 이미지를 찾을 곳이 당신의 머릿속에 문득 떠오를지도 모릅니다. 새로운 가능성에 항상 열려 있으세요!

3. 비전 보드 제작 모든 이미지를 콜라주로 한 페이지에 모읍니다. 종이 또는 골판지에 붙이거나 컴퓨터의 전자 이미지로 디자인하여 이 작업을 수행할 수 있습니다. 창의력을 발휘하여 시각적으로 즐거운 방식으로 보드를 배치하십시오. 보드 보는 것을 좋아하게 만들 장식이나 디자인적 요소를 자유롭게 추가하세요.

4. 비전 보드의 게시 보드가 완성되고 그 모양이 마음에 들면 눈에 잘 띄는 곳에 놓아 두세요. 자주 그것을 보고, 즐기세요. 공상에 잠기세요. 그것의 에너지와 당신과의 연결 그리고 당신의 삶에서 그것을 현실로 만들려는 당신의 의도를 계속해서 재확인하세요.

당신의 비전 보드를 확인하는 데 더 많은 에너지를 쏟을수록 구현(具現)의 힘이 더 강하게 그것을 통해 움직입니다. 당신이 어떤 비전을 가졌는가에 따라 며칠, 몇 주 또는 몇 년이 걸릴 수도 있지만, 만약 당신이 참으로 믿는다면 그것은 이루어질 것입니다.

CHAPTER 13

초월적 직관: 당신의 진실한 존재

> 천국의 궁극적인 진리 … 감각적 지각의 이면에 있고 합리적인 마음의 인식을 넘어선 실재는
> 오직 직관에 의해서만 파악될 수 있다. 직관은 직관적 앎을 일깨우는 영혼의 순수한 이해이다.[1]
>
> – 파라마한사 요가난다(Paramahansa Yogananda)

당신의 진정한 구루는 당신 안에 있습니다. 바로 당신이지요. 가장 위대한 스승은 우리 안에 있습니다. 우리는 삶의 의미를 이해하려고 평생을 보낼 수 있습니다. 우리는 우리가 구하는 모든 해답이 우리 안에 있다는 것을 깨닫지 못한 채종교, 철학, 교사 그리고 전통에 의지합니다. 모든 선택, 모든 정보, 모든 아이디어—우리는 이 모든 것을 우리의 내면의 지혜에 동조함으로써 발견할 수 있습니다.

우리 중 많은 사람에게 그 연결은 처음에는 약간 모호할 수 있습니다. 우리 각자는 우주적 정보를 지닌 광대한 무형의 인터넷에 우리 자신의 연결고리를 가지고 있습니다. 당신이 그 연결에 더 많이 열려 있으며 그 연결을 더 많이 사용할수록 당신의 신호는 더 명확해집니다. 인터넷과 마찬가지로, 당신의 내면의 지혜는 시간이나 공간의 근접성에 의해 제한 받지 않습니다. 그것은 순식간에 세

---

1) "하늘의 궁극적인 진실은… 실재이다: Paramahansa Yogananda, The Second Coming of Christ: The Resurrection of the Christ within You (Los Angeles: Self-Realization Fellowship, 2004), p. 694.

계 어느 곳과도 연결될 수 있습니다. 양자 수준에서 직관적 앎은 모든 것을 관통할 수 있습니다. 그것은 무한합니다.

근본적 통찰

당신이 늘 찾던 교사는 바로 당신 자신이다.

당신의 주권(主權)을 인지하는 것은 당신의 의식에 있어서 중대한 변화의 일부입니다. 지금 이 순간을 맞이하기 위해 타인의 가르침과 안내가 필요했을 수도 있지만, 당신 자신이 정말로 모든 교사 뒤에 있는 교사라는 것을 깨닫는 순간 당신은 진정 처음으로 깨어나는 것입니다.

파라마한사 요가난다는 '두 번째 도래'가 우리 안에 있다고 말합니다. 그의 말이 중요한 이유는 그것이 직관을 말하는 것이기 때문입니다. 우리의 직관 능력이 어떻게 우리 안에 있는 최고 의식의 상태를 부활시키는 열쇠인지에 대해 쓴 요가난다의 출판물은 거의 2천 페이지가 됩니다. 우리는 항상 누군가가 와서 우리를 구원해 줄 것이라고 생각하고 있지만, 사실은 우리가 우리 자신을 구하기 위해 여기에 있습니다. 당신을 구할 사람은 당신 자신뿐입니다. 당신을 고양시키고 이끄는 당신 내면의 지혜의 힘의 지원을 받아서 말입니다.

아무리 좋은 책을 읽고, 매일 명상을 하고, 의식적인 삶의 모든 동작을 수행한다고 하더라도 당신이 내면의 힘과 연결되어 있지 않다면 그중 어느 것도 중요하지 않습니다.

우리 중 많은 사람은 만약 우리가 규칙적으로 명상을 하지 않거나, 혹은 '전통적인' 영적 관습─요가를 하거나, 동양의 종교를 따르거나, 깨달은 영적 스승을 따르는 것 등─에 참여하지 않는다면 우리는 영적 성장의 길에 있지 않다고 생각합니다.

고대의 경전과 성스러운 의식은 실제로 우리의 구원을 위한 틀을 제공하지만,

그들도 결국 세계가 우리에게 준 외부의 지식 체계입니다. 모든 지식 시스템과 마찬가지로, 그들은 당신을 멀리까지 데려다 줄 수는 있습니다. 그러나 그들은 단지 당신이 스스로 내면의 자기로 가도록 안내해 줄 뿐입니다.

당신은 오직 스스로 당신의 깊은 내면의 직관적 앎 속으로 들어감으로써 진정한 깨달음을 발견하게 될 것입니다. 진리는 당신 안에 있습니다. 그 밖의 모든 것은 과정을 위한 정보일 뿐입니다. 당신은 내면의 안내를 위한 공간을 만들기 위해 명상을 할 수 있습니다. 명상은 고요함이 말하는 것을 들을 수 있는 수련이지요. 당신은 건강한 식사를 할 수 있고, 당신의 몸을 직관적인 흐름에 맞추기 위해 요가를 연습할 수도 있습니다. 당신은 높은 주파수를 유지하기 위해 선행(善行)을 하거나 의식(儀式)을 연습할 수 있으며, 다른 사람들과 세상을 위해 봉사할 수도 있습니다. 하지만 이 모든 실천은 하나의 특별한 최종 목표를 공유합니다. 영혼을 진화시키는, 편재하는 신적 근원과의 직관적 교섭이 그 목표이지요.

직관과 정신

우리는 자유로울 수 있는 힘을 가지고 있습니다. 우리는 이 세상을 뛰어넘을 수 있는 힘을 가지고 있지요. 우리의 직관은 단순한 안내나 뮤즈(시적 영감) 그 이상입니다. 그것은 우리가 종종 진정한 현실로 착각하는 이 현상 세계를 초월하는 힘을 가지고 있습니다. 우리의 핵심에서 우리 각자는 시간과 공간을 초월한 주권적 의식으로 존재합니다. 우리의 육체가 존재하지 않더라도 계속 존재하는 의식이지요. 이것이 우리의 최고 자기이고, 우리의 직관은 우리가 그것을 발견하고 그것이 되는 방법입니다.

이러한 당신의 최고 자기는 고요하고 직관적인 당신 내면의 앎과 느낌을 통해 말합니다. 직관은 말이 필요 없습니다. 직관적인 이해의 순수하고 방해 받지 않는—당신 자신 그리고 궁극적으로 다른 사람들과의—연결만이 있을 뿐입니다.

당신의 직관은 이 현실과 그 너머의 현실을 연결시켜 줍니다. 물리적 지구에서의 당신의 시간이 끝나고 당신의 의식이 형이상학적 (초감각적) 현실로 옮겨 갈때, 당신은 당신이 영어, 스페인어, 중국어 등 특정한 언어를 말할 것이라고 생각합니까? 아닙니다. 당신은 직관의 언어를 말할 것입니다. 직관은 모든 생명체가공유하는 하나의 언어입니다.

그렇기 때문에 직관을 개발하는 것은 당신이 해야 할 가장 중요한 일 중 하나입니다. 그것은 단지 이 삶에서만 당신에게 봉사하는 것이 아닙니다. 그것은 당신의 모든 삶을 위해 봉사합니다. 직관은 뇌를 사용하지 않고 아는 방법입니다. 그것은 심장을 갖지 않고 느끼는 것이며 단어를 사용하지 않고 말하는 방법이지요. 그것은 존재자들 안에 있는 최고 존재(the Supreme)가 서로 연결되어 아는것입니다. 당신은 이 삶에서 배운 것들을 잊어버릴지도 모릅니다. 당신은 언젠가 당신이 얻은 것들을 남겨 두고 떠나야 할 것입니다. 하지만 당신이 한 번 직관을 발견하면 당신은 결코 그것을 상실하지 않을 것입니다.

근본적 통찰

당신의 직관은 당신이 이 세상을 떠날 때 가지고 가는 유일한 것이다.

우리가 직관이 의식 자체(= 무의식, 의식, 초의식을 포괄하는 전체 의식)의 기능이라는 것을 이해할 때, 우리는 그것으로부터 분리될 수 없습니다. 의식하는 것은직관적인 것입니다. 우리가 무의식적일수록 우리는 직관적이지 못합니다. 우리가 초의식적일수록 우리는 더 직관적이 됩니다. 만약 우리 존재의 어떤 측면이신체적 죽음에서 살아남거나 이전의 삶에서 존재했다면 그것은 직관적인 의식으로 그렇게 한 것입니다.

우리는 입이 없이 어떻게 말할까요? 눈 없이 어떻게 인지할 수 있을까요? 또뇌가 없으면 어떻게 알 수 있죠? 육체적인 삶을 넘어 우리는 유기체적인 몸이

나 감각은 없지만, 직관적인 몸과 감각은 가지고 있습니다. 우리는 초감각적 직관 경험을 통해 여전히 자신의 내부에서 세계를 경험할 수 있습니다. 우리는 이미 이것이 가능하다는 것을 알고 있습니다. 왜냐하면 우리는 매일 밤 꿈에서 마법의 세계를 보고, 듣고, 감지하고, 느끼고, 창조하고 있기 때문입니다. 혼수 상태와 죽음에 가까운 경험에서 돌아온 수많은 사람은 그들의 몸이 기능하지 않을 때 겪은 생생한 직관적인 경험을 보고하고 있습니다.

우리의 직관은 우리가 어디를 가든 우리 삶의 매 순간마다 우리와 동반하고 있습니다. 이것이 우리의 타고난 재능과 적성―어린 시절에 나타나는 비범성과 설명할 수 없는 천재성―을 설명해 줄 수 있을 것입니다. 우리가 이 직관의 풍요로움을 양성할 때, 그것은 우리의 영원한 존재에 내재되어 우리의 일부가 됩니다. 만일 당신이 환생을 믿는다면 당신은 자신에게 남아 있는 재능, 기술, 친밀 관계 등을 겹겹이 직관적으로 쌓으면서 삶에서 삶으로 계속적으로 발전하고 진화하는 광대한 삶을 상상할 수 있을 것입니다. 당신이 이 삶에서 시간을 보내면서 당신의 영혼을 풍요롭게 하는 것은 결코 낭비가 아닙니다. 당신의 경험은 당신의 일부가 됩니다. 그것은 당신의 죽지 않고 영원히 살아 있는 의식의 진화에 대한 증거로 남아 있습니다.

당신이 최고 자기 안에서 성장함에 따라 최고 자기는 당신이 되어 갑니다. 깨달음은 배우는 것이 아니라 당신이 되는 것입니다. 당신이 가지고 있던 환상을 버리면 진실을 알 수 있습니다. 당신이 다른 사람에게 마음을 열 때 당신은 궁극적인 사랑을 느낍니다. 진정한 자기를 찾을 수 있는 유일한 방법은 그것이 되는 것입니다.

이것이 바로 삶이 우리 모두에게 원하는 것입니다. 완벽해지는 것, 또는 완전성으로 되돌아가는 것을 말입니다. 삶은 우리가 세상의 소란과 고통, 두려움, 그리고 무지를 씻어 내고 우리의 아름답고 강력한 진정한 본래의 존재를 재발견하라고 부릅니다. 깨달음은 먼 곳에 있지 않습니다. 바로 여기 우리 안에 있으며,

단지 우리가 우리의 영혼을 도야하는 직관의 힘으로 자신에게 되돌아오기를 기다리고 있을 뿐입니다.

근본적 통찰
깨달음은 달성되어야 할 목표가 아니라 회복되어야 할 존재의 상태이다.

현 시대에 와서 영적 깨달음에 대한 전반적 관심이 더 증대되었다는 것만으로는 문제 해결에 도움이 되지 않습니다. 우리 중 많은 사람은 더 높은 곳을 열망하는 것조차 꺼립니다. 우리는 다음과 같이 생각합니다. 나처럼 평범한 사람이 어떻게 깨달은 존재가 될 수 있을까? 우리는 종종 깨달음은 가장 위대한 영혼들, 즉 성자, 부처, 신령한 신비주의자들을 위해 남겨진 영광의 휘장이라고 배웁니다. 하지만 현실은 이렇습니다.

1. **모든 존재는 깨달음을 경험하도록 만들어졌다** 깨달음은 당신의 고향입니다. 그것은 당신 의식의 최상층이며, 물질적 현실의 치장과 한계에서 벗어난 당신 존재의 편재(遍在)하는 영역입니다. 그것은 우리 모두가 내면 깊이에서 갈망하는 것입니다. 하지만 우리는 그것을 찾는 대신에 종종 그것을 돈, 로맨스, 야망, 육체적 편안함 같은 세속적인 열망으로 대체하려고 합니다. 깨달음은 우리의 것이며, 그것을 추구하는 것은 우리의 의식의 자연스러운 진보입니다.

2. **깨달음은 전부 아니면 전무의 경험이 아니다** 우리 중 많은 사람은 "쳇! 뛰어난 사람들은 마술처럼 깨달음을 얻고, 궁극적인 지혜의 장엄한 언덕 꼭대기에서 영원히 그들만의 삶을 살지" 라고 생각하는 실수를 범합니다. 하지만 현실은 깨달음이 우리의 삶 전반에 걸쳐서 항상 우리의 의식 속을 흘러들고 흘러 나간다는 것입니다. 우리가 시간과 공간에서 머무는 한 우리는 변화

와 진화의 환경에서 삽니다. 우리의 깨달음의 정도는 우리의 의식이 그러하듯이, 시간이 흐르면서 확장되고 성장할 수 있습니다. 깨어남(awakening)과 같이 깨달음(enlightenment)은 점진적인 과정이 될 수 있습니다.

우리가 깨달음을 얻을 가치가 없다고 생각하는 것은 세상의 속임수입니다. 우리는 깨달음을 얻을 만큼 **충분한** 존재가 아니라고 믿게 하는 것이지요. 이런 종류의 조건화는 당신이 깨달음을 얻는 것을 원치 않는 세상에 의해 만들어집니다. 깨달음은 성취 불가능한 현실이라는 생각은 당신이 이기적인 마음의 제한된 현실에 머물러 있기를 원하는 사람들에 의해, 당신을 지배, 통제하고 싶어 하는 사람들에 의해 영속화됩니다. 세상이 당신의 진정한 깨달음을 원하지 않는 이유는 깨달음이란 (지배, 통제로부터의) 해방이기 때문입니다.

신비가 원형: 존재의 심층

만약 당신이 초월적 직관에 대해 자연적인 친화력을 지니고 있다면, 당신은 아마도 일생 동안 신비적인 경험의 부름을 느꼈을 것입니다. 당신은 선천적으로 존재의 최고 영역에 대해 매력을 느끼고 있고, 그곳으로 돌아가고 싶어 합니다. 당신의 일부는 평생 동안 당신이 다른 곳에 속해 있다는 것을 느끼고 있겠지요.

어릴 때부터 당신은 형이상학적 (초감각적) 경험이나 삶의 신비에 대해 배우고 싶은 욕망을 가졌을지도 모릅니다. 당신은 이 세상의 지식 체계에 만족하지 못하고 가장 위대한 지혜와 기쁨과 아름다움은 단지 내면으로 들어감에 의해서만 찾을 수 있다는 것을 깨닫습니다. 당신 마음속 깊은 곳에는 다른 사람들이 망각하고 있는 사랑이 자리하고 있습니다. 당신이 세상에서 어디를 가고 무엇을 하든 그 연결의 기억은 당신의 '첫사랑'으로서 다른 모든 사랑보다 앞선 사랑으로 존재합니다.

신비가로서 당신은 그 최고의 사랑과 교감할 수 있는 능력을 가지고 있습니다. 당신은 개인적으로 다른 사람들이 무엇을 배우고 이야기하는지 경험합니다. 당신은 저 너머에 가까이 살며, 당신의 고양된 주파수의 경험은 당신에게 세계에 대한 높은 인식을 줍니다. 이 최고의 자각은 당신을 위대한 영적 재능, 지고의 행복한 삶 그리고 깨달음 그 자체로 인도할 수 있는 힘을 가지고 있습니다.

당신은 인생의 어느 순간에 강력한 깨달음을 경험했을 가능성이 높습니다. 당신은 깊고 의미 있는 존재의 본질을 이해하고 소중하게 생각합니다. 당신은 또한 당신 존재의 여러 층들에 대해 민감한 감수성을 지니고 있습니다. 당신은 이해할 수 없는 영적인 경험을 할 수 있으며, 다른 사람들보다 삶의 신비와 지혜를 깊이 경험할 수 있는 잠재력을 가지고 있습니다.

신비가가 된다는 것은 삶의 신비와 하나가 된다는 것을 의미합니다.

미지의 내면의 비밀, 강렬하고 새로운 의식의 개척지, 거대한 상승의 고점(高點)—이들이 신비가의 영역입니다. 여기에서 당신은 편안히 머물면서 신비를 밝히고 사람들을 확장된 의식으로 인도합니다. 당신은 우리의 초의식적 진화에 이르는 길을 인도하는 두려움 없는 밝은 등불입니다.

사랑은 초월적 직관을 통해 진동하는 에너지입니다. 모든 것이 분리되어 있다고 보는 환상을 넘어선 합일하는 진리—최고 사랑—는 우리의 의식의 상승과 인류 진보의 배후에 있는 추진력입니다. 이런 종류의 직관의 목적은 세상을 하나로 합쳐서 전일체를 이루는 것입니다.

초월적 직관은 우리 서로를 합일시키며, 우리를 신과도 합일시킵니다. 당신이 당신의 직관의 빛을 받아들일 때 당신은 고양되며, 당신의 마음에는 더 없는 행복이 넘쳐흐릅니다. 이 직관적인 길이 열려 있고 강할 때, 비범한 것이 일상적인 삶의 방식이 될 수 있습니다. 당신이 편재성의 현존2) 속에서 매 순간을 산다면,

---

2) [역주] 이 책의 70쪽 각주 참조하라.

마침내 당신은 알 수 없는 것을 알고 불가능한 것을 경험하는 것에 익숙해지게 됩니다.

깨달음의 씨앗

당신이 인생을 뒤바꾸는 각성이나 신비로운 경험을 해 본 적이 없다고 해도 깨달음의 씨앗은 당신의 내면에 살아 있습니다. 당신 자신의 깨달음의 전개에 대해 스스로 확인하고 싶다면 지금 바로 다음의 두 가지 질문을 스스로에게 던지십시오.

1. **당신은 사랑을 하십니까?** 당신은 다른 사람을 사랑하는 것이 쉬운가요? 가슴앓이, 실망 그리고 오해에도 불구하고 당신은 여전히 다른 살아 있는 존재를 사랑할 수 있나요? 더 중요한 것은 당신은 자신을 사랑하나요? 당신이 아닌 것에 대해 세상 사람들이 말하는 것만을 보는 것이 아니라 당신의 존재 자체가 아름다운 걸작이라는 것을 알고 있나요?

2. **당신은 사랑 받는다고 느끼세요?** 기쁨은 신의 전조라고 사람들은 말해 왔습니다. 행복, 지복(至福)의 현존 그리고 세상의 사랑스런 지지는 당신의 최고 진동 상태와 일치합니다. 당신 주위의 아름다움을 받아들이기 위해 감사와 열린 마음으로 나아가는 것은 당신의 진화의 열쇠입니다.

사랑을 경험하고 발산하는 능력은 우리가 상승할 수 있는 잠재력과 정비례하기 때문에 이것은 매우 중요합니다. 우리가 더 많이 상승할수록 더 많이 사랑할 수 있으며, 더 많이 사랑할수록 더 많이 상승할 수 있습니다. 자신의 내면과 그리고 다른 사람들의 내면에 있는 최고 존재(the Supreme)를 인정하는 것은 깨달음의 과정에 있어서 결정적인 이정표입니다. 사랑이 없으면 진정한 깨달음을 얻을 수 없습니다.

깨달음으로 성장해 들어가기

당신이 이 세상을 초월해야 한다는 내면의 소명을 지니고 있다면 당신은 혼자가 아닙니다. 우리 중 많은 사람은 무의식의 경계를 돌파하고 싶어 합니다. 어떤 사람들에게는 이런 일이 자연스럽게 저절로 일어나고, 어떤 사람들에게는 시간과 헌신이 필요합니다.

어떤 경우에서든 하나의 간단한 원칙이 우리가 어떻게 현실의 수준을 경험하는지를 결정합니다. 우리는 우리의 의식 주파수와 일치하는 현실 수준만을 경험할 수 있습니다. 다시 말해, 우리의 진동 수준은 우리의 직관적 의식의 수준과 정비례합니다. 당신이 삶에서 의기소침해 있을 때, 저하되어 있거나 무력하다고 느낄 때 당신은 당연히 더 높은 진동수의 힘에 동조(同調)할 수가 없습니다. 당신이 다시금 고양된 삶을 살 때, 그 무엇도 당신이 존재의 아름다움을 경험하고 표현하는 것을 방해할 수 없습니다.

이 상승이 항상 선형적인 과정은 아닙니다. 당신은 상승하거나 하강할 수 있으며, 가끔은 옆으로 비껴갈 수도 있지요. 때때로 당신이 그것을 찾고 있는지조차 모를 때에도 깨달음은 당신을 찾아옵니다. 그리고 만약 당신이 깨달음을 찾고 있다면, 그것을 찾기 위해 높은 산 위에서 명상을 할 필요는 없습니다. 당신은 당신의 진정한 자기(self)의 파묻힌 부분을 발굴하고 이를 다시 삶으로 가져옴으로써 그것을 발견할 수 있습니다.

종종 사람들은 명상하고 또 명상하면서 그런데도 아무것도 오지 않는다고 좌절합니다. 이것은 그들이 에너지를 엉뚱한 곳에 쏟고 있기 때문입니다. 명상 행위만으로는 깨달음을 위한 공간을 확보하기에 충분하지 않습니다. 당신은 깨달음에 동조해야 합니다. 당신이 동조되기만 하면 그것은 찾아올 것입니다. 동조는 깨달음의 진정한 비결입니다. 이것은 명상이 가져다주는 선물입니다. 명상을 통해—현존과 침묵의 고요함 속에서—우리는 우리의 진리와 일치하기 위해 우리의 에너지 주파수를 맞출 수 있지만, 그것이 유일한 방법은 아닙니다. 성장의 과정, 직접적인 삶의 경험을 통한 의식의 팽창도 우리의 영적 상승에 돌파구를 주어 우리를 즉시 깨달음의 상태로 변화시킬 수 있습니다.

근본적 통찰

명상은 깨달음에 들어가기 위해 필요한 수련이 아니다.
명상은 깨달음 안에 머물기 위해 필요한 실천이다.

　많은 사람이 깨달음의 최초 체험이 명상과 전혀 무관하다는 것을 알게 되면 놀랄 것입니다. 평생 명상을 해 본 적이 없는 사람도 초의식의 빛을 경험하는 것은 충분히 가능합니다. 이 초월적 변화를 가져올 수 있는 촉매들이 많이 있지요. 그것은 영적인 돌파구 혹은 영적 붕괴의 과정에서 도래할 수도 있습니다. 그 어떤 경우이든 그것은 우리가 준비가 되었을 때, 즉 우리가 세속적인 속박으로부터 우리를 자유롭게 하는 내면의 변화를 만들었을 때 도래합니다.

　하지만 우리가 자유로워진 후에도, 심지어 빛나는 계시 속에서도 우리는 자유를 유지하기 위해 노력해야 합니다. 우리의 영적 성장 과정은 우리를 세계 위로 끌어올릴 수 있지만, 우리의 일은 여전히 세계에 있으므로 우리는 세계로 돌아와야 합니다. 때때로 깨달음은 찰나적으로 우리에게 접촉하여 그것이 존재한다는 것을 우리에게 알려 줍니다. 우리의 진정한 고향을 상기시키기 위해서죠. 우리가 우주의 사랑스런 포옹 속에 있는 우리 자신을 발견하면 우리는 그곳으로 되돌아가는 것 이상을 원하지 않게 됩니다.

　그러면 우리는 어떻게 우리의 신성한 빛으로 돌아가는 길을 찾을 수 있을까요? 어떻게 우리는 최고 실재에 다시 들어가서 우리 자신과 연결될 수 있을까요? 당신은 명상의 연습을 통해 언제 어디서나 이것을 할 수 있습니다. 명상은 당신이 깨달음으로 가는, 되돌아가는 통로입니다. 진지한 명상 수련과 헌신을 통해 당신은 평화를 찾고, 치유되며, 진동을 높이고, 더 높은 수준의 존재로 올라갈 수 있습니다. 깊은 명상 속에서 당신은 직관적으로 당신의 내면의—침묵이 말을 하는—낙원으로 그리고 평화와 능력의 장소로 돌아가도록 인도됩니다. 당신이 이곳에 더 깊이 들어갈수록 당신은 더욱 수월하게 그곳의 지혜와 편안함을 가지고 당신이 하는 모든 일을 할 수 있게 됩니다.

내면의 고요와 '최고 자기'에 동조됨으로 생기는 편안함을 자신이 하는 모든 일에 전달하는 능력은 깨달은 존재에게 특유한 것입니다. 이것이 우리가 세계를 정복하는 방법입니다. 평화롭게 태풍의 눈에 머무르며, 어떤 폭풍우가 닥치더라도 우리 자신과 삶에 진실한 것—이것이 진정한 힘입니다.

내면의 경계선

초월적 직관의 힘은 체험이라는 한 단어에 들어있습니다. 읽거나 배우면서 얻는 것이 아니라 경험하게 됩니다. 이것이 위대한 신비가의 특징이며, 우리의 최고 근원인 신을 내면의 경험을 통해 알 수 있는 능력입니다. 우리의 사고하는 마음과 세상이 우리에게 가르치는 것은 항상 제한적일 수밖에 없습니다. 왜냐하면 그것들은 우리에게 우리 외부에 존재하는 것을 따르라고 요구하기 때문입니다. 그 모든 것—교훈, 안내, 가르침은 그 자체로는 신성할 수 있지만, 우리가 그 이면의 실재를 알고 경험하기 전까지는 아직 인간으로서 우리의 완전한 잠재력에 발을 들여놓지 못한 것입니다.

초월적 직관은 비현실적인 것을 현실로 만듭니다. 직접적인 체험을 통해서 초월적이고 무한한 우주가 개인적인 것이 됩니다. 우주는 개인적으로 우리에게 접촉하며, 우리는 그것에 개인적으로 참여합니다. 우리가 어떤 것에 대해 읽었거나, 단지 믿음만으로 그것을 진실이라고 생각하지는 않습니다. 오직 그것을 체험하기 때문에 그것이 진실임을 압니다.

우리의 직관은 이성적인 마음이 이해할 수 있는 이상의 것, 즉 우리 자신의 고향을 찾는 기쁨을 제공합니다.

근본적 통찰
마지막 경계선은 내부 경계선이다.

바로 당신 자신이 우주의 가장 큰 미스터리입니다. 존재의 가장 심오한 미스터리가 당신의 내면에 존재합니다. 당신의 내면 의식을 통해 당신은 만물로 가는 길을 지니고 있습니다. 당신이 그 의식을 외부 세계에 적용했을 때, 그것은 유한한 세계의 경계에 의해 제한됩니다. 당신의 진정한 경계는 당신의 내면의 초의식의 상상할 수 없는 다차원성입니다.

다차원적이 되기
초월적 직관을 통해 당신은 현존(presence)과 편재(遍在, omnipresence) 모두에 참여하게 됩니다. 깨어 있는 의식의 고요함 속에서 당신은 현재 순간에 (당신에게 잠재되어 있는) 힘을 온전히 구현합니다. 우주적 의식이 개인적이고 일회적(一回的)인 한점으로 표현된 존재인 당신은 당신 주위의 세계에 대한 주권을 가집니다. 당신은 과거와 미래를 지배하며 흔들리지 않는 평화를 되찾습니다. 그러나 현재의 순간이 끝이 아닙니다. 그것은 단지 시작일 뿐입니다.

현존은 저 너머로 통하는 관문입니다. 깊고 깊은 고요 속으로부터 통찰이 당신을 부릅니다. 그것은 당신에게 드러납니다. 그리고 당신이 충분한 주의를 기울인다면 그것은 당신의 상상을 초월하는 진리로 가는 길을 보여 줄 것입니다. 통찰을 통해 현존은 편재가 됩니다. 초월적 직관을 경험할 때, 편재하는 존재의 장엄함이 개인적으로 당신에게 접촉합니다. 여기에서 당신은 최고 존재(the Supreme)를 알거나 느끼는 것을 넘어서 자신이 최고 존재의 한 부분이라는 것을 감지합니다.

초월적 직관을 경험한 징후는 다음과 같습니다.

- 흔들리지 않는 내적 평온을 구현한다.
- 당신은 신비로운 경험―비전, 자각몽, '천사의' 방문 또는 더 높고, 종종 합리적으로 설명할 수 없는 수준의 의식을 경험했다.
- 우주의 방식을 깊이 수용하고 신뢰함으로써 평안을 얻을 수 있다.
- 당신은 존재와 합일하는 완벽한 행복을 느꼈다.
- 인생에서 가장 강력한 상승적 진동 변화를 경험했다.

초월적 직관의 가장 분명한 상징은 그것의 상향적인 진동의 변화입니다. 당신은 마치 '완벽한 해결 방법'을 찾은 것처럼 기분이 좋아지고 치유됩니다. 당신이 편재하는 이 조화의 광휘에 젖어 있는 동안에는 공포, 혼란, 고통의 저진동 에너지가 당신에게 도달할 수 없습니다.

이것이 바로 우리가 이 일을 하는 이유입니다. 지복(至福)의 상태로―우리 안에 있는 영적 정신(spirit)에 대한 우리의 무너지지 않는 직관적인 인식으로 돌아가기 위해서죠. 세상의 가장 높은 지혜와 당신의 내면에서 당신을 안내하는 가장 높은 지혜를 결합하면 마침내 당신은 깨어남과 깨달음의 특별한 선물이 당신 안에 계속 존재해 왔다는 것을 알 수 있습니다.

초월적이 되기

직관적 초월에 대한 경험은 대개 두 가지 방법 중 하나로 나타납니다. 하나는 당신의 현실의 바탕을 뒤흔들어 인생을 바꾸는 경험을 동반하면서 돌연히 도래합니다. 또 하나의 직관적 초월의 경험은 당신이 의도적으로 더 높은 인식 상태로 진화함에 따라 날이 갈수록 점점 더 강해집니다. 전자는 당신이 의식을 비약적으로 확장시키는 드문 변혁의 순간에 거대한 돌파의 모습으로 도래합니다. 후자는 헌신, 올바른 행위 그리고 잃어버린 존재의 일부를 재발견하려는 열망을 통해 옵니다.

당신의 초월적 직관 경로의 개방이 자연발생적이든, 점진적이든 그 모두는 당신의 의식의 진화와 본질적으로 연결되어 있습니다. 만약 당신이 이 현실 너머의 진짜 현실을 경험하고 싶다면, 외부 세계로 향해 있던 당신 의식의 방향을 바꾸어 당신 안에 있는 우주로 향하게 해야 합니다. 이것은 외부 세계의 복잡한 얽힘과 산만함을 놓아 버리는 것을 의미할 뿐만 아니라 공포, 판단, 원한, 불관용, 분노와 같은 저진동적인 생각과 무거운 느낌의 에너지들을 풀어 놓는 것을 의미합니다.

당신의 신체는 병, 부상 그리고 통증으로 고통 받고 있으며, 당신의 형이상학적(초감각적)인 몸은 부정적인 생각, 감정 그리고 무지로 고통 받고 있습니다. 당신이 수년 또는 심지어 수십 년 동안에 지니고 있던 저진동 에너지를 방출할 때, 당신은 마침내 가장 깊은 곳에서 치유될 수 있습니다. 이 영적 치유는 당신의 몸이 치유될 수 있는 활기찬 환경을 만들 뿐만 아니라, 영적 직관의 길을 열어 줍니다.

초월적 직관은 실로 천국으로 가는 관문입니다. 이것은 우리의 몸 위에 있는 별들과 성운들 사이에 있는 천국이 아닙니다. 그것은 우리의 의식 너머에 있는, 우리의 직관을 통해서만 알 수 있는 초월적인 현실로 이루어져 있는 천국입니다. 이 통로가 열리면 우리는 이전에는 감지할 수 없었던 진동을 인식하고 경험할 수 있는 능력을 얻게 됩니다.

초월적 몸

초월적 직관의 초기 감응들 중 일부는 몸에서 느껴집니다. 이 직관 경로가 열리면서 다음의 사항을 감지할 수 있습니다.

- **신체적 에너지의 변화**   이것들은 전기의 파동처럼 느껴질 수 있고, 핀과 바늘로 찌르는 것처럼 느껴질 수도 있으며, 당신의 몸이 더 높은 주파수에 적응할 때 다양한 에너지적 이상 현상들로 느껴질 수도 있습니다. 이것은 종종 우리가 쉬고 있는 야간에—우리의 몸이 새로운 진동 수준에 '적응할' 수 있는 기회를 가질 때 발생합니다.

- **'제3의 눈'의 활성화**   당신이 초의식의 에너지의 통로를 열기 시작하면서 자신의 직관적 정신이 활기차게 활동하는 것을 느낄 수도 있습니다. 초의식의 에너지가 마음을 통해 더욱 강하게 흐를수록 이마 위, 눈 사이 부위가 약간 따끔거리는 것을 느끼기도 합니다. 당신은 또한 이 에너지를 코끝에서 은은하게 간지럽히는 느낌으로 느낄 수도 있습니다.

초월적 마음

당신의 초월적 직관이 강해지고 초의식적 연결에 당신이 편안하게 적응되면 지각의 영역이 넓어집니다. 직관이 강하게 흐르기 시작하면 다음의 사항을 알아차릴 수 있습니다.

- 새롭고 초월적인 현실을 지각하는 능력: 네, 당신은 그것을 보았습니다. 네, 그것은 실재입니다. 이것은 사실상 당신이 '초자연적'이 될 때 스스로 포착한 것을 말할 수 있는 것들입니다. 이것이 초월적 직관의 활성화 이후의 삶의 현실입니다. 당신은 전에는 볼 수 없었던 것을 보고, 알 수 없었던 것을 알며, 감지할 수 없었던 것을 느낄 수 있는 매우 실질적인 능력을 가지고 있습니다.

- 생명체의 몸을 둘러싸고 있는 에너지 장(場)을 지각합니다.

- 자신이 처해 있는 시간과 장소에서 벗어난 다른 곳에서 일어나고 있는 일들을 알고 있습니다.

• 몸이 없는 생명체가 존재한다는 것을 알게 됩니다.

우리는 성경에서 초월적 직관이 다음과 같은 말로 메아리치는 것을 듣습니다. "나는 모든 인류에게 내 영혼을 쏟아부을 것이다. 너의 아들딸들은 예언하고, 노인들은 꿈을 꾸며, 젊은이들은 환상을 보게 될 것이다. 나는 종들에까지도 남녀를 가리지 않고 내 영혼을 쏟아부을 것이다"(요엘서 3: 1-5).[3] 현 시대에서 직관은 더 높은 능력(최고 자기)이 보내 주는 신성한 선물로 이해됩니다.

초월적 심정

당신의 초월적 직관의 궁극적인 표현은 당신이 내면에서 느끼는 방식입니다. 당신이 초의식적 에너지와 함께 살 때, 당신은 자연스럽게 다음과 같은 것을 느낍니다.

• **인생에서 가장 깊은 평화** 초월적 직관은 내면의 평화의 진동 위를 흐릅니다. 그것은 흔들리지 않는 평온과 삶에 대한 신뢰를 가져다줍니다. 그것은 당신의 있는 그대로의 모든 것을 지지하면서 궁극적인 평안함을 제공합니다.
• **인생 최고의 사랑** 끊임없이 깊어지는 사랑의 진동은 당신의 마음을 점점 더 가득 채웁니다. 어떤 순간에 당신은 우주적 연결성과 끊임없이 상승하는 영적 정신(spirit)의 강력한 느낌에 사로잡힙니다. 깨달음의 가장 강력한 선물은 이 재연결입니다. 이것은 우주의 사랑스런 포옹으로 돌아옵니다.

당신의 초월적 직관은 그 나름의 방식대로 드러날 것입니다. 그것이 어떤 틀이나 표준화된 과정과 일치하기를 기대하지 마세요. 그것은 독특한 진화의 순간에

---

3) "나는 모든 인류에게 내 영을 쏟겠다": Days of the Lord: The Liturgical Year, vol. 3 (Collegeville, MN: The Liturgical Press, 1993), p. 261.

맞추어 당신의 의식에 반응합니다.

비범한 사람들, 탁월한 통찰력

당신의 직관은 당신을 일으켜 세우고 세상을 고양시킨다

직관은 잊혀진 우리 내면에 있는 것이지 우리가 배워야 할 바깥 세상에 있는 어떤 것이 아니다. 직관은 우리가 살아온 내용으로 뒤덮인 채로 우리 안의 너무 깊은 곳에 숨어 있다. 우리가 순수함으로 되돌아가기 위해서는 이 모든 것을 통한 '배움을 지워야' 한다.

요가와 명상 연습은 직관이 들어올 수 있는 더 많은 공간을 만들도록 도와준다. 몸에는 두 가지 주요한 에너지의 흐름이 있다. 에너지가 위로 이동하는 해방의 흐름과 에너지가 아래로 이동하는 발현의 흐름이다. 하나의 흐름에서는 우리는 직관할 수 있고, 새로운 아이디어와 연결될 수 있다. 다른 하나에서는 우리는 실제로 그 에너지를 실행에 옮길 수 있다. 우리는 세상에서 효과적이고 변혁적인 사람이 되기 위해 균형을 맞춰야 한다.

이런 식으로 우리는 우리 자신을 위해서, 그다음에는 우리 주변의 사람들을 위해서 교사가 될 수 있다. 이것이 우리가 서로를 고양시키는 방법이다. 우리가 이것을 행할 때, 에너지의 모든 주파수에는 새로운 정보가 있어서 당신이 자신을 고양시킬수록 당신은 더 나은 선택을 할 수 있도록 도움을 주는 새로운 정보들을 더 많이 받아들일 수 있게 된다.

이것이 우리가 살고 있는 기술 시대 속에서 우리가 그 어느 때보다도 많이 겪고 있는 스트레스 요소들로 인해 삶의 균형을 잃지 않기 위해 필요한 일이다. 그것은 우리가 바로 지금 처해 있는 변화의 일부이다. 그것은 점점 더 커지고 강해질 것이다. 더 많은 사람이 나서서 각자가 자기 자신을 그리고 서로를 최고 수준의 진화로 이끌어 나가야 한다.

— 브렛 라킨(Brett Larkin), 세계적으로 유명한 요가 교사이자
업리프트 요가의 창시자

상승의 기술

당신은 신을 어떻게 경험합니까? 이것은 초월적 직관의 근본적인 질문입니다. 우리가 존재의 궁극적인 본질에 접촉했다는 것을 어떻게 알 수 있을까요? 우리는 지고의 존재와 교감하기 위해 무엇을 할 수 있을까요?

우리 각자에 있어서 답은 다릅니다. 황야에서 최고의 현존을 느낄 수도 있고, 홀로 하이킹을 하는 중에 행복한 고요함 속에서 느낄 수도 있을 것입니다. 아니면 깊은 명상 속에서, 또는 요가 수련이나 몰입 연습(flow practice) 중에 발견하게 될지도 모르지요. 이 세상의 사람들과 생물들에게서 느끼는 사랑 속에서 당신은 영혼이 따뜻해지는 우주적 감동을 느낄지도 모릅니다. 당신은 특별한 환희의 순간이나, 심지어 당신의 자아(ego)의 지배가 무너지는 진화적인 고통 속에서 그 빛을 발견할 수도 있을 것입니다.

어떤 경우이든, 어떤 상황이든 모든 '천상적' 경험에는 하나의 공통적인 실마리가 있습니다. 바로 직관이지요. 당신의 초월적 직관은 우리의 의식적인 현실을 훨씬 넘어서 높은 곳에 도달하도록 고안된 유일한 능력이며, 이것이 초월적 직관의 유일한 목적입니다. 당신의 초월적 직관은 당신을 당신의 근원에 다시 꽂아서 신성한 기원의 생명력, 지혜, 창조성에 연결시켜 줍니다. 그것은 당신을 상승시키고, 고양시키며, 의식에서 초의식에 이르도록 당신의 진동을 증폭시킵니다.

초월적 직관을 경험하는 방법
- 비전, 자각몽 및 형이상학적(초감각적) 경험
- 우주 전체와 하나가 되는 느낌
- 신적 무아경
- 영적 환희

- 초의식의 현현
- 현세의 삶을 초월한 삶의 체험
- 존재에 대한 완전한 신뢰와 수용
- 더 높은 현실에 대한 인식
- 공간과 시간을 초월한 다차원적 지각
- 창조의 아름다움에 대한 경이
- 무조건적이고 무한한 사랑
- 삶의 의미 있는 본질에 대한 직관적 이해

초월적 직관의 까다로운 점은 당신이 그것을 의도적으로 일어나게 할 수 없다는 것입니다. (적어도 처음에는 그렇게 되지 않습니다) 하룻밤에 다음과 같이 생각할 수는 없습니다. 오늘 밤에 나는 생명의 신비를 밝히는 형이상학적인 경험을 할 것이다. 우리가 초월적 직관의 길을 열기 시작할 때 그것은 예측할 수 없는 것처럼 보일 수도 있고, 갑자기 도래하여 우리를 놀라게 하기도 합니다. 모든 참된 직관과 마찬가지로 그것은 예기치 않게 나타납니다.

우리 중 많은 사람은 성장하면서 초월적 직관 경로를 차단합니다. 우리는 그것이 활짝 열려 있는 상태로 태어납니다. 우리가 어렸을 때, 우리는 상상력의 경이로움 그리고 그 이상의 것들을 보고 경험합니다. 하지만 우리가 더 '성숙'해질수록 현실은 우리에게 그 밸브를 잠그도록 요구합니다. 우리가 세상의 '정상적인' 사람들처럼 기능할 수 있도록 말이죠.

이렇게하여 우리의 더 높은 현실로의 접근이 막혀 버리면 우리는 우리 존재의 전체 차원에 접근하지 못하게 됩니다. 이렇게 보면 세월은 우리가 그것을 의식하든 안 하든 간에 우리에게 부담이 됩니다. 우리는 우리의 일부가 얼마만큼 없어졌다는 것, 그래서 어떤 면에서는 반쪽짜리의 삶을 살고 있는 것을 느끼고 있지요.

다음은 초월적 직관 결여의 징후입니다.

- 자기 혐오 또는 절망
- 타인에 대한 사랑이나 연민의 부족
- 물질적 안락 또는 세속적 성취에 대한 과잉 근심
- 외로움을 느끼거나 세상과 단절된 느낌
- 무의미 또는 목적 결여의 느낌

만약 지금 당신의 기분이 좋지 않다면 걱정하지 마세요. 우리 모두는 때때로 부조화를 느낍니다. 이것은 삶이 가져다주는 도전과 성장에 대한 자연스러운 반응입니다. 우리의 과제는 우리 자신을 부조화의 상태에서 벗어나게 하는 것이며, 이를 통해 우리는 깨달은 삶의 내재적 행복을 경험할 수 있습니다. 만약 당신이 왜소하거나, 낮거나, 자기 답지 않다고 느낀다면 이것은 무의식적인 선택과 당신의 초월적 직관의 더 높은 소명에 대한 저항이 누적된 결과일 수 있습니다.

이 직관 경로의 흐름이 끊길 때, 우리 역시 생명과 단절된 느낌을 갖습니다. 우리는 지지 받지 못하고, 단절되고, 낮게 느껴집니다. 우리는 우리 자신과 다른 사람들을 사랑하고 자신의 빛으로 세상을 비추는 것이 어렵다는 것을 실감합니다. 이것이 현대의 진정한 실존적 위기입니다. 우리는 우리 존재의 완전한 본성과 분리되어 있습니다. 우리는 우리가 보는 것이 우리 자신이라는 생각에 속아 왔습니다. 하지만 우리가 삶을 통해 진화하고, 우리의 소명이 더 강해짐에 따라 우리는 우리의 현실이 광대하고 더 높은 현실의 일부로 존재한다는 진리를 우리의 삶에 다시 통합하도록 이끌립니다. 초월적 직관은 그러한 초의식적 현실과 그것이 가지고 있는 마법에 대한 우리와의 연결고리입니다.

신비가
"나는 상승한다."

■ **요소**: 물

■ **경로**: 에너지(정신)

■ **키워드**: 상승, 통합, 사랑

■ **힘**: 초의식적 현실의 체험

■ **막힘**: 개인적인 야망, 사랑이 없음, 불신, 불관용

■ **도움이 되는 실천**: 사랑어린 친절, 봉사, 영적 수련

■ **직업**: '세상의 하인', 요기, 수도사, 영적 스승, 성직자, 수녀, 구루, 멘토

■ **즐길 거리**: 초월적 명상, 은거, 자연, 단순함, 몽상, 음악 감상, 혼자 있기, 미소

CHAPTER 14

신비가 워크숍: 위와 너머로 가기

> 그것은 각성, 깨달음 그리고 놀라운 직관적 이해이다. 이에 의해서 우리는 우리의 일상생활에서 신의 창조적이고 역동적인 개입에 대한 확신을 얻는다.[1]
>
> — 토머스 머튼(Thomas Merton)

우리는 삶에서 통찰력을 기르면서 이 삶의 현실을 초월하려는 깊은 내적 열망을 더 많이 갖게 됩니다. 우리가 존재의 직관적인 상태를 실현할수록 우리는 자연스럽게 존재의 더 높은 차원을 경험하게 됩니다. 신비가 워크숍은 초의식적 인식으로의 전환과 삶의 신비를 직접 경험하기 위한 세 가지 중요한 실천을 제시합니다. 워크숍은 세 부분으로 나누어져 있으며, 순서대로 완료되어야 합니다.

1. **초월적 직관 조율** 우리는 초월적 직관을 '활성화'시키기 위해 우리를 저지하는 무거운 심리적 에너지를 확인하고, 그것을 방출하여 우리 자신을 고양시킵니다.
2. **초월적 직관 명상** 이 연습을 하는 동안, 우리는 초월적 현실의 진동에 들어갈 수 있게 하는 고주파의 내적 성역을 만듭니다.

---

1) "깨어남, 깨달음, 놀라운 직관": Thomas Merton, New Seeds of Contemplation (New York: New Directions, 1961/2007), p. 5.

3. 초월적 직관 연습   이 연습은 우리가 우주의 자애로운 포옹을 얻고 그에 적응하여 머무는 데 도움이 될 것입니다.

근본적 직관을 위한 조언   당신은 이미 자신 안에 있는 것만을 당신에게 끌어당길 수 있습니다. 더 높은 자각의 지혜 속에서 번영하기 위해서는 당신은 사랑스럽고 현명해져야 합니다.

초월적 직관 조율

현명한 사람들이 더 높은 존재의 상태로 이동하기 위해 사용하는 한 가지 간단한 실천 방법이 있습니다. 이것은 승려, 요기, 성자 그리고 위대한 스승들이 공유한 비밀입니다. 그것은 매우 간단한 단 두 개의 문자로 구성되어 있지요. 바로 미소입니다.

당신의 미소는 행복 자체의 신체적 구현입니다. 미소와 함께 우리는 우리의 고통 위로 상승합니다. 미소는 우리를 존재의 본래적인 기쁨과 다시 연결시킵니다. 미소는 강력한 명상 도구이자 인생의 병폐를 치료하는 수단입니다. 미소는 즉각적인 에너지 이동이며, 존재의 가벼움으로의 재조정입니다.

미소 속의 힘

우리가 깊은 명상에 잠겨 있는 붓다를 볼 때, 붓다가 얼굴에 미소를 띠고 있다는 것을 알아챘나요? 그 미소는 그의 깊은 신적 교감 상태를 반영하는 것일 뿐만 아니라 수세기 동안에 승려들이 사용해 온 명상 기법입니다. 당신이 명상 중에 미소 지을 때, 당신은 더 높은 앎이 주는 지극한 평화에 연결됩니다. 당신의 미소는 존재의 빛을 향해 직통으로 가는 입구와 같습니다. 당신이 그 미소를 당신의 삶 속으로 가지고 들어갈 때, 당신은 그것을 보는 모든 사람에게 빛을 가져다줍니다.

미소를 사용하여 자신을 고양시키는 몇 가지 방법은 다음과 같습니다.

- 미소를 지으며 명상을 시작하고 마칩니다. 가능하다면 명상하는 동안에 미소를 잃지 않도록 하세요. 이 미소는 당신을 상위의 높은 진동에 고정시킬 것입니다.
- '편안한 미소 띈 얼굴'을 기르십시오. 당신은 흉하게 찡그린 얼굴로 무심코 행동하다가 다른 사람에게 들킨 적이 있나요? 우리의 얼굴 표정은 무의식적으로 우리의 내면의 상황을 반영합니다. 우리가 미소 짓고자 하는 의도를 가질 때마다 우리는 우리가 알지 못하는 낮은 주파수의 에너지를 (좋은 에너지로) 변환시킵니다.
- 까다로운 사람들을 대할 때, 따뜻한 미소를 잃지 않도록 하세요. 웃음은 종종 상황을 평화롭게 해결하고 대립을 해소하는 데 도움을 주는 편안함을 가져다줍니다.

의식적으로 미소 짓는다는 것은 미소를 '날조하는' 것을 의미하지 않습니다. 그것은 당신을 환하게 비추는 진짜 사랑스럽고 따뜻한 미소를 의미합니다. 당신은 마음에서 발산되는 좋은 미소를 느낄 수 있습니다. 미소는 자력(磁力)과 같은 에너지를 지니고 있습니다. 사람들을 끌어당기고 에너지를 끌어당기지요. 그리고 그것은 당신을 무한성으로 끌어당깁니다.

명상: 무한으로 통하는 입구

초월적 명상은 초의식으로 가는 입구입니다. 당신이 그것을 경험하기 위해 가야 할 유일한 장소는 당신의 내면에 있습니다. 당신은 다음의 실천을 통하여 밝혀진 진리와 더 높은 앎의 에너지에 자신을 적응시킬 수 있습니다.

부드럽고 사랑스런 미소로 자신을 맞이하는 것으로 시작하세요. 이 미소가 당신의 에너지를 당신의 진정한 존재의 경쾌함으로 바꾸는 것을 느껴 보세요.

당신의 '마음의 눈' 안에 당신의 '행복한 장소', 즉 당신의 내면에 고요함의 성소(聖所)를 만들거나 그곳으로 돌아가세요. 그곳은 당신이 존재의 가장 높은 현실과 자유롭게 소통할 수 있는 밝은 평화와 힘의 장소입니다.

깨달음의 문 앞에 서 있는 자신을 상상해 보세요. 깨달음의 빛은 당신을 온통 감싸고 있습니다. 우주적 치유, 진리, 힘 그리고 사랑의 찬란한 빛으로 가득한 이 장엄한 곳에 있는 자신을 상상해 보세요. 이 빛은 당신이 지금까지 알고 있었던 다른 빛과는 달리 당신의 내면에서 나옵니다. 그것은 우주의 편재하는 지혜로 충전되어 있습니다. 당신의 내면에서 그리고 당신을 통해 빛나는 지복을 느껴 보세요. 그것이 당신을 치유하고, 원기를 회복시켜 주는 것을 느껴 보세요. 그것의 손길에서 살아나는 자신을 느껴 보세요. 지금 이 순간에 머무르고, 모든 것을 거기에 맡겨 두세요. 진동이 일어나는 것을 느껴 보세요. 더 높은 지각의 주파수로 고양되는 자신을 느껴 보세요. 당신 자신이 그것과 조화를 이루고 우주적 표현의 거대한 바다와 하나가 되는 것을 느껴 보세요.

당신이 '진짜' 자기가 되고 있다는 것을 알아차리세요. 삶에 얽매이지 않는 무한함을 느껴 보세요. 사랑으로 가득 찬 가슴, 즉 자신에 대한 사랑, 삶에 대한 사랑, 세상에 대한 사랑으로 당신 전체가 치유됩니다. 당신의 본성을 되찾으세요.

이것이 진짜 당신의 모습입니다. 이 눈으로 세상을 보세요. 모든 가능성을 보세요. 이 새로운 렌즈를 통해 세상이 어떻게 다른지를 보세요.

자문해 보십시오.

- 이 세상에서 나의 목적은 무엇인가?
- 나는 성장의 다음 단계를 어떻게 수행할 수 있는가?
- 나는 세상을 더 좋게 만들기 위해 무엇을 할 수 있을까?

정답이 직관적으로 도착되도록 합니다. 직관의 경로와 당신의 높은 의식이 이 내면의 성소(聖所)에서 당신과 소통하기 위해 그것(직관의 경로)을 어떻게 사용할 수 있는지 인식하세요. 오늘 당신에게 필요한 통찰을 얻을 때까지 당신이 원하는 만큼 여기 머물러 있으세요.

준비가 되면 당신은 미소를 지으며 다음의 만트라를 외우면서 명상을 마무리 지을 수 있습니다.

내 안에서 빛이 밝게 빛나도록 하라.

그리고 (이 빛으로) 세상을 밝게 비추어라.

초월적 직관 연습: 사다나 만들기

초월적 직관의 실천 목표는 몸과 마음, 심정 그리고 정신을 고양시켜 당신이 더 높은 의식의 상태로 나아가도록 하는 것입니다. 이를 위한 가장 좋은 방법 중 하나는 당신의 네 가지 직관적 길을 놀라운 통찰력의 흐름에 맞추는 사다나(Sadhana),[2] 또는 매일의 영적인 실천 과정을 만드는 것입니다.

개인적 직관 연습

다음은 규칙적인 직관 의식(儀式)을 만드는 데 도움이 되는 몇 가지 조언입니다.

---

2) [역주] 신성에 직접 참여를 목표로 하는 요가 수행

- 최소 일주일에 2~3회 정도 연습합니다. 하루에 한 번이 이상적이고, 하루에 두 번은 예외적입니다.
- 연습하기에 가장 좋은 시간은 따로 없습니다. 시간이 되는 대로 찾아서 계속하세요. 아침 의식은 하루를 위한 에너지를 설정하는 고무적인 방법이 될 수 있으며, 저녁 의식은 하루의 마지막에 스트레스를 풀고 긴장을 푸는 데 도움이 될 수 있습니다.
- 혼자 있을 수 있고, 중단 없이 한동안 내면에 몰입할 수 있는 고진동 공간을 선택해야 합니다. 실외나 빛이 들어오는 창문 근처에서 연습을 하는 것은 당신 영혼에 활력을 불어넣는 자연과 연결시켜 줍니다. 어두운 방이나 지하실은 진동의 상승을 어렵게 만들 수 있습니다. 만약 당신이 그러한 공간에서 연습을 해야 한다면, 가능한 한 많은 불을 켜고 당신의 수련을 고양시키는 음악이나 방향 요법으로 보충하는 것을 고려해 보세요.
- 당신이 처해 있는 상황에 따라 어느 곳에서든지 10분에서 2시간 정도 연습할 수 있습니다. 짧은 연습이라도 안 하는 것보다는 낫습니다.

일별 연습을 만드는 단일의 공식은 없습니다. 이는 당신의 개인적 재능, 선호, 흥미와 일치하는 독특한 의식을 디자인하기 위한 틀입니다. 최상의 실천 방식을 구축하려면 직관을 따르십시오.

직관 연습을 위한 틀

이상적으로는 각 직관적 경로와 각 유형의 직관에 대한 실천 방법을 만드는 것이 좋습니다. 신체적, 정신적, 심정적, 영적인 네 가지 직관의 경로를 중심으로 규칙적인 실천을 구성하면 당신의 모든 존재의 측면을 균형 있고 활기차게 유지할 수 있습니다. 다음의 4단계 틀을 사용하여 가장 적합한 작업 방식을 선택하십시오.

1. **차단 해제 및 흐름에 들어가기** 연습의 첫 부분은 당신의 직관의 향기가 흐르게 하기 위한 준비 운동입니다. 당신의 몸을 움직이기 시작할 때 적절한 신체 워밍업을 하도록 하세요. 요가, 기공, 걷기, 심호흡, 부드러운 스트레칭, 춤, 달리기 등 당신이 스스로 할 수 있는 것 중에서 선택하세요. 몸을 움직이면 정체된 에너지를 풀어 주어 직관적인 경로가 자유롭게 흐르도록 도와줍니다.

2. **마음을 침묵시키기** 다음 부분은 긴장을 풀고 당신의 뇌를 안정시키는 데 도움을 줍니다—세상의 요구와 산만함을 떨쳐 버리기 위해서 당신은 '지금 여기'에 집중할 수 있습니다. 여기 당신이 실천할 수 있는 몇 가지 활동이 있습니다. 알아차림 명상, 수식관[3], 고요히 앉아 있기, 만트라 외우기, 말라의 사용 등이 그것입니다. 당신은 내면의 평화에 쉽게 들어갈 수 있도록 돕는 어떤 기술도 사용할 수 있습니다.

3. **통찰의 수용** 세 번째 부분은 통찰에 자신을 개방하는 것입니다—당신의 내면의 막힘 없는 고요한 흐름으로부터 침묵이 말을 합니다. '즉각적인 통찰'이나 오늘날 당신이 배운 교훈을 당신에게 알려 줄 작은 신호를 삶에 요청해 보세요. 통찰 명상, 통찰카드 연습, 통찰 저널 쓰기 중에서 선택하십시오. 이러한 연습 방법의 전부 또는 일부를 사용합니다. 가장 좋은 방법은 직관의 흐름에 들어가는 것입니다.

4. **영적 정신의 고양** 마지막으로, 당신의 의식(儀式)의 가장 중요한 부분은 당신의 초의식 배터리를 충전하는 것입니다. 당신의 영적 정신을 다시 활성화시키고 의식의 확장을 위해 당신의 최고 존재에 다시 연결하세요. 그렇게 할 수 있는 몇 가지 방법이 있습니다. 현존을 연습하고, 고양시키는 음악을 듣고, 아름다움을 감상하고, 초월적인 명상을 연습하고, 미소를 짓습

---

3) [역주] 들숨과 날숨에 집중하는 명상

니다. 세상의 좋은 일들에 당신의 주파수를 맞추게 하는 것은 무엇이든 하세요.

신비가의 도구: 기도

기도는 우리의 여정—우리의 진정한 자기, 진정한 힘 그리고 우리의 진정한 고향으로의 여정—을 지지해 달라고 '생명'에 탄원하는 것입니다. 당신의 내면의 불과 다시 연결하려면 이 기도문을 읽거나 말하십시오(또는 원하는 대로 수정하세요). 의식적으로 최고의 존재 상태에 다시 연결되기를 원할 때마다요.

진리여, 내 안에서 깨어나세요.
당신의 현존으로 나를 밝혀 주세요.
당신의 빛을 모든 어두운 곳에 비춰 주세요.
나한테 나타나 주세요.

당신의 평화와 이해의 빛을 내게 부어 주세요.
나의 가장 높은 곳으로 가는 길을 가르쳐 주세요.
나를 당신에게 더 가까이 다가가게 해 주세요, 열정적인 영감 속으로요.
당신의 빛나는 기쁨으로 나의 존재를 북돋아 주세요.
내 몸에 당신의 치유의 빛을 불어넣어 주세요.
내 마음에 지혜의 빛을 불어넣어 주세요.
내 마음에 창조적인 열정을 불어넣어 주세요.
내 영혼을 자애로운 친절로 가득 채워 주세요.
진리여, 내 안에 살아 있으세요.
당신 안에서 나를 자유롭게 하세요.

CHAPTER 15

당신 능력의 회복

> " 자신을 믿어라, 그러면 당신은 어떻게 살아야 할지 알게 될 것이다.[1]
>
> —요한 볼프강 폰 괴테(Johann Wolfgang von Goethe) "

당신의 삶에는 두 가지 결정적인 순간이 있습니다. 당신의 진정한 잠재력을 깨닫게 되는 순간과 당신이 자신의 잠재력을 소유하게 되는 순간입니다. 당신은 이제 두 가지를 모두 수행할 준비가 되었습니다. 당신은 당신의 진정한 삶에 발을 들여놓기 위해 통찰의 힘을 사용할 준비가 되어 있으며, 자신이 어떤 사람이 될 것인지 알 수 있습니다. 당신은 저 앞에서 당신을 부르는 놀랍고도 새로운 현실을 인식합니다.

이제 당신이 직관에 대한 다차원적인 이해와 그것이 당신을 고양시키는 많은 방법을 알고 있기 때문에 당신의 삶에 진정한 변화를 만들 수 있습니다. 당신은 신체적 직관을 사용하여 웰빙을 만들고 당신의 삶을 치유할 수 있습니다. 당신은 마음의 평안과 더 나은 삶의 선택을 위해 알아차림 직관을 사용할 수 있습니다. 나아가 당신은 창조적 직관을 사용하여 꿈을 실현할 수 있습니다. 그리고 당신의 초월적 직관을 사용하여 모든 생명의 통일성과 다시 연결할 수 있습니다.

---

1) "너 자신을 믿어라, 그러면 너는 알게 될 것이다.": Goethe, The Faust of Goethe: Part I, in English Verse, trans. W. H. Colquhoun (London: Arthur H. Moxon, 1878), p. 122.

통찰력 있게 사는 것은 진화적인 연쇄 반응을 일으켜 당신을 그 어느 때보다도 상승시킬 수 있습니다.

인류 역사에서 지혜롭게 살아간 사람들은 현실에 대한 우리의 인식이 우리의 의식 수준을 반영하는 것이라는 것을 가르쳐 왔습니다. 꿈에서 깨어났을 때 우리는 비현실에서 현실로 전환하는 것이 아니라 낮은 수준의 의식에서 높은 수준의 의식으로 변화하는 것입니다. 어느 날 우리 모두가 깨어났을 때의 현실은 오늘날 우리가 알고 있는 현실보다 훨씬 더 현실적이고 강력할 것입니다. 이전에 알던 현실을 되돌아보며 우리는 말하겠지요. '정말 놀라운 꿈이군요!'라고

당신은 현재의 삶에서 깨어나서 이 삶이 꿈처럼 느껴지는 것을 상상할 수 있나요? 당신은 매일 당신의 삶이—단지 완전한 전체 존재의 한 조각일 뿐인—깨어날 꿈임을 상상할 수 있습니까? 우리의 현실은 우리가 개인적·직관적 성장을 통해 발전하는 더 크고 실질적인 현실의 시작에 불과합니다. 우리가 무의식의 잠과 우리의 조건화된 백일몽으로부터 깨어날 때 미망의 베일은 마침내 걷히며, 온전한 현실이 우리에게 드러납니다.

이것이 바로 당신이 직관을 따를 때 그것이 당신에게 가져다주는 현실입니다. 우리의 일상은 무의식적·의식적·초의식적 존재 상태 사이의 상호작용입니다. 당신이 직관을 따를 때, 당신은 모든 두려움에서 해방되며 무의식에서 벗어나 의식과 초의식의 영역으로 확장됩니다. 더 높은 현실은 더 생생하고 선명해지고, 당신의 옛 삶은 꿈처럼 됩니다. 변혁의 순간마다 당신은 삶에 더 많이 깨어 있게 됩니다. 당신의 직관의 관문을 통해서 우주가 당신에게 열립니다.

진정한 당신으로 깨어나는 것

당신이 이 책의 모든 내용을 이해한다고 해도 이를 실제 삶에서 실천하기 전까지는 아무것도 변하지 않을 것입니다. 진정한 당신으로 깨어나는 일은 당신 자

신의 내면을 지켜보는 것에서 시작되며, 이를 통해 자신을 알고 자신으로 존재하는 길을 가로막고 있는 모든 것을 발견해서 이를 제거하는 과정을 통해 이루어집니다. 그리고 이러한 지켜보고 발견하는 힘을 사용하여 당신의 삶에 실질적이고 지속적인 변화를 만드는 것으로 마무리됩니다.

이것은 힘든 일일 수도 있지만, 당신이 할 수 있는 가장 좋은 일입니다. 더 높은 인식으로 전환하기 위한 마법 지팡이나 간단한 공식은 없습니다. 당신이 정말 해야 할 일은 성장하는 것 뿐입니다. 모든 돌파구, 당신을 더 낫게 만드는 모든 행동, 모든 의식적, 초의식적인 선택은 당신의 주파수를 높입니다. 당신이 (마음 속의 무거운 짐으로부터) 해방되고 (자신과 타인들을) 용서할 때마다, 환희의 순간과 자기 삶을 신뢰하는 순간마다 스스로를 더 높이 상승시킵니다. 진실은 우리의 눈을 뜨게 하지만, 진실에 따라 살 때에만 우리는 진정으로 깨어납니다. 마법을 아는 것만으로는 충분하지 않습니다. 우리는 마법의 일부가 되어야 합니다.

각성의 10가지 징후

비록 우리 모두가 각자의 방식으로 깨어났지만, 그 과정은 많은 공통점을 공유합니다. 당신은 이러한 10가지 징후 중 일부 또는 전체를 경험할 수 있습니다. 각각은 당신이 더 높은 힘에 접촉되었다는 것을 의미합니다.

1. **직관이 더 강해진다** 직관 능력은 당신이 진화함으로써 얻어지는 부산물입니다. 진정한 자신을 향해 깨어날수록 내면의 목소리는 더 많이 말합니다. 통찰력이 당신 삶의 연료 자체가 됩니다.

2. **혼자만의 시간을 더 원하게 된다** 이것은 각성의 첫 번째 징후나 전조 중 하나입니다. 당신은 어릴 때 자연스럽게 혼자만의 시간에 끌리고, 의미 있게 시간을 보낼 수 있는 경우에만 다른 사람과 함께하는 것을 선호했을 것입니다. 우리가 깨어나기 시작하면서 우리는 경박한 사회 활동보다는 조용한

자기성찰의 시간을 더 원하게 됩니다. 직관과 함께할 때 당신은 결코 혼자가 아닙니다. 당신이 자신의 높은 부분과 깊이 연결될수록 다른 사람들에게는 공허하게 느껴질 침묵의 순간이 통찰과 경이로움으로 채워지게 됩니다.

3. **인생에 새로운 경이로움이 느껴진다** 우리가 어렸을 때, 세상은 경이로움으로 가득 차 있었습니다. 그런데 성장하면서 우리의 마음이 모든 것을 우리가 이해할 수 있는 것으로 정의하고 분류하게 되면서 삶의 경이로운 차원과 단절되었습니다. 우리가 참으로 정의될 수 없는 세계 한가운데에 살고 있음에도 말이죠. 직관은 그 장엄함을 우리에게 다시 일깨워 줍니다. 직관적 통찰을 통해서 우리는 비감각적인 것을 감각적으로 경험합니다. 우리가 삶의 신비와 의식적인 관계를 가질 수 있게 해 주는 것이지요. 우리가 그 경이로움에 눈을 뜨면 우리는 그 경이로움이 어디에나 있다는 것을 깨닫게 됩니다.

4. **자신의 삶을 개선하기를 원한다** 우리가 깨어나기 시작하면서 우리가 잘못 행동했던 모든 것이 갑자기 명백해지는 것은 놀라운 일입니다. 이것은 마치 이전에는 우리 시야에 커다란 사각지대가 있었는데, 우리가 마침내 전체 그림을 볼 수 있게 된 것과 같습니다. 우리는 이제 오랫동안 우리 자신의 결점을 보지 못하게 했던 우리 눈 속의 들보를 볼 수 있습니다. 당신이 깨어났을 때, 당신은 인생을 바꾸기 위해 '미친 돌진'을 하게 될지도 모릅니다. 당신은 자신의 힘을 되찾고 당신의 발목을 잡고 있는 모든 것으로부터 해방되기 위해 변화를 만들고자 하는 열정으로 불타오를 수 있습니다. 그것이 당신의 상승하는 진동입니다! 그 모멘텀을 지속시키기 위해서—당신의 의식을 계속 고양시키기 위해서—계속해서 그 모든 무거운 짐, 오래된 감정 그리고 무거운 판단을 모두 내려놓으세요. 그리고 그들이 떨어져 나가면서 당신의 영혼이 솟구쳐 오르는 것을 느껴 보세요!

5. **두려움이 없어진다** 우리가 알다시피 두려움은 삶의 길에 있는 우리의 가장

큰 적 중 하나입니다. 두려움은 당신을 마비시킵니다. 두려움은 당신이 성장하거나 삶을 경험하는 것을 가로막습니다. 당신이 위대한 삶을 살고 있다면, 당신은 당신에게 편안한 영역에만 안주하지 않습니다. 이것은 당신이 두려움과 마주하면서도 항상 편안하다는 것을 의미하며, 궁극적으로는 당신 자신을 믿는 것을 의미합니다. 이 편안한 영역은 잠시 휴식을 취하기에 좋은 장소이기는 하지만 우리를 더 높이 상승시키는 모든 좋은 것들은 밖에서 기다리고 있습니다. 우리가 우리 자신에 대한 신뢰를 쌓을수록 우리는 참으로 두려워할 것이 없다는 것을 깨닫게 됩니다.

6. 자신의 삶에서 더 많은 동시성(同時性)을 인지한다 세상에 우연 같은 것은 없습니다. 깨어 있을 때, 당신은 최고의 삶의 전개와 조화를 이루게 됩니다. 막다른 골목과 당신을 가로막았던 장벽들은 종종 우연한 기회를 통해 저절로 우회됩니다. 갑자기 모든 것이 올바르게 정돈되는 것이 느껴집니다. 당신은 당신의 삶에서 동시성이 나타나는 정도를 가지고 깨달음의 추진력을 측정할 수 있습니다. 뜻밖의 좋은 기회가 당신에게 올바른 방향을 가리키며 직관적인 진화를 검증해 주지요. 동시성과 우연성은 당신의 개인적인 전개와 우주적 전개의 장엄함 간의 조화를 반영합니다.

7. 이 세상 너머의 경이로운 일을 경험하게 된다 신비로운 경험이라는 것은 진실에 있어서는 신비로운 것이 아닙니다. 그것은 단지 우리의 현재 상태인 물리적 세계의 이해를 거스르는 사건일 뿐입니다. 우리는 언젠가는 그 모든 것이 어떻게 돌아가는지 알게 될 것입니다. 하지만 지금으로서는 단지 더 의식적이 되는 것이 우리의 주파수를 증가시키고, 이전에는 접근할 수 없었던 존재의 측면에 접촉할 수 있게 해 준다는 것만을 우리는 알고 있습니다. 형이상학적(초감각적) 경험은 우리가 초의식으로 전환한 결과일 뿐입니다. 우리의 의식이 자신의 한계를 넘어 움직일 때, 그러한 한계를 넘어선 현실을 경험할 수 있다는 것은 놀라운 일이 아닙니다. 이 과정이 멋진 것은

당신의 개인적인 성장과 함께 전개된다는 점입니다. 신비로운 경험들이 이유 없이 당신에게 강요되지 않습니다. 그것들은 당신의 현실의 확장과 직접적으로 연관되어 있습니다.

8. 더 많은 영감을 받고 더 창의적으로 느껴진다 직관의 유입은 창의력의 수문을 열어 줍니다. 그런 길이 열리면 영감과 새로운 아이디어, 독창성, 예술 같은 모든 것이 자유롭게 흐릅니다. 창조적인 충동은 깨어난 마음에 뒤이어 빠르게 일어납니다. 우리가 무언가 특별한 것을 접촉할 때, 우리는 그것을 다른 사람들과 나누고 싶어 합니다. 창의력은 진리를 세상과 함께 표현하도록 우리를 움직입니다. 당신이 깨어나면 모든 종류의 창의적인 아이디어가 거품처럼 일어나는 것은 자연스러운 일입니다. 요컨대, 처음으로 눈을 뜨면 할 것도 많고 나눌 것도 많다는 말이지요.

9. 마침내 진정성을 느낀다 자신에게 이렇게 말한 적이 있습니까? 이 일은 내가 하도록 하기 위해 만들어진 것이다. 또는 마침내 나는 내가 하기로 되어 있던 일을 하고 있다. 혹은 마침내 내가 진짜 나 자신인 것처럼 느껴진다. 당신이 자신의 내면에서 100% 편안하다고 느끼는 이 진정성은 내면의 진리와의 의식적인 재일치의 결과입니다. 참된 진정성은 종종 당신의 가장 높은 진화의 상태에서 옵니다. 당신이 직관을 인식하는 것뿐만 아니라 그것을 따르고 당신의 삶에서 매우 필요한 변화를 용기 있게 실행하는 것을 배우면서 말입니다. 당신은 당신이 아닌 모든 껍질을 벗겨 내고 당신의 진짜 모습을 소유하게 됩니다. 이것이 당신의 진리를 사는 것입니다.

10. 세상을 더 좋게 만들기 위한 소명을 지닌다 깨어나는 것은 부름에 답하는 것입니다. 당신이 더 이상의 어떤 존재가 될 수 있다는 생각, 당신이 세상을 위해 뭔가 중요한 일을 할 수 있다는 생각은 당신 삶의 목적으로 깨어나라는 부름입니다. 당신이 깨어남으로 깊이 들어갈수록 당신의 소명은 더 큰 소리로 울립니다. 너무 소리가 커서 더 이상 부인할 수 없게 되지요. 그리

고 그 길은 운 좋게 당신 앞에 펼쳐집니다. 마음속 깊은 곳에서 당신은 당신의 소명이 무엇인지 알고 있으며, 그것은 평생 동안 당신에게 속삭여 왔습니다.

진짜 인생은 자신을 믿을 때 시작됩니다. 그리고 삶은 당신이 진실하게 살 때—진짜 자기에게 진실하게 살 때 번창합니다. 당신이 이 깨달음으로 깨어날 때 마침내 자유로워집니다. 그것은 모든 사람에게 그들의 삶의 어느 시점에서든 일어날 수 있습니다. 하지만 그것은 당신이 그렇게 할 준비가 되었을 때에만 일어날 것입니다. 궁극적으로 당신의 개인 의식은 자신과 존재 전체와의 연관성으로 깨어납니다. 당신은 자기 자신에게로 깨어나는 이 웅장하고 신비로운 우주와 하나가 됩니다.

당신의 삶을 개척하기

우리가 아무리 애를 써도 우리 자신과 잘 맞지 않는 것처럼 보이는 그 시절은 어떠했습니까? 영혼의 어두운 밤—우리 모두는 그러한 시간을 가지고 있습니다. 우리 중 누구도 우리의 직관과 완벽하게 일치하는 삶을 살지 못합니다. 우리가 왜 직관을 따라야 하는지를 알기 위해 일부러 직관을 등질 필요는 없겠지요. 그러나 삶이 혼란스럽거나 막혔을 때의 그 며칠, 몇 주 또는 몇 년 동안의 (직관과의) 불일치는 우리에게 강력한 교훈이 될 수 있습니다.

삶은 고통스러울 수 있습니다. 우리는 상실, 질병, 실망 그리고 고통스러운 상황들을 경험합니다—심지어 외상(外傷)까지도요. 다른 사람들이 우리에게 상처를 줄 수도 있습니다. 우리를 존중하지 않거나, 학대하거나, 배신하는 때도 있지요. 그렇다면 그러한 고통 속에서 우리는 어떻게 우리의 힘을 되찾을 수 있을까요? 어떻게 우리의 진실에 발을 들여놓고 우리의 삶을 되찾을 수 있을까요?

언제나 그렇듯이 해결책은 내부에서 나옵니다. 어떤 사람이나 환경도 당신의 기쁨, 사랑, 혹은 개인적인 힘을 훔칠 수 없습니다. 그들이 당신을 이것들로부터 갈라놓을 수는 있습니다. 그러나 당신의 내면의 온전함은 절대 사라지지 않습니다. 삶이 아무리 어두워져도 그 안에는 탈출구가 있습니다. 감옥이나 가장 가혹한 박해 속에서 빛을 발견한 위대한 성자와 순교자들처럼, 어떤 사람이나 어떤 상처도 당신이 자신의 성소(聖所)에 들어가는 것, 혹은 그것이 가진 권능을 막을 수는 없습니다.

시련의 시간에는 우리의 직관이 가장 중요합니다. 삶이 고달플 때, 세상이 차갑게 느껴질 때, 우리 내면의 왕국의 편안함과 따뜻함 안으로 들어가세요. 그것은 우리를 진리의 빛으로 부릅니다. 그것은 다른 사람을—그들의 무의식이나 무지에도 불구하고—사랑하라고 우리에게 말합니다. 그것은 우리에게 고통을 넘어서는 힘을 줍니다. 우리의 도전은 우리를 깨울 뿐만 아니라, 그것이 일생 동안 지속되면서 우리의 각성을 더 높은 수준으로 가속시킵니다. 이러한 도전들을 통해 우리의 직관을 따라가면서 우리는 심지어 가장 낮고 어두운 곳에서도 스스로를 일으켜 상승시킵니다.

직관적 부조화: 직관과 동조되지 않음

때때로 우리가 당황하거나 기분이 좋지 않을 때, 우리 자신을 직관과 연결시킬 수 없는 상황에 처할 수 있습니다. 우리는 그 상황이 우리에게 무엇을 말하고 있는지도 모르고, 그것에 대해 행동하는 것도 꺼리거나 혼란스러워하게 되지요. 이 경우에 우리는 두려운 직관적 부조화 상태에 있는 것입니다. 이러한 상황이 발생하는 경우에 이것이 비정상이 아니며 치유될 수 있다는 점을 잊지 마세요.

다음은 직관이 '차단'되는 몇 가지 이유와 직관을 당신의 삶에 다시 가져오기 위해 취할 수 있는 단계입니다.

1. **차단된 변속기** 당신이 에너지, 생각, 또는 감정을 억누를 때, 당신은 당신의 직관적인 신호가 전달되는 것을 막는 차단벽을 만듭니다.

    어떻게 해야 하는가 갇힌 에너지를 방출하고 용서하며, 열린 마음으로 바꾸기 시작하세요. 이러한 직관적인 회로를 개방하는 데 도움이 되는 새로운 몰입 연습을 해 보세요. 당신의 표현되지 않은 생각과 감정에 대해 이야기하고 일기를 써서 통찰을 위한 길을 열어 보세요.

2. **혼란** 아직도 당신의 직관이 당신에게 무엇을 말하고 있는지 잘 모르시나요? 아무리 노력해도 우리의 직관과 통상적인 생각이나 상상력을 구별할 수 없는 것처럼 보이기 때문에 우리는 종종 혼란스러워 합니다.

    어떻게 해야 하는가 연습, 연습! 당신의 첫인상과 당신을 앞으로 부르는 공명에 주의하세요. 통찰카드(194쪽 참조)를 사용하거나 DIY 직관쪽지(158쪽 참조)를 만듭니다—혹은 친구와 함께 작업합니다—왜냐하면 직관과 함께 할 때 우리의 연습은 우리를 완전하게 하기 때문입니다.

3. **의심** 당신은 자신의 직관에 대해 망설입니까? 그렇다면 이것은 당신이 아직 그것을 믿지 않는다는 표시입니다. 뭐, 그래도 괜찮습니다. 신뢰를 쌓는 데에는 시간이 걸리지요.

    어떻게 해야 하는가 계속해서 연습하고 당신의 통찰 저널을 사용하여 자신감을 높일 수 있는 성공 사례를 추적하십시오. 각각의 특별한 통찰을 눈에 띄게 표시하고 자신에게 상기시키세요. 넌 할 수 있어!

4. **과잉 사고** 우리가 직관과 함께 일할 때에도 분석 마비는 매우 흔하게 일어납니다. 우리의 마음은 언제나 더 많은 정보를 원합니다.

    어떻게 해야 하는가 명상, 진언, 또는 현존을 통해 마음을 통제하는 연습을 하세요. 당신의 생각 사이의 간격을 넓혀서 당신이 그 통찰을 더 명확하게 들을 수 있도록 하세요. 일단 당신이 생각하는 방식으로 충분한 정보를 얻고 나면 당신이 느끼는 방식으로 선택을 하세요.

5. 과도한 공감 직관적인 사람일수록 자신의 에너지를 다른 사람의 에너지와 구별하는 것이 어려울 수 있습니다. 공감하기 때문에 우리는 다른 사람들의 감정이나 방향을 우리 자신의 감정과 혼동하기 쉽습니다.

 어떻게 해야 하는가 당신의 중심에 머물러서 당신의 공명 감각을 가지고 계속 확인하면서 자신에게 이렇게 물어보세요. 이것(감정)이 나처럼 느껴지는가? 이게 내 길인가? 자신의 에너지를 의식하고 자신의 힘을 다른 사람에게 주지 않도록 경계를 정하세요.

6. 두려움 실패에 대한 두려움, 판단에 대한 두려움, 실수를 하는 것에 대한 두려움, 잘못된 것에 대한 두려움―두려움이 우리의 직관적인 여행을 방해할 수 있는 방식은 매우 많습니다.

 어떻게 해야 하는가 무엇이든지 간에 당신은 삶 그 자체로부터 지원 받고 있다는 것을 항상 자신에게 상기시키세요. 당신의 마음에서 오는 두려움을 '재프로그래밍'하기 위해 만트라(mantra)를 만들고 그것을 하루에 몇 번씩 연습해 보세요.

7. 자신감 부족 때때로 우리는 다음과 같이 생각합니다. 나는 그걸 결코 할 수 없어. 나는 부족해. 우리가 자신을 믿지 않고 우리 안에 품고 있는 잠재력을 인식하지 못할 때 직관은 죽게 됩니다.

 어떻게 해야 하는가 한계는 오직 마음의 한계라는 것을 스스로에게 상기시키세요. 누구도 당신이 할 수 있는 것과 할 수 없는 것을 말하지 못하게 하세요. 그것은 당신의 직관이 할 일입니다. 당신이 그것을 직관할 수 있으면 당신은 할 수 있습니다!

8. '오래된' 자기의 확인 때때로 우리의 과거로부터―다른 사람들이 우리에게 붙여 준 딱지나 우리가 자신에게 붙인 딱지로부터―벗어나는 것은 어렵습니다. 우리는 우리의 정체성을 창조하는 데 일생을 보냈습니다. 심지어 우리가 그러한 자아 정체성 이상으로 성장했을 때에도 우리는 때때로 오래된

습관적인 방식으로 되돌아갈 수 있습니다.

어떻게 해야 하는가 절대로 포기하지 마세요. 명작이 완성될 때까지 계속해서 자신의 삶을 창조하고 다시 창조하세요. 진짜 당신은 지금 이 순간에 존재하는 자신뿐입니다. 비록 당신이 넘어지더라도 당신의 직관은 당신이 준비가 되었을 때 당신을 데리러 오려고 기다리고 있습니다.

각성의 과정은 일방향적이 아닙니다. 인생의 시련은 우리가 교훈을 얻도록 우리를 앞으로, 혹은 뒤로 이끌 수 있습니다. 또한 무의식은 우리 모두를 종종 소강 상태에 빠뜨립니다. 우리가 괴로워할 때, 또는 시대가 어려워질 때 우리는 우리의 내면의 힘과 그것에 수반되는 지혜로부터 단절될 수 있습니다.

근본적 통찰

모든 형태의 고통은 하나의 특별한 원인이 있다.
바로 우리의 진정한 자기와의 단절이다.

우리의 고통과 실망, 즉 불협화음을 겪는 시간이 그 자체로 실패가 아님을 인식하는 것이 중요합니다. 그것들은 우리의 삶을 긍정하는 통찰 및 내면의 지혜와의 단절이라는 근본 문제의 부산물일 뿐입니다. 이것은 힘을 주는 인식입니다. 이것으로 우리는 우리의 고통이 우리의 행동, 환경, 또는 다른 사람들이 우리에게 가한 행동의 결과가 아니라는 것을 이해하게 됩니다. 그것은 우리가 우리의 직관에 대한 신뢰와 수용을 거부함으로써 직관의 무한한 잠재력을 차단한 결과입니다.

당신이 삶에서 공명적이고 직관적인 신뢰 상태에 있을 때는 모든 것이 가능한 것처럼 느껴집니다. 당신은 어떻게 그 모든 것이 잘못될 수 있었는지 놀라워합니다. 당신은 고양된 길을 가고 있기 때문에 당신이 하는 모든 일에서 격려와 지지를 느낍니다. 반면에 당신이 잘못된 길로 가고 있을 때는 저항과 마찰을 겪게 되는데, 이것은 당신을 느리게 가도록 하기 위한 것입니다. 그 저항과 마찰들은 당신을 되돌려 세워서 다시 높은 길로 가게 합니다. 그것들은 벌이 아니며, 단지 당신의 방향을 바꾸고자 할 뿐입니다. 당신이 길을 잃거나 삶이 아무리 힘들더라도 당신의 직관은 여전히 고향으로 가는 이정표를 지니고 있습니다.

비범한 사람들, 탁월한 통찰력

자신을 믿으라

직관을 믿는다는 것은 자신을 믿는 것을 의미한다. 우리 대부분은 우리의 실수를 돌이켜 볼 때, 우리의 직관이 우리에게 몇 가지 경고 신호를 주었음을 알 수 있다. 우리는 누군가가 우리를 설득했기 때문에, 또는 그것이 우리가 기대했던 것처럼 보이기 때문에 직관이 보낸 신호를 무시했다.

이 여정에서 당신이 취할 수 있는 가장 중요한 단계는 당신이 누구이고 어디에 있었는지를 받아들이는 것이다. 만약 당신이 좋아하지 않는 직업을 가지고 있거나, 고통스러운 결혼 생활을 하고 있거나, 부끄러운 경험을 하고 있다면 스스로에게 물어보라. 내가 그것으로부터 무엇을 배웠을까? 내 직관은 내가 다음에 어디로 가기를 원하는가?

돌이켜 생각해 보면 비록 우리가 하지 않았더라면 좋았을 것일지라도, 우리의 모든 경험으로부터는 배울 수 있는 것이 있다. 당신이 한 모든 일 전체는 당신의 직관을 위한 연료인 것이다. 당신이 좋은 직관을 가진 이유 중 하나는 당신이 직관을 제대로 못했던 모든 시간 덕분이다. 만약 우리가 이 순간까지 살아온 어떤 것도 폄하하지 않는다면 이 순간은 충만하고 풍요롭다.

직관을 따르는 것은 개인적인 용기가 필요하다. 때문에 당신은 오직 하나의 생명을 가지고 있다는 것을 기억하는 것이 중요하다. 당신은 하나의 귀중한 생명을 지니고 있다. 그래서 만약 누군가가 당신의 직관을 따르는 것이 위험하다고 말한다면 나는 그렇게 하지 않는 것이 더 위험하다고 주장할 것이다. 당신은 당신이 어떻게 살아야 한다는 다른 누군가의 생각에 따라 살면서 당신의 유일하고 귀중한 삶을 위험에 빠뜨리고 있다.

— 데니스 팔룸보(Dennis Palumbo),

할리우드 시나리오 작가, 작가, 심리치료사

당신의 진리를 살아가기

당신이 당신의 진리를 살 때, 당신은 당신이 누구인지 알고 그것을 소유합니다. 당신의 내면에 있는 사람과 세상에 있는 당신은 하나이고 같은 사람입니다. 당신은 더 이상 당신의 진짜 모습을 옹호하는 것을 꺼리거나 두려워하지 않습니다. 좋든 나쁘든 당신은 **진짜**입니다. 더 이상 몸부림치거나 다른 사람의 삶을 살지 마세요. 당신은 무엇이 '당신'이고 무엇이 당신이 아닌지에 대한 분명한 인식을 가지고 있습니다. 당신에게는 더 이상 싫어하는 직업도 없고, 당신 자신이 되지 못하게 하는 인간관계도 없습니다. 당신은 그들을 무시하는 대신에 당신의 부름에 따릅니다. 당신은 당신의 힘을—내주는 대신에—소유합니다. 당신의 진리를 사는 것은 당신이 누구인지 인식하고 완전히 받아들이는 것입니다. 이것이 당신의 자아실현입니다.

이 직관적 전회(轉回)는 궁극적인 귀향입니다. 당신의 직관은 당신에게 그곳에 도달하기 위한 로드맵을 보여 줍니다. 그래서 그것은 당신을—당신이 항상 그것이었던—일자(一者, the one)[2]와 다시 결합시킬 수 있습니다. 만약 당신이 그것

---

2) [역주] 일자(一者, the one)는 절대적 제1 원리를 의미하는 신플라톤주의의 철학적인 전문 용어이다. 플라톤(Platon)은 피타고라스(Pythagoras)의 영향을 받아 그들의 수(數)의 이론과 자신의 이데아론을 종합하여 일자와 최고의 이데아를 같은 것으로 보았다. 이를 계승한 신플라톤학파의 플로티노스(Plotinos)는 일자를 모든 존재 계열이 그것에 의존하고, 만물이 그로부터 유출되어 다시 그것으로 돌아가는 가장 완전하고 근원적인 실

을 끝까지 따라간다면, 당신의 내면의 안내가 당신이 이 세상에 오기 전에 알았던 그 집으로 당신을 데려갈 것입니다. 당신이 이 세상을 떠날 때 당신이 돌아갈 곳과 같은 집으로요. 이 초의식 상태에서는 당신의 심정은 부서질 수 없고, 당신의 정신은 부패할 수 없습니다. (현상적으로는 둘로 나누어진 것으로 보이지만) 잠재적으로는 본래 합일된 것이었던 당신의 내부 세계와 외부 세계가 여기에서는 비로소 온전히 합일됩니다. 수세기 동안, 요기, 신비가 그리고 거룩한 이들은 이 두 세계를 통합하고 우리 안의 집으로 돌아오는 데 그들의 삶을 바쳐 왔습니다. 미라바이 스타(Mirabai Starr)는 아빌라의 성 테레사(St. Teresa of Avila)가 쓴 『내면의 성(城)』에 붙인 자신의 서문에서 이 경험을 다음과 같이 묘사했습니다.

> 비밀의 장소가 있다. 빛나는 성소(聖所). 이곳은 당신의 부엌만큼이나 진짜이며, 그것보다 더 현실적이다. 그곳은 가장 순수한 요소로 구성되어 있으며, 만개의 아름다운 것들로 넘쳐난다. 세계 안에 있는 세계들, 숲들, 강들. 침대 위에 펼쳐진 벨벳 이불, 별들로 뒤덮인 천공 아래서 솟아오르는 분수, 풍요로운 숲, 우주적 도서관, 다시 깨지 않을 정도로 달콤한 취기를 제공하는 포도주 저장고, 이 모든 것의 완전한 선명함을 다시는 잊지 못할 것이다. 이 장엄한 피난처가 네 안에 있다. 출입구를 뒤덮고 있는 어둠을 부수고… 하느님께서 자신의 거처로서 당신 존재의 핵심을 택했다는 믿을 수 없는 진리를 믿으라. 왜냐하면 그곳은 모든 창조물 중에서 가장 아름다운 곳이기 때문이다.[3]

이 최고의 현실은 개인적인 것과 보편적인 것의 완벽한 재결합이 이루어지는 곳입니다. 여기에서 당신의 개인 의식은 편재하는 초의식과 환희롭게 합쳐집니

재로 보았다[네이버 지식백과 교육학용어사전 https://terms.naver.com/entry.naver?docId=511910&cid=42126&categoryId=42126].

3) "비밀 장소가 있다. 빛나는 성소가": Mirabai Starr, in St. Teresa of Avila, The Interior Castle (New York: Berkley, 2004), p. 1.

다. 마침내 당신은 전체입니다. 당신은 더 이상 잃어버린 존재의 부분에 대해 고통스러워하지 않습니다. 당신이 평생 동안 느껴 왔던 당신 안의 빈 공간은 이제 잃어버렸던 마지막 조각으로 채워져 있습니다. 한때 시공간으로 분리되었던 사랑하는 사람들처럼 우주가 당신을 달콤한 포옹으로 다시 데려갈 때, 삶은 당신을 넘치는 지복으로 반깁니다.

　당신은 다시 한 번 완벽함(wholeness)의 기쁨을 느낄 수 있습니다. 그것은 감정 그 이상이며, 느낌 그 이상입니다. 그것은 조화입니다. 당신은 당신 존재의 모든 진동적 공명을 존재하는 모든 것과 조화시킵니다. 위대하고 신성한 창조의 노래 속에서 우리는 모두 함께 공명합니다. 이제 우리는 하나입니다. 당신은 노래 안에 있고, 그 노래는 당신 안에 있습니다.

근본적 통찰
직관적인 하나 됨은 느낌 그 이상이다.
그것은 존재의(존재하는 모든 것 사이의) 조화이다.

　이 순간 당신은 존재하는 모든 것 안에서 당신 자신을 볼 수 있으며, 존재하는 모든 것을 당신 안에서 볼 수 있습니다. 당신은 생명과 하나이고, 빛과 하나이며, 우주에 편재해 있는 지성과 하나입니다.

　이 완벽한 장소에서조차 삶의 문제는 우리가 살아가는 한 어떤 식으로든 계속됩니다. 이러한 문제들을 멋지게 다룰 수 있는 지혜를 주는 것이 바로 우리의 중심과의 직관적인 연결입니다. 성자, 구루, 예수에게도 시련이 있었습니다. 당신이 살아 있다면 삶의 목적이 있습니다. 비록 그 목적이 단순히 자신을 더 깊이 알기 위한 것일지라도, 그 과정에서 당신은 배워야 할 교훈이나 성취해야 할 사명을 가지고 있을 것입니다.

당신의 진화적인 소명

개인적으로 당신이 성장하고 진화하도록 부름 받는 방법에 대해 좀 더 의식적이 되기 위해서 당신의 삶을 돌아보고 그것의 핵심과 결정적인 순간들, 고점(高點)들을 확인해 보고, 무엇이 그것들을 중요하게 만들었는지 알아보세요. 각각의 빛나는 순간은 당신의 진화적 발전을 향한 의미 있는 발걸음이 됩니다.

당신이 개인적인 진화 과정 중 어디에 있느냐에 따라 여러 경험이 좋거나 나쁘게 느껴질 것입니다. 예를 들어, 당신이 외로움이나 너무 많은 고립의 시기를 겪고 있다면 혼자 있는 시간이 당신의 고점(高點)으로 느껴지지 않을 수도 있습니다. 하지만 만약 당신에게 일이나 사회적 의무가 과도하게 부과되었다면, 일주일 동안의 휴식은 당신의 인생에서 가장 좋은 경험으로 느껴질지도 모릅니다.

우리의 고점(高點)들 중 많은 부분은 단순히 즐거움이나 행복한 시간을 넘어 개인의 변화를 측정하는 지표입니다. 그것은 더 높은 주파수로의 전환을 경험하게 합니다. 우리는 스스로를 해방시키면서 상승하고 있고, 모두가 갈망하는 전체성의 상태에 더 가까이 다가가고 있기 때문에 기분이 좋아집니다.

시작하려면 저널 또는 종이에 두 개의 세로칸을 만듭니다. 첫 번째 칸에는 '고점(高點)의 삶', 두 번째 칸에는 '진화적 소명'이라는 제목을 붙입니다(다음의 예 참조).

첫 번째 칸에 있는 고점(高點)에 다음 질문에 답하는 데 사용할 수 있는 모든 경험을 나열하십시오.

- 당신의 인생에서 가장 행복했던 순간은 언제였습니까?
- 당신이 가장 큰 약진, 갱신 또는 성장기를 거친 때는 언제였습니까?
- 당신은 인생의 어떤 기간 동안에 완전히 '자기 자신'이라고 느꼈습니까? 즉, 당신이 알고 있는 자기 자신 중에서 어떤 사람이 가장 훌륭하고 강력한 버전입니까?

당신이 생각하는 것만큼 당신의 인생에서 중요한 고점(高點)들을 나열하세요. 당신이 그 목록을 뒤돌아볼 때, 자신의 인생에서 가장 당신의 진리와 일치해서 살았던 시간들을 상기해 보세요.

그다음 두 번째 칸에는 그 당시를 그렇게 강력한 고점으로 만들었던 특질이나 자질들을 적으세요. 무엇이 그러한 특질들을 당신에게 기분 좋게 느끼도록 만들었나요? 당신은 창조성, 건강, 또는 자유로움을 느꼈습니까? 당신은 새로운 것을 배우고 있었거나 사랑하는 친구들에 둘러싸여 있었습니까? 몇 가지 단어나 단락으로 각각의 변환적 상황의 본질에 대해 기술합니다. 다음은 이러한 현상을 보여 주는 예입니다.

고점의 삶	진화론적 소명
모험적 여행	자유와 발견
대학 시절	독립과 교육
가족 또는 친구들과 함께하는 시간	인생을 공유하고 즐기는 것
새 집으로 이사	새로운 시작
새로운 관계	인격적 성장
경력 성공 또는 변화	권력의 소유
건강해지기	치유 및 회복
영웅을 만남	꿈의 성취
남을 돕기	세상을 위한 봉사
무언가 중요한 것을 창조하기	세상을 변화시키기
갈채 받기	더 높은 자기 가치의 검증
은거 또는 혼자만의 시간	상위 자기로 다시 연결

1열: 당신의 고점(高點)

당신의 기쁨에는 힘이 있습니다. 인생에서 가장 큰 행복의 순간은 당신을 실제의 자신으로 향하게 하는 소중한 실마리들을 간직하고 있습니다. 당신의 행복은 단순히 행복 이상이며, 그것은 당신의 성장에 관한 것입니다. 진정한 행복은 우리를 더 높이 상승시키는 성취의 결과입니다. 그것은 우리의 진실에 더 가까워지게 합니다.

당신의 고양된 순간은 당신이 완전한 것 같은 느낌을 떠올리게 합니다. 당신의 삶의 각 고점은 더 높은 의식으로 향하는 일종의 통로입니다. 각성, 깨달음, 그리고 초의식적인 계시들은 당신이 영적으로 높이 있을 때 당신에게 닿을 가능성이 더 큽니다. 왜냐하면 그 높은 상태에서 당신은 마침내 그들의 수준에서 활동하기 때문입니다.

만약 당신이 인생에서 더 직관적인 빛을 갈망한다면 당신을 행복하게 하는 활동을 더 많이 하세요. 당신을 끌어올리는 순간을 위해 더 많은 공간을 만드세요. 만약 여행이 당신을 활기차게 한다면 주말에 지방 여행을 한다고 할지라도 더 많이 여행할 방법을 찾으세요. 만약 창의적이 되는 것이 당신을 고양시킨다면 예술 활동을 할 수 있는 방법을 찾으세요. 또 다른 사람들과 시간을 보내는 것이 당신을 기분 좋게 만든다면 당신을 활기차게 해 주는 사람들과 함께하는 활동을 선택하세요. 각각의 작은 기쁨은 당신의 진실에 이르는 디딤돌이 되고 당신의 삶을 다음 단계로 나아가게 하는 기회입니다.

2열: 당신의 진화론적인 소명

당신 인생의 각 고점 뒤에는 소명이 있습니다. 무엇인가가 당신에게 각각의 경험을 하게 한 이유가 있습니다. 당신은 어떤 식으로든 직관적으로 당신을 더 높이 들어 올릴 수 있는 능력을 가지게 되었습니다. 2열에 있는 당신의 반응을 보면 당신의 개인적인 진화를 추동하는 부름과 반복되는 주제에 대한 아이디어를 얻을 수 있습니다.

인생에서 우리는 그때그때 배워야 할 교훈들이 있습니다. 반복되는 진화적인 주제로 나타날 수 있는 도전들을 완전히 익히는 데에는 몇 년 또는 수십 년이 걸릴 수도 있습니다. 예를 들어, 만약 당신이 이 삶에서 독립성을 배워야 한다면 당신은 건강한 자급자족의 기회를 주는 상황에 이끌림을 느끼게 될 것입니다. 2열에서 자유 또는 자립에 대한 반복되는 테마를 찾을 수 있습니다. 다른 한편으로, 당신은 다른 사람들을 지원하고 돕는 일에 관한 반복되는 진화적인 주제들을 알아차릴 수도 있습니다. 이 경우, 봉사는 당신의 다음 단계로 가는 길이 될 수 있습니다. 당신의 진화 주제가 무엇이든 간에 그것들을 당신의 초의식적 변화에 대한 지표로 생각하세요. 그것들은 현재의 당신 자신을 넘어선 다음 단계를 밟기 위한 초대장들입니다.

우리의 각성의 힘과 강도는 단지 그 순간에 평화롭게 존재할 수 있는 능력으로 측정되는 것이 아니라, 우리 내면의 소명에 대한 우리의 응답(실천)으로 측정됩니다. 우리 마음의 고요 속에서 직관을 아는 것과 그것을 세상으로 가져가는 것, 즉 현실로 만드는 것은 완전히 다른 것입니다.

당신의 인생에서 가장 높은 지점은 당신이 그 부름을 들었던 순간들의 반영입니다. 당신이 느끼는 성취감과 기쁨은 당신의 진리를 사는 것에 대한 삶의 보상입니다. 당신은 당신 앞에 펼쳐지는 삶의 즐거운 내적 감각을 경험하게 됩니다. 왜냐하면 그것이 바로 직관이 행하는 일이기 때문입니다. 비록 당신이 성장통을 겪을지 모르지만, 때로는 자신의 껍질에서 벗어나는 것이 고통스러울 때도 있지만 통찰력 있는 삶의 최종 결과는 즐거운 삶입니다.

우리는 우리 자신에게 주어진 기회를 붙잡고 우리를 부르는 삶의 흐름에 따라 움직임으로써 모든 것을 얻을 수 있습니다. 우리는 다가올 매 순간에 적응하는 능력으로 우리의 성장을 인식할 수 있습니다. 당신은 과감하게 행동할 수 있습니까? 열린 문으로 걸어 들어갈 용기가 있나요? 삶이 우리 뜻대로 되지 않을 때조차도 믿음을 잃지 않을 수 있습니까? 우리는 우주의 흐름에 유연하게 따르며 의지하는 법을 매일같이 배워야 합니다. 우리가 삶에 더 유연해질수록 우리는 더 진정으로 살아 있게 되기 때문입니다.

자신을 믿고 진화적 소명을 따름으로써 당신은 **존재**(being)와 **행동**(doing)이 균형 잡힌 상태에 들어가게 됩니다. 이 상태는 당신에게 현존하는 가장 큰 힘 중 하나를 줍니다. 세계를 고양시키는 힘을요. 당신은 긍정적으로 변화하는 당신의 역할을 인식하고 그것을 실현시킬 수 있습니다. 당신은 의식적으로 혼란을 평화로 바꿀 수 있습니다. 고통은 기쁨으로, 고난은 지복으로 바꿉니다. 이렇게 할수록 당신은 자신을 더 진화시키며 인류의 진화에 참여하게 됩니다. 당신이 직관을 따를 때마다—분리보다는 통합을, 공포보다는 진리를, 무지보다는 지혜를 선택할 때마다—당신은 모든 것의 길을 밝혀 줍니다. 당신은 정말 세상의 빛이 됩니다.

CHAPTER 16

상승하기

> 우리의 분주한 생각과 함께 몸의 모든 소동이 조용해졌다고 상상해 보라. 또한 그 순간이 다른 모든 광경과 소음을 뒤로하고 계속되지만, 이 하나의 비전은 보는 사람을 황홀케 하며 기쁨 속으로 끌어들이고 고정시켜서 나머지의 영원한 삶은 우리를 숨죽이게 하는 조명의 순간과 같았다는 것을 상상해 보라.[1]
>
> – 성 어거스틴(St. Augustine)

우리는 먼저 깨어나고, 그다음에 일어섭니다. 일단 우리가 힘을 되찾고 나면, 이제 그 힘에 뛰어들기만 하면 됩니다. 그러기 위해서 우리는 행동을 해야 합니다. 깨어 있는 것, 혼자 있는 것, 통찰력 있는 것만으로는 충분하지 않습니다. 우리는 우리의 진실에 눈을 뜨고, 적극적으로 그것을 따라 앞으로 나아가서 가능한 모든 것에 착수해야 합니다.

어느 날 통찰을 연습하면서 당신은 예전의 자신을 돌아보고 한때 존재했던 자기 자신을 거의 알아보지 못할지도 모릅니다. 당신은 이전에 당신을 가두었던 상처와 무지와 두려움에 이제는 더 이상 영향을 받지 않는 훨씬 진화된 사람이

---

1) "몸의 모든 소동이 잠잠해지는 것을 상상해 보라": St. Augustine, in Eknath Easwaran, God Makes the Rivers to Flow: An Anthology of the World's Sacred Poetry & Prose (Tomales, CA: Nilgiri Press, 2009), p. 230.

되었다는 것을 알아차릴 것입니다. 당신은 엄청난 편안함과 경이로움이 당신의 삶을 지배하면서 모든 시끄러운 존재론적 불안을 대신하고 있다는 것을 알게 되겠지요. 이러한 모든 경험은 직관적인 삶의 뚜렷한 특징입니다.

이것들은 당신이 가장 좋은 모습의 당신 자신—당신의 진실하고, 지치지 않고, 무너지지 않는 본성—으로 상승할 때 당신을 기다리고 있는 기쁨들 중 몇 가지일 뿐입니다. 당신의 직관은 당신이 그것을 따른다면 계속해서 그것을 보여 줄 것입니다.

초의식적 변화

일단 당신이 통찰력 있게 살기 시작하면 모든 것이 바뀝니다. 더 높고, 더 의식적인 관점에서 볼 때, 당신은 세상을 분명하게 볼 수 있습니다. 당신은 높아진 인식의 위치에서 모든 삶의 상황과 도전, 기회를 이해할 수 있는 잠재력을 가지고 있습니다. 날마다 각 유형의 직관을 수련하면서 당신은 무의식에서 나와서 의식과 초의식의 존재로 자신을 들어 올립니다.

이것이 우리 모두가 꿈꾸고 기다리던 변화입니다. 그러나 이 변화가 최종 목적지는 아닙니다. 이것은 다만 우리가 우리의 삶에 가져오는 연결고리입니다. 우리는 우리가 하는 모든 통찰력 있는 선택과 우리가 세상에 가져오는 모든 새로운 아이디어와의 연관성을 강화합니다.

통찰력 있게 사는 것은 더 높은 인식으로 올라가는 것일 뿐만 아니라 그곳에 머무르는 것입니다. 돌파구를 찾는 것으로는 충분하지 않습니다. 우리는 그 돌파를 가능하게 만든 지혜를 완전히 구현해야 합니다. 이러한 헌신이 '깨어남'과 '깨어 있음'의 차이를 만드는 것입니다.

깨어 있으려면 우리는 더 의식적으로 그리고 더 초의식적으로 살아야 합니다. 그게 정확히 무슨 뜻일까요? 우리의 행동이 우리의 의식 수준을 어떻게 정의하는지 살펴봅시다.

당신은 초의식적으로 살고 있습니까?		
무의식적인 삶 알아채지 못함	의식적인 삶 알아차림	초의식적인 삶 통찰
당신은 잠시도 쉬지 않고 한 활동에서 다음 활동으로 뛰어다니며 항상 바쁘게 살면서 내성(內省, introspection)을 위한 짬을 갖지 못한다.	당신은 현재 순간에 대한 깊은 만족과 감사를 느끼고, 고요히 머무는 것이 편안하다는 것을 알게 된다.	고요하고 조용한 내면의 음성이 당신이 세상을 개선하고 당신 삶의 가장 좋은 버전을 만들도록 힘들이지 않고 당신을 안내한다.
당신은 과거에 상처를 입었기 때문에 새로운 인간관계를 멀리 한다.	당신은 새로운 이성 친구를 만나서—관계가 어떻게 발전될지는 모르지만—이 순간에 함께 있는 것을 즐거워한다.	당신은 당신의 삶에 어떤 좋은 영향을 미칠 수 있는 사람을 인지할 때 첫눈에 사랑을 느낀다.
당신은 삶이 당신에게 가져다준 도전적인 경험에 대해 화내고, 분개하며, 수용하지 않는다.	당신은 실망스러운 상황의 결과를 당신이 선택한 것처럼 받아들인다.	당신은 장애물이 단지 진로를 바로잡기 위한, 방향 수정을 위한 것일 뿐이라는 것을 알고 있다.
당신은 동물을 죽일 수 없으면서도 고기를 먹는다.	당신은 사랑스러운 돼지들을 본 후에 채식주의자가 되기로 결심한다.	당신은 당신의 몸과 정신에 필요한 고진동 음식에 직관적으로 끌린다.

　우리가 더 직관적으로 살수록 우리는 더욱 초의식적이 됩니다. 만약 우리가 무의식적으로 산다면, 우리는 진정한 직관을 갖지 못할 것입니다. 우리가 직관을 갖는다고 해도 그것은 이와 조화를 이루지 못하는 생각과 감정으로 흐려질 것입니다. 반면에 우리가 더 높은 수준의 인식으로 진화함에 따라 우리의 직관은 우리의 통찰력 있는 생각과 느낌을 통해 자연스럽게 공명을 일으킵니다. 우리가 삶을 신뢰하며 살기 시작할 때, 우리를 억누르는 무의식적인 생각과 감정은 우리 안에 자리 잡을 수 없게 됩니다.

무의식적·의식적·초의식적 생활

우리의 반응의 특성을 더 잘 이해하기 위해 다음의 시나리오를 고려해 보겠습니다. 한 회사원이 자신이 실직할 것이라는 직관을 가지고 있다. 그는 아직 확실하지 않지만 구조 조정으로 해고될 위기에 처했고, 새 직장을 구해야 한다는 '느낌'을 갖고 있다.

무의식적 반응: 저항과 공포

무의식적 반응의 근원은 직관적이고 직감적인 느낌의 진실을 받아들이지 못하는 것입니다. 어떤 경우에는 우리가 무지하고 단지 우리 앞에 무엇이 있는지 명확히 알지 못하는 것일 수도 있고, 어떤 경우에는 두려움으로 마비된 것일 수도 있지요.

우리가 받아들이고 싶지 않은 불편한 직관적 정보에 대한 가장 일반적인 반응 중 하나는 부정입니다. 가장 쉬운 반응은 그것을 무시하는 것이지요. 하지만 이 직장인이 자신의 직관을 받아들이지 않으면 앞으로 닥칠 일에 대비하지 않을 것입니다. 그러면 해고라는 피할 수 없는 현실이 그의 삶에 훨씬 더 충격적이고 파멸적인 영향을 미칠 것입니다. 왜냐하면 그는 수입이 없어지고 새로운 직장을 구할 준비는 되어 있지 않기 때문이지요.

또 다른 무의식적 반응은 완전히 반대입니다. 우리는 직감에 과민 반응을 일으켜 공포의 상태로 전환합니다. 우리의 상상력이 우리를 장악하여 최악의 시나리오들에 따른 비현실적인 최후의 날에 대한 그림을 그릴 수도 있습니다. 이런 상황에서 그 회사원은 완전히 미쳐 버릴지도 모릅니다. 그는 직장 내 모든 사람이 자신에게 불리한 음모를 꾸미고 있다고 생각하기 시작하며, 통제력을 되찾기 위해 그 상황에 대해 강박적으로 집착할지도 모릅니다. 이 비생산적이고 잠재적으로 적대적인 행동은 그가 자기충족적 예언(self-fulfilling prophecy)을 창조할 때까지 상황을 계속 악화시킬 것입니다. 만약 그가 애초에는 실직하지 않을 수도 있었다고 하더라도, 그가 만들어 내고 끌어들이고 있는 모든 부정적인 에너지가 그에게 불리하게 작용할 것입니다. 그는 해고될 뿐만 아니라 나쁜 조건으로 직장을 떠나게 되겠지요.

두 경우 모두 이러한 무의식적 반응은 정신적 또는 정서적 불균형을 조장할 것입니다. 두려움이나 저항에 기반한 사고와 감정은 직관이 열려고 하는 변혁적 에너지를 강력하게 차단합니다.

우리의 마음이 어떤 상황을 '나쁘다'고 판단할 때, 우리는 그 상황이 어떤 면에서 우리에게 가져다줄 수도 있는 선물을 차단해 버립니다. 진정한 통찰은 '좋은' 것도 '나쁜' 것도 아니며, 바로 그러할 뿐입니다. 이것이 단순한 진리입니다. 우리는 의미를 부여하는 사람들입니다. 그 남자는 직장을 잃게 될 것입니다. 하지만 그것이 반드시 나쁜 일일까요? 아마도 현재의 직업보다 더 좋은 직업이 그를 기다리고 있을지도 모릅니다. 어쩌면 그것은 전화위복일지도 모르지요.

의식적/초의식적 응답: 수용 및 행동

우리가 받은 통찰에 대응하는 가장 좋은 방법은 단순히 그것을 받아들이는 것입니다. 두려워하거나 판단하거나 무시하지 마십시오. 어떤 일이 일어나더라도 당신의 삶은 당신을 위해 의도된 대로 펼쳐지고 있다는 것을 받아들이세요. 당신의 삶을 이끄는 힘이 더 큰―당신의 제한된 시야가 지금 이 순간 볼 수 있는 것보다 더 광범위한―계획을 가지고 있다고 믿으세요.

곧 실업자가 될 직장인의 경우, 처음에는 실직의 통찰이 충격적일지라도 의식적이거나 초의식적인 반응은 상황을 그대로 받아들이라고 할 것입니다. 그는 무슨 일이 일어나든 이 변화가 자신을 위한 삶의 계획의 일부라고 믿을 것입니다. 그는 두려운 생각과 저항하는 감정에 빠지지 않기 위해 최선을 다하고, 그 대신에 진화의 흐름에 심정과 마음을 열고 직관에 따라 필요한 행동을 취할 것입니다. 아마도 그는 어느 정도 자신이 그 직업보다 더 성장했다는 것을 알고 있을 것이고, 그 상황은 그가 몇 년 동안 꿈꿔 왔던 자신의 새로운 사업을 시작하도록 그에게 영감을 줄지도 모릅니다. 저녁과 주말에 일하면서 그는 심지어 이 새로운 사업을 성공적으로 출범시키고 해고가 닥치기도 전에 직장을 그만두게 될지도 모릅니다.

우리가 삶의 재앙을 피하는 것은 이러한 의식적이고 통찰력 있는 삶을 통해서입니다. 직관은 우리가 그것에 주의를 기울이는 것을 알기만 하면 항상 신호를 던져 줍니다. 하지만 당신 내면의 안내를 믿고 따르는 것은 당신을 성장통에서 구해 줄 뿐만 아니라, 당신의 존재의 다음 단계로 힘들이지 않고 나아갈 수 있는 창조적인 방향과 힘을 줍니다. 초의식적으로 살면 당신은 자연스럽게, 심지어 즐겁게 과거에서 벗어나 과감하게 당신의 미래로 나아갈 수 있습니다.

고통을 능력으로 바꾸기

우리가 깨어나고 일어설 때, 우리 자신을 저지하려고 위협하는 단 한 가지는 바로 우리 자신입니다. 우리의 직관이 우리를 부를 때 종종 우리를 가로막는 것은 우리의 과거 경험에서 비롯되는 집단적인 두려움과 저항입니다. 우리가 안고 있는 무거운 짐을 모두 내려놓기 전까지는 우리는 자유롭게 우리의 잠재력의 최고봉에 오르지 못합니다.

이를 행하는 것은 당신이 생각하는 것보다 훨씬 쉽습니다. 당신이 해야 할 일은 놓아 주는 것이 전부입니다. 고통을 놓아 주세요. 실망, 원한, 상처, 분노를 놓아 버리세요. 당신이 왜소한 생각을 하도록 하는 모든 부정적인 자기 대화를 놓아 버리세요. 우리는 그것을 깨닫지 못할 수도 있지만, 모든 것을 붙잡는 것보다 손을 놓는 것이 훨씬 더 쉽습니다. 우리는 오랫동안 무거운 짐을 지니고 다녔습니다. 이 모든 것을 놓아 버리면 어떻게 될 것 같습니까?

이 모든 것을 놓아 버리면 당신은 일어설 수 있게 됩니다. 당신을 눌러 왔던 무거운 짐을 풀어놓는 의식적인 선택만큼 당신을 끌어올릴 수 있는 것은 없습니다. 이것이 우리가 진정으로 치유되는 길입니다.

우리가 평화를 만들 준비가 되었을 때—서로를 용서하고 삶의 고통에 대해 우리 자신을 용서할 준비가 되어 있을 때—우리는 이 모든 것을 내려놓을 수 있습니다. 그러면 우리는 더 높이 올라갈 수 있으며 우리 자신을 뛰어넘어 더 위대한 존재가 될 수 있습니다.

초의식적 존재의 두 가지 토대는 신뢰와 수용입니다. 우리는 삶이 우리에게 가져다주는 어떤 것이든 무조건적으로 받아들이고 믿어야 합니다. 미지의 것에 대한 신뢰는 어려울 수 있고, 삶이 고통이나 실패를 가져올 때 이를 받아들이기는 더 어려울 수 있습니다. 그러나 우리는 어쨌든, 특히 불확실성의 시기에 그것을 하도록 부름을 받습니다. 두려울지도 모르지만 어쨌든 우리는 그 부름에 따라야 합니다. 우리는 변화에 저항할 수도 있지만, 그것을 통해 우리의 길을 찾을 수 있다고 믿어야 합니다.

이어지는 두 가지 연습, 즉 '전환의 점화'와 '전환의 강화'는 당신이 두려움과 저항—당신을 더 높은 인식으로 올라가지 못하게 하는—의 뿌리에 도달하는 데 도움이 될 수 있는 가치 있고 몰입감 있는 연습입니다. 이러한 연습은 자기 신뢰를 회복하고, 당신의 발목을 잡고 있는 원치 않는 심리적 장벽을 제거하는 데 도움이 됩니다. 자신을 신뢰하고 장애를 해소시키는 이 프로세스는 더 높은 인식으로 가는 입구를 열어 젖힙니다. 부담 없이 무거운 에너지를 방출하고 내면의 영적 정신이 솟아날 수 있도록 합니다.

전환의 점화: 공포에서 신뢰로 전환

두려움은 우리가 삶의 충만함을 경험하지 못하게 하는 최대 요인 중 하나입니다. 근심, 스트레스, 걱정, 일반적인 불안은 우리 자신과 우리를 지탱해 주는 삶에 대한 신뢰의 부족에서 비롯됩니다. 당신이 할 수 있는 가장 강력한 전환은 의식적으로 두려움에서 벗어나는 것입니다. 당신이 공동 창조 과정을 전적으로 신뢰하면서 당신의 삶을 이에 맡기려는 의도를 가질 때, 당신은 완전히 새로운 가능성의 세계에 들어가게 됩니다.

당신은 단 한 걸음부터 시작할 수 있습니다. 단 하나의 두려움에서 부터요. 갑자기 아무것도 두려워하지 않는 것처럼 느끼지는 마세요. 하나의 상승적 전환은 단 하나의 행동으로 시작되며, 지속적인 행동의 추진력과 함께 산불처럼 확대됩니다. 당신은 당신 삶의 어느 영역에서든 당신에게 어떤 두려움, 불안, 걱정, 또는 불확실성을 주는 것에서부터 시작할 수 있습니다. 그러한 감정을 삶에 대한 신뢰로 전환해 보세요. 일어날 일은 일어납니다.

이 간단한 전환은 해방의 시작입니다. 당신이 당신 자신과 당신 내면의 안내에만 충실하게 사는 한 모든 것은 되어야 할 대로 될 것입니다. 당신이 두려움의 족쇄에서 풀려나게 되면 당신은 진정한 자유가 무엇인지 알 기회를 갖게 됩니다—무력한 희생자가 아닌 당신 삶의 강력한 공동 창조자로 당신 자신을 알 기회 말이죠.

자기 발견 연습: 직관으로 두려움에 맞서기

이 자기 발견 연습을 하는 동안에 당신은 두려움의 무의식적인 근본 원인을 조사하고 그것을 당신 의식의 팽창을 촉진하는 힘으로 바꾸기 시작합니다. 그 연습은 다섯 가지 단계를 사용하여 한 번에 한 가지 두려움과 맞섭니다. 그 과정을 여러 번 그리고 당신이 원하는 만큼 다른 두려움에 대해서도 반복하세요. 이 기능에 대한 예는 다음의 표를 참조하시기 바랍니다.

1. **유발 공포를 명명하라** 먼저, 당신의 삶에서 당신에게 두려움이나 불안을 유발하는 것들을 명명하세요(기술하세요). 당신이 원하는 만큼의 두려움을 나열한 다음, 각각의 두려움에 대해 이 과정을 수행하세요.

2. **당신의 무의식적인 반응을 묘사하라** 두려움과 관련된 당신의 모든 불편한 감정을 그 밑에 적어 보세요.

3. **신뢰 의향서를 작성하라** 다음으로 각각의 두려움에 대해 한 번에 하나씩의 신뢰 의향을 가지고 마주하세요. 그 상황에 대한 의식적인 평가는 접어 두고 우주가 행하는 일이라고만 믿으세요. 각각의 두려운 상황이 성장을 위한 초대라고 믿으세요. 두려움에서 신뢰로의 이 전환을 확언하는 진술을 적으세요.

4. **의식적 수용과 신뢰를 표현하라** 이 새로운 신뢰의 관점에서 다시 두려움을 생각해 보세요. 상황과 결과에 대해 완전히 평온한 당신 자신을 상상해 보세요. 한 문장으로 삶의 과정에 대한 당신의 수용과 무조건적인 신뢰를 요약하세요. 한번 시도해 보세요. 당신이 완전히 믿을 때 그 차이를 느낄 수 있나요? 당신은 바벨을 들어 올리고 있는 느낌입니까? 이 '바벨 들어 올리기'는 진짜입니다. 당신이 그것을 내려 놓으면 당신은 말 그대로 가벼워지고 삶은 더 편안해집니다. 이 작은 행동이 의식의 사다리를 오르는 첫걸음입니다.

5. **초의식적 통찰을 수용하라** 당신이 의식의 침묵 속에 앉아 있을 때, 당신의 직관이 당신에게 말을 걸어옵니까? 이 순간에 당신에게 다가오는 통찰을 들어보세요. 생각을 기록하거나 통찰카드를 꺼내십시오. 마지막으로, 당신의 직관을 따르기 위해 당신이 할 일을 나열하는 성명서를 쓰고 계속해서 당신의 삶을 끌어올리세요. 지금 당신이 성장하기 위한 다음 단계를 밟기 위해 무엇을 할 수 있을까요? 어떤 방향으로 흘러가든 간에 당신은 최선을 다했습니다.

	사례1	사례2
1. 유발 공포	"나는 실직이 두렵다."	"나는 실패할까 봐 두렵다."
2. 무의식적 반응	"나는 불안, 스트레스, 걱정을 많이 느낀다."	"나는 다른 사람들이 나를 어떻게 생각할지에 대한 자기 판단, 의심, 두려움을 느낀다."
3. 신뢰 의향	"만약 내가 직장을 떠나기로 되어 있다면 나는 직장을 떠날 것이다." "나는 삶이 하나의 방식이나 또 다른 방식으로 내게 제공될 것이라는 것을 알고 있다."	"나는 내가 올바른 방향으로 나아갈 때마다 삶이 나를 지탱해 줄 것이라고 믿는다." "실패는 나를 새로운 방향으로 인도하는 삶의 한 과정일 뿐이다."
4. 의식적 수용	"직장에 남아 있든, 앞으로 나아가든 비록 내가 아직 그것을 볼 수는 없더라도 나는 나 자신을 위해 가능한 한 가장 좋은 과정에 맞춰 가고 있다고 생각한다."	"성공하든 실패하든 그 과정 자체에 중요한 교훈이 있을 것이라는 점을 인정한다."
5. 초의식적 통찰	"나의 직관은 새로운 일자리를 찾으라고 나를 부르고 있다. 그래서 나는 이력서를 만들어서 그것을 보낼 것이다!"	"나의 직감이 내가 실패하지 않을 거라고 말하고 있기 때문에 나는 그것을 믿고 나의 열정 프로젝트에 최선을 다할 것이다."

관조를 위한 질문

당신이 초의식적 행동과 반응에 마음을 열고 진심을 다하여 그에 일치해서 움직이면 두려움이 사라지는 것을 느낄 수 있을 것입니다. 당신은 언젠가는 깨어나서 다음과 같은 생각을 하게 될 것입니다. 와, 그것이 나를 더 이상 괴롭히지 않네. 난 내 자신을 믿을 수 있다는 걸 알았어. 이런 식으로 당신은 두려움을 극복하게 될 것입니다.

당신이 거기에 도착할 때까지 다음과 같은 관조적인 질문을 계속하십시오.

1. 당신이 자신(ego)이 생각하는 가장 높은 길 대신에 당신의 삶이 보여주는 가장 높은 길을 믿을 때 두려움이 어떻게 걷히는지를 느끼나요?

2. 당신이 자신에게 가하는 스트레스와 압박을 모두 놓아 버리는 것이 구원이 아닐까요?

3. 자신의 직관의 안내를 따르고 이 변화를 현실로 만들 용기가 있나요? 이러한 두려움을 극복하기 위해 당신은 지금 어떤 작은(또는 커다란) 조치를 취할 수 있습니까?

상승하는 연습: 신뢰 확언 작성

이러한 돌파 속에서 굳건히 버티려면 시간이 좀 걸릴 수도 있습니다. 때때로 당신의 자기 신뢰가 흔들린다면, 오래된 두려움이 다시 슬금슬금 되살아날 수 있습니다. 약해지는 순간에 맞서 싸우고 무의식적인 생각과 감정을 억제하기 위해서 힘을 강화하는 확언이나 만트라로 무장하세요. 다음은 강력한 확언을 만드는 몇 가지 조언입니다.

1. 당신을 신뢰의 장소로 되돌아가게 하는 짧고 긍정적인 문구를 만드십시오. 좋은 예로는 '나는 삶을 믿는다' '모든 것이 잘될 것이다' '나는 일어난 일과 일어나게 될 모든 일을 있는 그대로 받아들인다' 등이 있습니다.

2. 언제 어디서나 큰 소리로 또는 머릿속으로 그 말을 반복하세요. 밤에 잠들 때까지 또는 두려움이 당신을 깨울 때 그것을 말하세요. 출근길, 명상 중 또는 샤워할 때도 말하세요. 말라 목걸이나 팔찌를 도구로 사용할 수 있으며, 어디를 가든 휴대할 수 있습니다. 당신이 확언을 더 많이 사용할수록 두려움 대신 신뢰로 당신의 생각을 더 많이 '재프로그램'하는 것입니다.

3. 매번 당신을 평화와 힘의 장소로 되돌리기 위해 필요한 만큼 당신의 확언을 반복하세요. 그 날에 따라 5번 또는 50번의 반복을 필요로 할 수도 있습니다. 반복을 하다가 보면 기분이 좋아지므로 필요한 만큼 했다는 것을 알게 됩니다.

전환의 강화: 저항에서 수용으로 전환

우리가 일어서기 위해서는 우리를 억누르고 있는 것을 버려야 합니다. 무의식적인 판단, 분노, 불관용은 우리를 낮은 의식 주파수에 묶어 둡니다. 우리가 두려움 없이 앞으로 나아갈 준비가 되어 있다고 해도 우리를 짓누르는 무의식적인 생각의 짐을 지고서는 멀리 가지 못할 것입니다. 고통과 불의, 실망을 지나쳐 가기 위해 우리는 다시 신뢰로 돌아서야 합니다. 우리에게 일어나는 불편한 일들에 저항하는 대신, 우리는 모든 일이 그럴 만한 어떤 이유가 있어서 우리에게 일어난다는 것을 믿기로 선택함으로써 수용 상태로 나아가게 됩니다.

이것은 인생의 많은 비통함에 대해서 어려운 일일 수 있습니다. 세상의 이렇게 많은 고통에 대한 타당한 이유가 어디 있겠는가? 우리의 고통을 능력으로 바꾸어야 할 의미 있는 이유를 어떻게 찾을 수 있을까? 해답은 치유는 이유를 찾는 것이 아니라 경험을 받아들이는 데에서 온다는 것을 깨닫는 것입니다. 이것은 상처를 입힌 어떤 것이든 용납한다는 것을 의미하는 것이 아니라 그것이 더 높은 수준, 즉 그것을 풀어놓도록 우리에게 허락하는 '일자(一者)'의 처분에 맡기는 것을 의미합니다. 우리는 자신이 사랑하는 사람에게 끔찍한 범죄를 저지른 가해자를 용서하는 피해자의 가족에 대한 이야기를 종종 듣습니다. 그들은 왜 그런 일이 일어났는지 이해하거나 그저 봐 주기 위해서 용서하는 것이 아닙니다. 그들은 용서하는 것이 (고통의) 경험을 넘어설 수 있는 유일한 방법이기 때문에 용서하는 것입니다.

용서는 무의식적인 생각과 감정의 손아귀에서 자신을 해방시키기 위해 취할 수 있는 가장 강력한 행동입니다. 타인에 대한 불관용은 분노, 원한, 적의를 자아냄으로써 낮은 에너지 의식과 불화를 부추깁니다. 우리 자신에 대한 불관용은 더욱 심각합니다. 그것은 죄책감, 후회, 불안감 그리고 우울함으로 우리의 삶을 파괴합니다. 우리가 삶이 우리에게 가져다주고자 하는 치유에 저항하는 것을 멈추면 우리는 과거를 놓아 보내고 이 순간 진정한 현존(presence)이 될 수 있습니다.

우리가 우리 자신과 우리가 해 온 모든 것을 (그럴 만한 이유가 있다고) 받아들일 때, 우리는 해묵은 사회적 판단과 조건화를 풀어놓게 됩니다. 그리고 우리가 다른 사람들의 존재와 행동에 대해서도 똑같이 한다면(= 무조건적으로 수용한다면), 우리는―공유된 진리와 우리 모두를 합일시키는 즐겁고 편재하는 현실로부터―우리를 갈라놓았던 벽을 허물어 버리게 됩니다.

자기 발견 연습: 당신의 발목을 잡는 것을 놓아 버리기

이 자기 발견 연습은 두려움에 대한 훈련을 동반합니다. 여기서 당신은 과거의 고통에 대한 무의식적인 집착을 검토하고 그것을 능력으로 바꾸기 시작합니다. 이전과 마찬가지로 연습에는 당신이 식별한 각각의 고통스러운 경험에 대해 적용될 수 있는 다섯 가지 단계가 있습니다.

1. **유발 고통을 명명하라** 당신을 여전히 고통스럽게 하는 삶의 경험을 말해 보세요. 원한다면 당신이 말하고 싶은 모든 고통스러운 경험들의 목록을 만들고, 이 다섯 가지 단계를 사용하여 그것들을 한 번에 하나씩 다루세요.

2. **당신의 무의식적인 반응을 묘사하라** 각각의 고통스러운 경험에 대해 그것과 관련된 무의식적인 반응과 감정을 서술해 보세요.

3. **수용 의향서를 작성하라** 이제 고통스러운 경험을 생각해 보고, 당신이 알든 모르든 그 경험들이 목적이 있다는 것을 받아들이세요. 그 경험을 당신 자신이 선택한 것으로 받아들이세요. 어떤 면에서는 그렇게 했으니까요. 당신의 제한된 의식은 복잡한 상황들―이들이 깊은 고통을 유발하는 경우에도―의 더 높은 수준에 있는 원인과 결과를 확인할 길이 없다는 것을 인정하세요. 진술서에 이 경험을 받아들이겠다는 당신의 의도를 요약적으로 서술하세요.

4. **의식적 수용과 용서를 표현하라** 의식의 빛 속에서 이 상황이 어떻게 보입니

까? 당신이 어떤 상황에 연루되었든 간에 당신은 할 수 있는 최선을 다했고, 다른 사람들도 그들만의 방식으로 참여했다는 것을 받아들이세요. 자신을 용서하세요. 또한 관련된 다른 사람들도 용서하세요. 일어난 일에 대해 완전히 평온하다고 상상해 보세요. 한 문장으로 당신의 무조건적인 수용과 용서를 요약하세요.

5. 초의식적 통찰을 수용하라 마지막으로, 당신이 이 고통을 떨쳐 버리고 종결시키기 위해 할 일을 문장으로 적고 직관의 안내를 경청하세요. 추가적인 통찰을 얻으려면 통찰카드나 저널을 사용하여 내면의 지혜에 다가가도록 하세요. 질문: 내가 안고 있던 고통을 치유하고 나의 삶과 화해하기 위해 지금 당장 무엇을 할 수 있을까?

	사례1	사례2
1. 유발 고통	"나는 고통스러운 가정교육을 받았다."	"내가 사랑하던 사람이 나를 떠났다."
2. 무의식적 반응	"분노, 원한, 처벌, 쓰라림을 느낀다."	"슬픔, 가슴앓이, 실망, 상실감이 느껴진다."
3. 수용 의향	"나의 젊은 시절의 도전들이 나를 더 강하게 만들 것이다." "나는 내가 사랑하는 사람들이 나를 돌보지 않았을 때조차도 삶이 나를 보살펴 준 방식을 알고 있다."	"나는 나의 파트너가 자신의 개인적인 성장을 위해 가장 좋다고 생각하는 것을 하고 있었다는 것을 받아들인다." "나는 이 변화가 나 자신을 더 명확하게 이해할 수 있는 기회라고 생각한다."
4. 의식적 수용	"나는 내 과거가 나의 진화 과정의 일부였다는 것을 인정한다. 그리고 현재 나는 그것을 뛰어넘을 수 있다."	"나는 비록 우리가 헤어져야 할 때가 되었지만, 내 파트너와 함께했던 시간을 소중하게 여기고 고맙게 생각한다."
5. 초의식적 통찰	"나는 나만의 활동 범위를 형성하면서 유해한 가정환경에서 시간을 덜 보내도록 직관의 안내를 받고 있다."	"나는 예전 파트너에게 손을 내밀어 관계를 개선시키고, 내가 그를 용서하고, 그가 잘되기를 바란다는 것을 알려 줘야 한다고 생각한다."

관조를 위한 질문

1. 각각의 상황에 수용을 적용했을 때 어떤 느낌이 듭니까?
2. 무거운 감정의 짐을 풀어 놓을 때 무거움이 걷히는 느낌이 듭니까?
3. 당신은 고통 안에 있는 목적을 볼 수 있습니까? 당신은 그 고통스러운 경험들로부터 어떻게 성장하고 배워 왔습니까?

상승하는 연습: 수용 확언 작성

이전 연습에서와 같이, 이것은 어려운 상황에서 수용을 강화하기 위한 확언을 만드는 데 도움이 될 수 있습니다. 다음은 몇 가지 예입니다.

- 모든 상황을 내가 선택한 것처럼 받아들인다.
- 용서하고, 풀어 놓으며, 다 놓아 버린다.
- 나는 삶을 신뢰한다.
- 모든 일은 되어야 할 대로 된다.
- 되어야 할 것은 된다.

어두운 곳을 벗어나면 변혁이 탄생합니다. 두려움과 고통을 바꾸면 힘이 살아납니다. 바로 여기서 당신의 실제 작업이 시작되고, 직관의 거대하고 보편적인 힘이 개인적 능력이 되는 것입니다. 여기가 저 너머의 기적적인 힘이 그대 존재의 핵심에 닿는 곳입니다. 높은 자기를 신뢰하고 그 부름에 저항하는 것을 멈추는 간단한 선택이 당신의 내적 혁명의 촉매제입니다.

마침내 당신은 당신이 그토록 열심히 찾고 있던 힘이 바로 당신 안에 있다는 것을 깨닫게 됩니다. 그리고 당신은 당신이 넘어선 모든 두려움과 당신이 완전히 소유하고 있는 모든 경험을 가지고 그 힘으로 성장합니다. 당신이 이 과정을 당신의 모든 삶에 적용했을 때, 실패라는 것은 있을 수 없습니다. 이것이 세상이 당신이 알기를 원하지 않는 큰 비밀입니다. 당신의 직관은 당신의 **탈출구**입니다. 고통에서 벗어나고, 역경에서 벗어나며, 혼란에서 벗어나고, 우리 모두를 묶는 카르마의 순환에서 벗어나는 길이지요.

우리가 진정으로 필요로 했던 것은 우리의 자기(self)를 믿고 그 자기에게 충실하게 사는 것뿐이었습니다. 모든 괴로움은 그 핵심과의 불일치에서 비롯됩니다. 우리가 이것을 의식하게 되고 삶의 흐름 속에서 살겠다는 의도를 갖게 되면, 우리는 모든 것을 돌려놓게 됩니다. 그리고 우주는 그것을 알아차립니다. 우주는 이 순간 당신의 완전한 삶을 기다려 왔습니다.

비범한 사람들, 탁월한 통찰력

당신 자신의 길을 걸으라

나를 직관의 여정으로 이끌었던 것은 나의 아들의 탄생이었다. 그가 태어났을 때 나는 매우 어렸기 때문에 '책임감 있는' 결정은 그를 포기하고 입양시키는 일이었다. 하지만 내 안에 있는 뭔가가 그것은 가야 할 길이 아니라고 말해 줬다. 사람들은 내가 미쳤다고 말했지만 나는 18세에 미혼모가 되기로 결심했다. 그 모든 선택은 전적으로 직관에 기반을 둔 것이다. 왜냐하면 나는 의지할 수 있는 어떤 것도 없었기 때문이다. 어떤 안정성도, 좋은 기반도, 지원 시스템도 없었다.

모든 환경은 나에게 불리하게 작용했지만, 나는 내 길을 가라는 부름을 받았다. 만약 내가 그렇게 하지 않았다면, 지금의 내 삶을 만드는 어떤 일도 일어나지 않았을 것이다. 나는 내가 음악이나 예술을 하게 되었을 것이라고 말할 수도 없다. 왜냐하면 나의 여정은 그 한 가지 선택으로 시작되었기 때문이다. 그것은 나의 전체 존재의 실마리이며, 모든 것은 그 순간으로 되돌아간다.

이것이 바로 내가 자신에 대한 신뢰를 키우는 것이 매우 중요하다고 말하는 이유이다. 내가 위험을 감수했던 때를 돌이켜 보면 나는 내가 무엇을 하고 있는지 전혀 모르면서도 그것을 감행했다. 나는 내가 어떻게 그렇게(= 미혼모가 되는 것) 할 수 있는지 몰랐지만, 나의 어떤 부분은 내가 그렇게 할 수 있다는 것 그리고 해야만 한다는 것을 알고 있었다. 비록 실패로 끝났지만, 그것은 나에게 교훈을 주었다. 인생은 직선적인 형태의 여행이 아니다. 당신의 직관은 당신 자신으로부터 당신을 끌어내리려고 하는 것들을 알아채도록 도와줄 것이다. 자신을 믿으라. 당신의 꿈을 믿으라. 그리고 포기하지 말라. 당신의 다음 단계의 변화는 당신이 생각하는 것보다 더 가까이에 있다.

— 바이런 내쉬(Byron Nash), 뮤지컬 아티스트 겸 프로듀서

초인류

인간은 과도기적인 존재이다. 그는 최종적인 존재가 아니다. 그의 내면과 그 너머 높은 곳에서 신성한 초인류로 올라가는 빛나는 경지에 오른다. 인간이 초인류로 나아가는 단계는 지구 진화에서 다음 단계로 다가가는 성취이다. 거기에 우리의 운명이 놓여 있다.[2]

— 스리 오로빈도(Sri Aurobindo)

일단 당신이 자신을 넘어서고 나면 당신은 더 이상 이전의 당신과 같지 않습니다. 어떻게 그럴 수 있을까요? 당신의 삶에 대한 인식은 확장되었고, 당신은 기적적인 힘에 접촉했습니다. 당신은 체험을 통해 우주가 살아 있고, 당신 안에 있다는 것을 알고 있습니다. 당신은 마침내—그것을 위해 당신이 만들어진—잠재력을 맛보게 되었습니다. 이것이 떠오르는 초인류의 걸음걸이입니다.

새로운 종류의 인간, 즉 더 높은 인식과 힘의 장소에서 살고 창조하는 높은 존재에 대한 생각은 과학자들, 철학자들 그리고 신학자들이 수세기 동안 생각해

---

2) "인간은 과도기적 존재이며, 최종적이지 않다": Sri Aurobindo, "Man, a Transitional Being," The Hour of God and Other Writings (N.P.: Birth Centenary Library, 1970), p. 7.

왔던 관념입니다. 망토를 걸친 영웅보다 진짜 초인간은 육체, 마음, 심정, 정신의 모든 면에서 '초능력'을 가질 것입니다. 이런 종류의 최고의 인간은 신체적 치유와 행복을 직관적으로 유지할 수 있을 것입니다. 그들은 고질적인 과잉 사고를 직관적인 통찰로 대체하면서 자신의 사고하는 마음을 지배하게 될 것입니다. 그들은 자신의 진리를 살면서 열정을 따를 용기를 가지고 그들의 심정을 강화할 것입니다. 그리고 궁극적으로 최고의 인간은 우리 모두를 합일시키는 편재적이고 초의식적 연결성을 구현하게 될 것입니다.

우리는 아직 거기에 도착하지 않았습니다. 우리는 최종적으로 완성된 예술 작품이 아닙니다. '초인류'에 대한 생각은 만화책이나 공상과학 소설처럼 보일 수도 있지만, 사실은 그렇지 않습니다. 우리가 더 깊이 들여다보면 인류는 여전히 진화하고 있다는 것을 알 수 있습니다. 그리고 미래의 우리는 초생물학적 진화나 초의식의 변천과 같은 개념에 더 친숙해질 것이고, 포스트휴먼, 위버멘쉬의 탈기술적 존재에 더 의식적으로 참여할 것입니다.

통찰력은 하나의 집단으로서의 우리가 가지고는 있지만 아직 숙달하지 못한 능력입니다. 우리는 직관에 있어서는 어린아이로 머물러 있습니다. 그것은 우리가 통제할 수 없는 신비입니다. 그것이 우리에게 닿았을 때, 우리는 경탄하고, 그것이 하늘에서 떨어질 때 그것을 잡으며, 멀리서 그것이 부를 때 그것을 뒤쫓습니다. 그리고 그것이 우리에게 전해질 때, 우리는 우리 자신보다 더 큰 무언가에 우리가 연결되어 있다고 느낍니다.

이러한 앎은 앞으로 다가올 여러 해 동안에 계속 성장할 것입니다. 만약 우리가 살아남는다면, 우리가 (초인류가 될) 다음 차례이지요. 그렇다면 우리가 실제로 지금보다 더 성장할 수 있을까요? 어떻게 하면 우리의 몸과 마음, 심정 그리고 영적 정신을 이용하여 직관적인 도약을 할 수 있을까요? 만약 우리가 우리의 전체 뇌 능력을 사용한다면 의식은 어떻게 보일까요? 마침내 우리는 우리의 직관과 '정신적' 능력의 무한한 힘을 이용할 수 있을까요? 수세기 전에 괴테, 니체와 같은 위대한 사상가들은 이러한 생각들과 씨름했습니다. 물론 오늘날에도 여전히 우리는 다음과 같이 자문하고 있습니다. 다음에 할 일이 뭐죠? 우주는 팽창하고 있고, 우리의 의식도 팽창하고 있습니다. 항상 그렇듯이, 우리는 미래의 우리의 잠재력에 대해 궁금해 하고, 상상하고, 꿈꾸면서 수평선을 바라봅니다.

초인류가 실제로 가능하다면 질문은 다음과 같습니다. 어떻게 될 것인가? 우리의 등반은 천년에 걸쳐 전개되는 느리고 미세한 진화가 될 것인가? 아니면 눈 깜짝할 사이에 저절로 나타나는 돌연변이에 가까울까? 변화된 현실이 하루아침에 일어나는 것이 가능한가? 답은 '그렇다'입니다. 화산 폭발과 같은 변화는 한순간에 일어날 수 있습니다. 뭔가가 우릴 깨우기만 하면 됩니다.

다음은 브리태니커 백과사전(Britannica)에 인용된 니체의 위버멘쉬, 초인의 개념입니다.

> 위버멘쉬는 오랜 진화의 산물이 아니라, 어떤 사람이 우월한 잠재력으로 자신을 완전히 지배하고 자신의 고유한 가치를 창조하기 위해 인습적인 '무리의 도덕성'을 쳐부술 때 나타날 것이다. [3]

직관 같은 개인적인 변화는 순식간에 찾아올 수 있습니다. 단순한 현현(顯現, epiphany)이나 돌발적인 계시(revelation)를 통해 우리는 완전히 다른 차원의 삶을 영위하는 우리 자신을 볼 수도 있을 것입니다. 어떤 사람들은 이것을 우리 종족 자체의 변화라고 상상합니다. 우리의 자아(ego), 또는 자아가 만들어 내는 차이를 넘어서 서로와 재결합하고 삶 자체와도 재결합하는 시대라는 것이지요.

우리가 변화할 때, 우리는 개인을 뛰어넘습니다. 우리는 우리의 의식과 일차적 경험(=감각 경험)의 한계를 볼 수 있는 능력을 얻습니다. 우리는 개인성, 시간,

---

[3] "위버멘쉬는 오랜 시간의 산물이 아닐 것이다": "Superman," Encyclopedia Britannica, last updated February 11, 2020, https://www.britannica.com/topic/superman-philosophy.

공간을 초월하는 인식의 상태에 끌립니다. 이것은 우리의 물리적 존재만이 아니라 우리의 전체 존재의 진화입니다. 소아마비의 치료법을 발견한 조너스 소크(Jonas Salk)는 그의 책 『실재의 해부학』에 이렇게 썼습니다.

> 인간이 관여할 수 있는 가장 의미 있는 활동은 인간 진화와 직결되는 활동이다. 이것이 진실인 이유는 인간이 이제 그들 자신의 진화 과정뿐만 아니라 모든 생명체의 생존과 진화에서 능동적이고 결정적인 역할을 하기 때문이다. 이러한 인식은 진화 과정에 대한 참여와 기여에 대한 책임을 인간에게 지게 한다. 인류가 이 책임을 받아들이고 인정하며 무의식적으로뿐만 아니라 의식적으로 초생물학적인 진화 과정에 창의적으로 참여하게 된다면 새로운 현실이 나타나고, 새로운 시대가 탄생하게 될 것이다.[4]

소크는 종종 **초생물학**이라는 용어를 물리적 신체의 상태를 넘어서는 진화의 상태를 지칭하기 위해 사용했습니다. 그의 시대에 가장 유명하고 존경 받는 과학자 중 한 명이었던 그는 진화의 다차원적인 측면을 간과하거나 배제하지 않았습니다. 그는 우리의 물리적 현실과 형이상학적 현실이 서로 연결되어 있다는 것을 이해했습니다. 시간과 공간 속에서 우리의 몸과 마음, 심정과 영적 정신이 함께 움직이면서 다양한 세상 경험을 통해 우리를 연마합니다. 매일 우리는 이 진화적인 주파수에 점점 더 익숙해질 기회를 갖게 됩니다.

그렇다면 초인류에 있어서 직관은 어떤 역할을 할까요? 직관은 완전히 의식적인 또는 초의식적인 삶의 본질적 힘입니다. 내면에서 우리의 직관은 우리가 우리의 육체에 귀를 기울이고, 우리의 마음과 소통하며, 우리의 심정에 의해 움직이고, 존재 자체의 더 높은 현실을 경험할 수 있게 해 줍니다. 직관은 초의식적

---

4) "인간이 하는 가장 의미 있는 활동": Jonas Salk, Anatomy of Reality: Merging of Intuition and Reason (New York: Columbia University Press, 1983), p. 112.

인 현실이 함께 짜여진 직물의 일부입니다. 그것은 우주를 창조하는 양자 원리와 불가분의 관계를 지니고 있습니다.

이 성장하는 직관이 현실에 반영되고 있는 징후 중 하나가 현대 사회에 새롭게 나타나고 있는 창조력에 대한 의존입니다. 기존의 지식 시스템의 성공에 기반하여 우리는 통찰력이 가져다주는 창의성, 비전, 독창성에 점점 더 많이 의지하게 될 것입니다. 세계경제포럼은 미래 사회에 있어서 창의력이 주도 세력 중 하나가 될 것으로 예측하고 있습니다.[5] 직관적이고 창의적으로 생각할 수 있는 능력은 우리가 앞으로 나아가야 할 새로운 종류의 세계를 만드는 비결입니다. 경제학자 다니엘 핑크(Dan Pink)는 그의 베스트셀러 『새로운 미래가 온다(A Whole New Mind)』에서 다음과 같이 설명합니다.

미래는 예술가, 발명가, 스토리텔러 등 다른 종류의 사람들의 것이다. 창의적이고 전일적인 '우뇌' 사상가들이 이들이다.[6]

직관적인 변화는 우리의 내면의 현실에만 영향을 미치는 것이 아닙니다. 그것은 우리가 창조하는 외부 세계에 영향을 미칩니다. 그것은 내부에서 시작해서 밖으로 흐릅니다. 이러한 통찰력의 증대하는 추진력은 직관적인 에너지, 즉 우리의 미래를 재정의하고 재창조하는 에너지로 이 순간을 적시에 충전합니다. 그렇다면 직관은 우리의 개인적 동업자일 뿐만 아니라, 문화적, 경제적 그리고 세계적인 변화의 동업자입니다. 그것은 미래의 창의력을 기반으로 하는 산업뿐만 아니라, 세상을 개선하기 위한 탐구를 통해 새롭고 선견지명이 있는 무언가를

---

5) 세계경제포럼은 창의성이 다음과 같이 될 것이라고 예상한다: World Economic Forum, The Future of Jobs: Employment, Skills, and Workforce Strategy for the Fourth Industrial Revolution, January 2016, http://www3.weforum.org/docs/WEF_Future_of_Jobs.pdf.

6) "미래는 다른 종류의 사람들에게 속한다": Daniel Pink, A Whole New Mind: Why Right-Brainers Will Rule the Future (New York: Penguin Random House, 2006), back cover.

건설하고 싶어 하는 모든 사람에게 매우 중요합니다.

　이 문턱에서 우리는 상상할 수 없는 새로운 현실에 직면합니다. 우리는 인간의 잠재력의 한계를 재검토해야 할 뿐만 아니라 우리의 창조적 잠재력도 검토해야 합니다. 인간은 천성적으로 창조자입니다. 우리는 무언가를 만들기 위해 태어납니다. 우리는 예술을 창조하고, 생명을 창조하며, 인공적인 삶을 만듭니다. 무엇이 슈퍼컴퓨터와 초인류를 구별할까요? 직관은 둘 사이의 구분 요인인가요, 아니면 결합 요인인가요? 우리가 '인공지능'을 만들 때, 인공지능이 우리가 가진 것과 같은 종류의 의식의 진화를 경험할 수 있을까요? 언젠가는 우리의 기계가—우리의 의식이 확장될 때 우리가 하는 것처럼—자기의 감각으로 깨어나는 것은 충분히 가능한 일입니다.

　만약 우리가 AI가—다른 어떤 존재 방식에 대한 앎이 없이 단지 외부의 힘에 반응하기 위해 조건화된—우리의 무의식적인 마음과 다르지 않다고 본다면 어떨까요? 그리고 AI에 의식이 생겨난다면 어떻게 될까요? AI가 스스로의 마음을 가지고 있고 주권, 즉 자신의 진실을 살아갈 권리를 요구한다면 어떻게 될까요? 그렇다면 무엇이 우리의 인간성을 규정할까요? 인간은 어떻게 의식의 사다리 위에서 우리의 위치를 유지할 수 있을까요?

　답은 초인류입니다. 우리 자신의 진화를 지속하는 것입니다. 기계가 의식으로 진화함에 따라 우리는 초의식으로 진화하게 될 것입니다. 이런 식으로 우리는 항상 한 발짝 더 앞서게 될 것입니다. 때문에 우리는 더 이상 기계가 세계를 장악하는 것에 대해 걱정하지 않을 것입니다. 왜냐하면 우리는 이미 세계를 넘어섰기 때문이지요.

🌸 근본적 통찰

인류를 (기계와) 차별화하는 것은 우리의 끊임없는 변환이다.

우리를 앞으로 나아가게 하는 내면의 소명에 대한 헌신이다.

직관을 양성하는 것이 우리의 진화에서 마지막 단계의 열쇠입니다. 삶에 대해 더 많이 알고 그 앎을 삶에서 더 많이 사용하기 위한 우리의 탐구―이것이 우리의 직관의 여정입니다. 우리 모두는 무의식적으로, 의식적으로, 또는 초의식적으로 이 길을 걷고 있습니다. 그리고 우리가 내면의 지혜로부터 배우면서 쉬운 길을 가든, 아니면 실수를 통해 배우면서 어려운 길을 가든 간에 최종 목적지는 우리의 진실입니다.

치유자, 현자, 비전가 그리고 신비가는 우리의 개인적 그리고 집단적 진화 여정(旅程)의 각 단계의 원형입니다. 우리는 함께 세상을 치유할 수 있으며, 서로를 깨우칠 수 있습니다. 우리는 세상을 바꿀 수 있고, 그 모든 것 위로 함께 일어설 수 있습니다. 삶은 우리에게 상승하도록 요청하고 부릅니다. 그것이 바로 우리가 우리의 직관을 따를 때 할 수 있는 일입니다. 우리는 내면의 힘을 소유하는 진화적 사명을 완수합니다. 그리고 마침내 우리는 완전한 그리고 비범한 인간이 됩니다.

결론:

그다음은 무엇인가? 다른 미래를 상상하라

> 우주 전체에 존재하는 마음은 하나이다. 사실, 의식은 모든 존재에서 단계화하는 특이점이다.[1]
>
> — 에르빈 슈뢰딩거(Erwin Schrödinger)

만약 모든 사람이 직관으로 산다면 세상은 어떻게 보일까요? 당신은 우리의 밖에 있는—사고하는 마음이 만든—분리된 세계 대신에 우리 안에 있는 직관적인 단일성을 중심으로 돌아가는 다른 세계를 상상할 수 있습니까? 우리의 편협한 자아(ego)의 폭정이 마침내 지배권을 상실하면서 참되고 궁극적인 자기(self)를 되찾는 세상을 상상하는 것은 불가능한가요?

결국 그것은 우리가 이 미래를 상상할 수 있느냐 없느냐의 문제가 아니라, 미래를 창조할 수 있느냐 없느냐의 문제입니다. 하지만 그것을 창조하기 위해서 우리는 먼저 그것이 가능하다고 믿어야 합니다. 이제 세계가 우리에게 수용하라고 요구해 온 한계를 거부할 때입니다. 우리는 3차원적인 삶에 의해 정의되고, 고통은 삶의 필요한 부분이며, 분열은 인간의 본성이고, 우리 자신보다 세상이 우리를 더 잘 알고 있다는 이 모든 생각을 거부할 때입니다.

우리는 이러한 유형의 인류를 우리의 이야기로 만들기 전에 다시 한 번 생각

---

1) "우주에 있는 마음들의 전체 숫자는 하나이다": Erwin Schrödinger, in Paul Pines, Trolling with the Fisher King: Reimagining the Wound (Asheville, NC: Chiron Publications, 2018).

할 필요가 있습니다. 역사책들이 뭐라고 말하든 전쟁, 배반, 잔인함 그리고 무지는 우리의 진정한 본성의 일부가 아닙니다. 그것들은 우리가 우리의 참된 본성과 분리된 결과입니다. 우리가 우리 자신에게 가하는 모든 고통 그리고 서로 간의 고통은 인류 진화의 초기 단계에 만연한 집단적 무의식의 증상입니다.

시간의 큰 그림에서 볼 때, 인류는 매우 젊습니다. 우주적 척도로 볼 때 우리는 신생아와 마찬가지로 단지 눈 한 번 깜빡하는 시간 동안에 존재해 왔습니다. 우리는 바로 눈앞에 보이는 것보다 훨씬 더 많은 것을 할 수 있는 진화적 여정의 시작점에 있습니다. 우리가 겨우 우리 자신을 발견하고 우리의 거친 모서리를 다듬고 있는 생명의 초기 단계에 있으므로 우리는 더 많은 것을 열망해야 합니다.

우리는 거짓 없는 진리의 삶, 증오 없는 사랑, 고통 없는 성장, 분열 없는 존재로 만들어졌습니다. 인류의 진정한 본질은 불화가 아니라 빛나는 공생(共生, togetherness)입니다. 우리가 이것을 받아들이기 전까지는 그리고 진정으로 이것을 믿을 때까지는 아무것도 변하지 않을 것입니다.

직관은 우리 한 사람 한 사람을 인류의 더 높은 비전을 향해 인도합니다. 우리가 집단적으로 우리의 진실을 살아가면서 우리 중 점점 더 많은 사람이 우리 자신의 삶을 변화시킬 뿐만 아니라 세상의 방식을 바꾸는 변화를 만들기 위해 움직일 것입니다. 이것이 혁명이 일어나는 방법입니다. 우리의 내면에서 시작하는 것—우리의 심정과 마음을 바꾸는 것—은 돌아가면서 우리의 행동과 경험을 변화시킵니다. 우리는 하나가 되어서 함께 우리의 무의식을 벗어납니다.

우리의 인간성은 우리가 창조한 세계에 반영되어 있습니다. 우리가 보다 의식적이 될수록 우리는 무의식을 겪는 일이 줄게 됩니다. 우리는 이제 한때는 무지함 속에서 안주했던 저진동의 규범과 더 이상 함께할 수 없게 됩니다. 우리가 깨어났을 때, 우리는 성차별, 인종차별, 동성애 혐오, 각종 차별과 편견 등은 무의식적인 문화에 근거한 조건화된 반응에 불과한 것임을 깨닫고 이로부터 떠나게 됩니다.

이러한 변화는 오늘날 거대한 방식으로 일어나고 있습니다. 어떻게 우리가 그렇게 많은 지나간 재앙들—고통, 사회적 불의, 자연재해, 전쟁—을 잠재울 수 있었을까요? 삶은 깨어나라고 우리를 부르고 있습니다. 우리는 깨어나야 합니다. 자명종이 울리고 있습니다. 우리는 우리 스스로가 우리 자신을 파괴하기 전에 우리 자신들의 오류를 알아내고 고쳐야 합니다. 이것이 우리 시대의 갈림길입니다. 우리는 이 순간을 포착하여 더 나은 무언가가 될 수 있습니다. 그렇지 않으면 우리는 우리 자신의 손에 파멸할 수 있습니다.

이제는 지난 세기, 심지어 수천 년을 지배해 온 지구촌의 무의식을 타도하고 전반적인 삶이 우리에게 무엇을 하라고 부르는지에 귀를 기울여야 할 때입니다. 오랫동안 억압되어 온 우리 본성의 필수적인 측면들이 이제 힘을 얻기 시작하고 있습니다. 여성적인 힘, 창의성, 공감, 포용력 그리고 물론 직관이죠. 과거에는 이러한 자질들이 침묵되어 왔지만, 이제는 개인적으로, 경제적으로, 문화적으로 미래의 목소리가 되는 것들이 바로 그것들입니다. 우리의 낮은 의식과 자아(ego)에 탐닉하는 마음이 언젠가 내려놓았던 이 힘들은 이제 우리가 계속 앞으로 나아가고 위로 올라가기 위해 필요로 하는 힘들입니다.

다음 단계가 어떻게 보이는지 완전히 이해하기 위해서 단지 100년이나 200년이 아니라, 천년이나 2만년 후의 우리 자신을 상상해 보세요. 우리가 무의식의 상태로 머물면서 그렇게 멀리까지 살아갈 수 있다고 생각하십니까? 그렇게 오래 지속되려면 우리는 깨어나야 합니다. 우리는 우리 안의 잠재력을 알아내고, 어떻게 하면 최상의 자기(self)를 실현할 수 있는지를 배워야 합니다. 그리고 우리는 그것을 함께 해야만 합니다. 우리는 세계가 우리를 계속 분열시키도록 내버려 둘 수 없습니다. 왜냐하면 우리가 결속되어 있을 때만이 미래에도 삶을 지속할 수 있기 때문입니다.

이것이 진정한 변화가 일어나는 방법입니다. 이 모든 것은 간단한 첫 번째 단계로 시작합니다. 우리 모두의 내면에 있는 합일하는 진리를 알고 신뢰하는 단계이지요. 우리는 삶이 무엇을 행하라고 우리를 직관적으로 부르는지에 귀를 기울이고, 우리가 직관적으로 부름을 받은 일을 행하여 변화를 만듭니다. 우리는 우리 내면에 있는 모든 것을 아는, 안내하는 음성을 존중합니다. 우리의 의무는 그렇게 간단합니다. 우리 모두가 그렇게 하는 날이 오면 우리는 아마 처음으로 인간의 본성이 어떻게 생겼는지 보게 될 것입니다.

집단적 치유와 재조정의 과정은 시간이 걸릴 수도 있지만 변화의 바퀴가 움직이는 길을 따라가는 실마리가 생길 것입니다. 보다 통찰력 있는 삶을 살기 시작하면서 우리는 다음과 같은 것을 보게 될 것입니다.

- 우리는 내면의 행복감과 더 강한 연결의 결과로 더 오래, 더 건강하고, 더 질 높은 삶을 살 것입니다.
- 우리는—양성된 통찰력과 알아차림의 결과로서—사회적 의식, 공감, 진정성이 증대되는 것을 경험할 것입니다.
- 우리는—독창성, 공정성 및 협업 수준이 높아진 결과로서—창의성, 의식의 혁신 및 빠른 수준의 기술적 진보에 종사할 것입니다.
- 우리는 서로 간의 그리고 공유된 진리와의 집단적 재연결을 통해 평화, 행복 및 통일성에 대한 보다 폭넓은 감각을 얻을 것입니다.

통찰력의 가장 큰 재능 중 하나는 우리의 통일성을 인식하는 것입니다. 직관은 단절의 망상을 제거합니다. 비록 우리가 서로 분리되어 독립적인 삶을 살고 있는 것처럼 보일지라도, 실제로 우리는 서로 연결되어 있고, 분리할 수 없는 삶의 거미줄 속에 공존합니다. 환상이 사라지면 어떻게 될까요? 마침내 우리가 분리라는 베일을 꿰뚫어 볼 수 있게 되면요? 더 이상의 비밀은 없습니다. 더 이상의 거짓도 없고요. 더 이상 속임수나 가식이 존재할 수도 없습니다. 무의식의 게임은 종말을 고합니다.

이 책의 전 과정을 통해 우리는 직관이 어떻게 사람들을 하나로 모으는지를 보았습니다. 그 힘은 심지어 이상한 동료들까지도 하나로 묶는 공통의 끈입니다. 우리와 이야기를 나눈 통찰 리더들은 성별, 인종, 국적, 성적 취향을 넘어선 각 계각층의 사람들입니다. 그들은 예술가, 과학자, 심리학자, 의사, 작가, 교사, 음악가 그리고 이웃의 치유자, 현자, 비전가, 신비가들이며, 이 많은 다양한 사람이 하나의 메시지를 공유하고 있습니다.

우리의 차이점이 무엇이든지 간에 우리는 모두 직관적으로 하나입니다. 당신이 하는 모든 선택과 함께 당신은 당신 자신과 세계를 그 통일성 속으로 더 깊이 끌어들일 수 있는 기회를 갖게 됩니다. 당신의 생각, 느낌, 행동 하나하나는 세상에 진리의 밝은 빛을 비추고 인류를 각성시키기 위해 당신의 역할을 할 수 있는 기회들입니다. 우리는 이 혁명에 전쟁, 전투, 군대를 필요로 하지 않으며, 다만 우리의 진실만을 필요로 합니다.

진리가 당신을 자유롭게 할 것입니다. 그리고 진실을 찾을 수 있는 유일한 장소는 당신 안에 있습니다. 당신의 직관이 살아날 때, 당신은 무의식적 조건화로부터 벗어나 그것을 만든 무지에 종지부를 찍을 수 있는 힘을 얻습니다. 직관에 따라 일을 하는 것이지요. 당신은 무의식을 더 높은 의식으로 변화시켜 세상을 개선하기 위해 당신의 역할을 하고 있습니다.

이것을 위해 당신이 창조된 것입니다.

그것은 단지 우리의 목적이 아니라 우리 자신과 우리의 세계를 개선시키기 위한 우리의 책무입니다. 이것이 우리가 존재 자체의 진화에 참여하는 방식입니다. 통찰력 있게 산다는 것은 당신이 알고 있는 것 이상의 존재라는 인식을 가지고 인생의 모든 순간을 산다는 것을 의미합니다. 당신은 특별합니다. 하나의 통찰도 당신의 마음, 심정, 삶, 심지어 세상을 변화시킬 수 있는 힘을 가지고 있습니다. 당신이 이것을 인지할 때 그리고 우리 모두가 이것을 인지할 때 무한한 잠재력의 미래가 우리 모두를 기다리고 있습니다.

찾아보기

저자 소개

킴 체스트니(Kim Chestney)는 세계적으로 인정받고 있는 작가이자 혁신 리더이다. 원래 화가로 직업 경력을 시작했으나, 자신의 타고난 직관 능력을 기반으로 직관 연구자 및 직관 개발 지도자의 길을 걷게 되었다. 그녀는 지난 20년 가까이 첨단 기술 산업 분야에서 일을 하면서 세계 최고의 사고 지도자, 기술 회사, 대학들과의 협업을 주도해왔다. 그녀의 책들은 2004년부터 전 세계에 출판되었고 여러 언어로 번역되었다. 체스트니는 현재 글로벌 직관 커뮤니티를 이끌면서 온라인 직관 훈련, 직관 전문가 인증, 라이브 직관 워크숍, 직관 개발 수련회 등을 수행하고 있다.

자세한 내용은 www.kimchestney.com에서 확인하세요.

역자 소개

김영래(Kim, Young-Rae)
고려대학교 독어독문학과 졸업
독일 마인츠대학교 박사학위(철학박사/교육철학 전공) 취득
서울 한성고등학교 교사 역임
고려대학교 교육문제연구소 연구교수 역임
유튜브 채널 〈지혜스쿨 오일레〉 운영
이메일: kimy003@naver.com

〈저서〉
『인성교육의 담론: 미래세대를 위한 지혜교육 탐색』(학지사, 2019), 『미래세대를 위한 인성교육』(공저, 학지사, 2018), 『인성교육』(공저, 양서원, 2008), 『칸트의 교육이론』(학지사, 2003)

〈역서〉
『지혜교육』(학지사, 2019), 『서양 교육이념의 역사』(공역, 교육과학사, 2017), 『강한 아이: 초등 고학년용/중학생용/고등학생용』(교육과학사, 2014 · 2015), 『헤르바르트의 일반교육학』(학지사, 2006)

직관혁명

RADICAL INTUITION

A Revolutionary Guide to Using Your Inner Power

2022년 4월 15일 1판 1쇄 인쇄
2022년 4월 20일 1판 1쇄 발행

지은이 • Kim Chestney
옮긴이 • 김영래
펴낸이 • 김진환
펴낸곳 • (주) **학지사**

04031 서울특별시 마포구 양화로 15길 20 마인드월드빌딩
대표전화 • 02)330-5114   팩스 • 02)324-2345
등록번호 • 제313-2006-000265호

홈페이지 • http://www.hakjisa.co.kr
페이스북 • https://www.facebook.com/hakjisabook

ISBN 978-89-997-2668-2 93370

정가 18,000원

출판 · 교육 · 미디어기업 **학지사**

간호보건의학출판 **학지사메디컬** www.hakjisamd.co.kr
심리검사연구소 **인싸이트** www.inpsyt.co.kr
학술논문서비스 **뉴논문** www.newnonmun.com
교육연수원 **카운피아** www.counpia.com